Wolfgang E r n s t

War Hitler ein Feldherr?

Der Oberste Befehlshaber der Wehrmacht im Zweiten Weltkrieg

Impressum:
Alle Rechte liegen beim Autor
Herstellung:
Libri, Books on Demand,
Norderstedt/Hamburg, 2000
ISBN 3-8311-1057-3

Inhalt

Vorwort

Teil I

Der Feldherrnbegriff und seine Anwendbarkeit
auf Hitler

Teil II

Hitlers Lebenslauf 1889 - 1939

Teil III

Deutsche Vorschriften und Grundsätze für die

Truppenführung

Teil IV

Hitler als Stratege im Zweiten Weltkrieg

Anhang

Karten

Vorwort

In der Abhandlung wird Hitlers Wirken als Schlachtenlenker im Zweiten Weltkrieg untersucht zur Beantwortung der Frage, ob man ihn als Feldherr im wahren Sinne dieses Wortes bezeichnen kann. Nicht jeder Heerführer verdient eo ipso diesen Titel. Ein echter Feldherr muss die Regeln der Kriegskunst in besonderer Weise beherrschen. Zusätzlich bedarf er bestimmter Eigenschaften, um die Lehren der Strategie in der Praxis anzuwenden. An diesen hier aufgezeigten Kriterien wird Hitler gemessen.

Als Besonderheit ist in diesem Zusammenhang erwähnenswert, dass Hitler ein Autodidakt war auf dem Gebiet der Kriegswissenschaft. Dieser Umstand für sich allein schließt jedoch Hitlers Anerkennung als Feldherr nicht von vornherein aus.

Unter Hitlers Führung errang die Wehrmacht im Zweiten Weltkrieg anfänglich große Siege, während sie seit der Schlacht um Moskau Ende 1941 überwiegend Niederlagen hinnehmen musste. Waren diese vielleicht durch Umstände bedingt, die Hitler nicht zu vertreten hatte? Eine pauschale Beurteilung von Hitlers Fähigkeiten als Stratege kommt vor diesem Hintergrund nicht in Frage. Vielmehr ist es erforderlich, Hitlers Entscheidungen im Einzelfall zu prüfen und zu gewichten, wenn man ihm als Kriegsherr Gerechtigkeit widerfahren lassen will.

Letztlich bleibt abzuwägen zwischen den festgestellten Stärken und Schwächen Hitlers als militärischer Führer, um beurteilen zu können, ob er als Feldherr in die Kriegsgeschichte eingegangen ist oder nicht.

Wer Hitlers Verstöße gegen die Regeln der Kriegskunst aufdeckt und nachweist, wie sie hätten vermieden werden können, setzt sich leicht dem Verdacht aus, als bedaure er Hitlers Scheitern.

Doch Hitlers Rolle als Oberster Befehlshaber kann nur zutreffend gewürdigt werden durch das Gegeneinanderhalten von falschem und richtigem Handeln.

Zur Klarstellung wird bemerkt, dass es fatal gewesen wäre im Sinne einer höheren Gerechtigkeit, wenn ein verbrecherischer Staat wie das Dritte Reich den Krieg gewonnen hätte. Das schließt jedoch nicht aus, sich mit Hitler als Person der Kriegsgeschichte zu befassen und nach seinen militärischen Führungsqualitäten zu fragen.

München, im September 1999   Wolfgang G. Ernst

Teil I

Der Feldherrnbegriff und seine Anwendbarkeit auf Hitler

Der Feldherrnbegriff und seine Anwendbarkeit
auf Hitler

Adolf Hitler, der unbekannte Gefreite und Meldegänger des Ersten Weltkrieges, stand seit dem Rußlandfeldzug von 1941 bis 1945 als alleiniger Schlachtenlenker an der Spitze der deutschen Wehrmacht. Feldmarschälle und sonstige hohe Generäle mussten Weisungen und Befehle von einem Manne entgegen nehmen, der es nach über vierjähriger Dienstzeit in der kaiserlichen Armee nicht einmal zum Unteroffizier gebracht hatte. Doch Hitler war seit 1934 in der Nachfolge des verstorbenen Reichspräsidenten v. Hindenburg ihr Vorgesetzter als Oberbefehlshaber der Wehrmacht und die Soldaten schuldeten ihm Gehorsam. Diese Pflicht ergab sich auch aus dem auf Hitler in Person geleisteten Treueid. Hitlers Aufstieg aus dem Mannschaftsstand in das höchste militärische Amt und dessen unmittelbare Ausübung im Krieg muss schon als etwas Außergewöhnliches betrachtet werden, weshalb dieser Vorgang einer näheren Untersuchung bedarf. Es stimmte demnach doch, dass jeder Soldat den Marschallstab im Tornister trägt. Aber man weiß, dass solche Sprüche nur cum grano salis gelten, also mit den gebotenen kritischen Einschränkungen. Aufgrund seines militärischen Werdeganges allein konnte Hitler den Anforderungen für eine solche Spitzenposition nicht genügen. War es Hitler eventuell gelungen, die Befähigung dafür im Laufe seiner politischen Karriere, insbesondere aufgrund seiner Tätigkeit als Oberbefehlshaber der Wehrmacht seit 1934 zu erwerben, oder besaß er eine besondere natürliche Veranlagung für die Kriegskunst? Das wird noch zu behandeln sein.

Hitler selbst glaubte, aufgrund seines intensiven autodidaktischen Studiums der Kriegskunst Ende der 30-er Jahre und seiner praktischen Erfahrungen im Kriege bei der Durchführung von militärischen Operationen zur Heerführung befähigt zu sein. Die Tatsache, dass er Anfang 1940 die kriegsentscheidende Bedeutung des Manstein-Planes für den Westfeldzug vor seinen militärischen Beratern erkannt hatte, bestärkte ihn in seiner Auffassung (s. IV/2). Nach dem überraschend schnellen Zusammenbruch Frankreichs 1940 wurde Hitler von seinen Bewunderern als größter Feldherr aller Zeiten gefeiert. Auch in den folgenden Jahren pries man von bestimmten Seiten immer wieder sein strategisches Genie. Kann man Hitler tatsächlich als einen Feldherrn bezeichnen?

Zunächst muss einmal geklärt werden, was man unter einem Feldherrn zu verstehen hat, um Hitler damit vergleichen zu können.

Nach Clausewitz, preußischer General 1780 - 1831, Verfasser des Buches "Vom Kriege", muss die Persönlichkeit des Feldherrn über hohe Geistesgaben verfügen, verbunden mit der Stärke des Willens und dem Mut der Seele.

Moltke sen., preußischer Generalfeldmarschall, Generalstabschef 1857 - 1888, sah in der Strategie ein System von Aushilfen, womit er die Improvisationsfähigkeit des Feldherrn einfordert.

Graf von Schlieffen, preußischer Generalfeldmarschall, Generalstabschef 1891 - 1906, verlangt vom Feldherrn das Aufgehen von Verstand, Herz und Willen im Charakter. Der Feldherr müsse den göttlichen Funken, das himmlische Feuer (feu sacré) des Siegeswillens besitzen.

Colmar von der Goltz, preußischer Generalfeldmarschall, postuliert in seinem Buch *"Das Volk in Waffen"* (1890, 4. Auflage) folgende Feldherrntugenden:
"Willensstärke, Selbstvertrauen, Mut der Verantwortung, Ehrgeiz, Standvermögen im Unglück, Umsicht, Mut, Kühnheit, Tapferkeit, Ausdauer, Menschenkenntnis, Psychologie, Phantasie, Vorausdenken, schöpferischer Sinn, Tatendrang, körperliche Spannkraft und Leistungsfähigkeit."

14

Goltz beschrieb auch die Kehrseite der Medaille:
"Häufig besaßen die Feldherren nicht nur hervorragende Eigenschaften, sondern auch weniger edle. Man erlebte sie nicht selten als arrogant, schroff, überheblich, rechthaberisch, kalt und rücksichtslos."

Generaloberst Hans von Seeckt, Chef der Heeresleitung 1920 - 1926, über den Feldherrn:
"Im Willen strömen die Eigenschaften zusammen, die den Feldherrn machen: Mut, Kühnheit, Verantwortung, Standfestigkeit, Entschlossenheit, sicheres Treffen des Richtigen, Geistesgegenwart, Selbstbeherrschung, Gleichgewicht."

Solger, Direktor an der kriegsgeschichtlichen Forschungsanstalt des Heeres, definiert den Feldherrn in der Militärwissenschaftlichen Rundschau 1944, Seite 26, wie folgt:
"Ein Heerführer ist dann Feldherr, wenn er Truppenverbände erheblicher Stärke über einen entscheidungsreichen Zeitraum erfolgreich geführt hat oder sich unter unglücklichen Verhältnissen zumindest die Achtung vor der Geschichte gesichert hat.

An den Feldherrn sind folgende Anforderungen zu stellen: Scharfer, rasch auffassender Blick, der schnell das Wesentliche vom Nebensächlichen scheidet, reiche Phantasie, gezügelt von kühlem Urteil, Vereinigung von Furchtlosigkeit mit Willenskraft, von Unerschütterlichkeit mit Wendigkeit, endlich ein rascher Ablauf der einander bedingenden Gedankenstufen zum bindenden Entschluss, Unabhängigkeit, körperliche und geistige Spannkraft, Energie, Mitreißen der Soldaten."

Zusammenfassung:

Bei einem Feldherrn handelt es sich im Allgemeinen um einen hochrangigen militärischen Fachmann für die strategische und operative Kriegsführung, der dafür die entsprechenden geistigen Fähigkeiten und Charaktereigenschaften besitzt und in der Regel eine besondere Ausbildung erhalten hat (Kriegsakademie, Generalstabslehrgang usw.) und größere Teile der Streitkräfte befehligt oder als einflussreicher Berater in höchsten Kommandostellen verwendet wird (z. B. Ludendorff als Erster Generalquartiermeister in der Obersten Heeresleitung 1916 - 1918).

Der Feldherr muss die Regeln der Kriegskunst souverän beherrschen und insbesondere folgende Eigenschaften besitzen:
Urteilsfähigkeit
Selbständigkeit im Denken und Handeln
Selbstvertrauen
Geistige Beweglichkeit und Frische
Schnelles Erfassen des Wesentlichen
Rasches Erkennen und Nützen günstiger Lagen (coup d'oeil)
Unbestechliche Nüchternheit in der Bewertung von Fakten (kein Wunschdenken)
Vorausdenken, Phantasie (Weiterentwicklung der Lage)
Wagemut und Kühnheit
Entschluss-, Tat- und Willenskraft
Härte in der Durchsetzung des Notwendigen
Siegeswillen und Ehrgeiz
Beharrlichkeit in der Verfolgung der Ziele
Sinn für das Mögliche
Improvisationsfähigkeit (Aushilfen in der Not)
Ausstrahlung von Ruhe und Gelassenheit
Unempfindlichkeit gegenüber den Schwankungen des Kriegsglücks
(Seeckt: Eiskaltes Ausharren im Unglück)

Organisationsvermögen
Fähigkeit zur vertrauensvollen Zusammenarbeit
Gerechtigkeitssinn (Mitarbeiter, Untergebene)
Gefühl und Herz für die Truppe, Fürsorge (kein Blutsäufer)
Gabe der motivierenden Menschenführung.

Bei den oben aufgezählten Feldherrntugenden handelt es sich um Idealforderungen, die kaum jemand alle vollständig erfüllen kann. Die einzelnen Fähigkeiten werden die Feldherren nur im unterschiedlichen Maße besitzen.

Im Rahmen des Katalogs ist von besonderen Stärken eines Feldherrn auszugehen, womit er vorhandene Schwächen ausgleichen kann. Hinzu kommt, dass die Merkmale im Verhältnis zueinander nicht gleichwertig sind. Einige weisen ein erkennbares Übergewicht auf in ihrer Bedeutung. Die unbestechliche Nüchternheit in der Bewertung von Fakten und der Sinn für das Mögliche haben zum Beispiel einen besonderen Stellenwert, weil diese Fähigkeiten die Voraussetzungen sind für das Erfüllen einiger anderer Merkmale. Der im Wunschdenken Befangene wird unweigerlich falsche Entschlüsse fassen und nur in den Grenzen des Möglichen können z. B. Tat- und Willenskraft, Wagemut und Kühnheit, das rasche Erkennen und Nutzen von günstigen Lagen richtig zum Tragen kommen.

Dem abschließenden Urteil darüber, ob jemanden der Titel eines Feldherrn zugesprochen werden kann, muss daher ein sorgfältiger Abwägungsprozess vorausgehen, der allen Merkmalen entsprechend Rechnung trägt je nach ihrem Gewicht, was im Einzelfall schwierig sein kann.

Damit sind die Kriterien herausgearbeitet, die den Feldherrn im wahren Sinne ausmachen.
In den folgenden Untersuchungen wird zu klären sein, ob Hitlers Wirken als Stratege dem hier gezeichneten Bild eines Feldherrn entspricht.

17

Ausgangspunkt sollte zunächst ein Blick auf Hitlers Lebenslauf sein. Wer war Hitler und wo kam er her?

Teil II

Hitlers Lebenslauf 1889 - 1939

1. Hitlers Lebenslauf 1889 - 1919

Adolf Hitler wurde am 20. April 1889 in Braunau am Inn in Österreich als Sohn eines Zollbeamten geboren. Die Realschule in Linz verließ Hitler ohne Prüfung. Er wollte Kunstmaler werden und ging deshalb nach Wien. Die dortige Akademie wies ihn jedoch ab. Das ihn in zweiter Linie interessierende Studium der Architektur kam wegen fehlender Matura (Schulabschluss) ebenfalls nicht in Betracht. Hitler schlug sich in Wien kümmerlich durch als Postkartenmaler. In der großen Stadt lernte er das Judentum, den Marxismus und die Politik kennen. Er wurde ein glühender Antisemit, Feind sozialistischer Strömungen und Gegner des Parlamentarismus. Das Haus Habsburg erschien ihm zu slawophil. Hitler wandte sich von Österreich ab und ging 1912 nach München in das Deutsche Reich, dem von jeher seine besondere Bewunderung gegolten hatte. Beim Ausbruch des Ersten Weltkrieges 1914 trat Hitler als Freiwilliger in das bayerische Heer ein. Im Stellungskrieg an der Westfront wurde er überwiegend als Meldegänger eingesetzt. Der zum Gefreiten beförderte Hitler erhielt gegen Ende des Krieges das Eiserne Kreuz I. Klasse. Den Aufstieg zum Unteroffizier hatte Hitler nicht geschafft, da seinen Vorgesetzten keine Führungseigenschaften bei ihm aufgefallen waren. In seiner Kompanie galt Hitler als Sonderling und Spinner, was aber nicht viel heißen muß. Doch Hitlers Vorgesetzte mussten etwas übersehen haben, denn der Politiker und Parteichef Hitler zeigte erstaunliche Führungsqualitäten, sonst hätte er es später nicht bis zum Reichskanzler gebracht. Die Beurteilung seiner Vorgesetzten wird relativiert durch die Tatsache, dass Hitler 1919 von seinem Regiment in München zu politischen Kursen und zur Beobachtung von politischen Veranstaltungen der Parteien geschickt wurde. Für einen Gefreiten stellte dies eine ungewöhnliche Aufgabe dar. Die Offiziere hielten normalerweise nicht viel von einem Angehörigen des Mannschaftsstandes. In diesem Fall traute man Hitler offenbar eine gewisse politische Urteilsfähigkeit zu. Anscheinend hatten seine Redereien über die politischen Probleme der Zeit doch ihren Eindruck nicht verfehlt. Hitler musste Aufklärungsvorträge im Truppenlager Lechfeld halten. Im Bezug auf diese Tätigkeit nannte sich Hitler später "Bildungsoffizier" (vergleiche *Mein Kampf*, S. 235). Seine Vorgesetzten dürften dies ein wenig anders gesehen haben.

Im Zuge der allgemeinen Demobilisierung schied Hitler 1919 aus dem Heeresdienst, ohne je eine taktische Ausbildung erhalten zu haben. Über den Rahmen seines Regiments dürfte er in der Regel nicht hinaus geschaut haben. Von daher gab es kaum Impulse für sein späteres Amt als Oberbefehlshaber. Auch Hitlers starke Fixierung auf Malerei und Architektur lässt zunächst keine besondere Begabung für die Kriegskunst erkennen. Die Auszeichnung mit dem Eisernen Kreuz I. Klasse muss bei einem Gefreiten als ungewöhnlich angesehen werden. Offenbar erwies sich Hitler als ein außerordentlich mutiger und tapferer Soldat. Das allein lässt jedoch keine Schlüsse zu auf besondere militärische Führungseigenschaften.

2. Hitler als Politiker 1919 - 1932

Hitler wandte sich der Politik zu und wurde am 12. September 1919 in München Mitglied einer kleinen völkischen Gruppe, aus der wenig später die Nationalsozialistische Deutsche Arbeiterpartei hervor ging. Hitler übernahm 1921 deren Führung. Diese Partei lehnte den Versailler Vertrag vom 28. Juni 1919 vehement ab, der für Deutschland Gebietsabtretungen, die Reduzierung der Armee auf 100 000 Mann, das Verbot von schweren Waffen, Tanks, Flugzeugen usw. brachte. Die Partei war extrem judenfeindlich und rechtsradikal, gegen Marxismus, Liberalismus, Demokratie und Reaktion. Sie trat u. a. ein für ein autoritäres und zentralistisches Regime, die Wiedereinführung der allgemeinen Wehrpflicht,

den Zusammenschluss aller Deutschen zu einem Großdeutschland und die Erweiterung seines Lebensraumes. Die
Nazis betrachteten das deutsche Volk als die nordisch-
germanische Herrenrasse.

1921 erfolgte die Gründung der SA (Sturmabteilung), einer
paramilitärischen Organisation zur Bekämpfung politischer
Gegner. Die SA wurde ein Sammelbecken für ehemalige
Offiziere, Frontkämpfer und Freikorpsleute.

Der Putschversuch Hitlers vom 9. November 1923 in Mün-
chen gegen die Reichsregierung scheiterte. Er wurde zu fünf
Jahren Festungshaft verurteilt. Davon musste er ein Jahr in
Landsberg am Lech verbüßen. Während der Haft schrieb
Hitler sein Buch *"Mein Kampf"* (1. Band, S. 305). Darin
legte er seine Auffassung über die Armee wie folgt dar:

"Als größten Wertfaktor in dieser Zeit der beginnenden und
sich langsam weiter verbreitenden Zersetzung unseres
Volkskörpers haben wir jedoch das Heer zu buchen. Es war
die gewaltigste Schule der Nation, und nicht umsonst rich-
tete sich der Hass aller Feinde gerade gegen diesen Schirm
der nationalen Selbsterhaltung und Freiheit. Kein herrliche-
res Denkmal kann dieser einzigen Einrichtung geschenkt
werden als die Feststellung der Wahrheit, dass sie von allen
Minderwertigen verleumdet, gehasst, bekämpft aber auch
gefürchtet wurde. Dass sich die Wut der internationalen
Volksausbeuter zu Versailles in erster Linie gegen das alte
deutsche Heer richtete, lässt dieses erst recht als Hort der
Freiheit unseres Volkes vor der Macht der Börse erkennen.
Ohne diese warnende Macht wäre der Sinn von Versailles
an unserem Volk schon vollzogen worden. Was das deutsche
Volk dem Heer verdankt, lässt sich kurz zusammenfassen in
ein einziges Wort, nämlich: Alles.
Das Heer erzog zur unbedingten Verantwortlichkeit, zur
Entschlusskraft, zum Idealismus und zur Hingabe an das

Vaterland und seine Größe, während im sonstigen Leben Habsucht und Materialismus um sich gegriffen hatten.

Das Heer war die hohe Schule der Nation. Es war die gewaltigste Waffe im Dienst der Freiheit der deutschen Nation. Die Organisation und Leitung des deutschen Heeres waren das Gewaltigste, was die Erde bisher je gesehen. Dazu passten nur Wesen, in denen sich Geist und Körper jene militärischen Tugenden zu eigen gemacht hatten, die man vielleicht am besten so bezeichnen kann: Flink wie Windhunde, zäh wie Leder und hart wie Kruppstahl."

1925 durfte sich Hitler nach der Aufhebung des NSDAP-Verbots wieder politisch betätigen. In dieses Jahr fällt die Gründung der SS (Schutzstaffel), eine auf Hitler besonders eingeschworene Prätorianergarde als Gegengewicht zur eigenwilligen SA. Diese wollte sich nicht so ohne weiteres der Partei unterordnen, obwohl sie ein Teil derselben war.

Die Partei richtete ein Wehrpolitisches Amt ein, das sich um die Belange der Landesverteidigung kümmerte.

Hitler ließ ab 1930 durch die Propaganda seiner Partei die Wehrmacht als höchstes Gut herausstellen.

Seit 1930 war Hitler Oberster SA-Führer und damit formal an der Spitze seiner paramilitärischen Privatarmee. Die tatsächliche Gewalt übte jedoch sein Stabschef Röhm aus, ein ehemaliger Hauptmann der bayerischen Armee und Duzfreund Hitlers. Dieser konnte gewisse Erfahrungen sammeln im Umgang mit früheren Offizieren und in Fragen der Organisation und Leitung der Parteitruppe. In grundsätzlichen Angelegenheiten durfte Röhm den Obersten SA-Führer Hitler nicht übergehen.

Militärisches Führungswissen konnte Hitler in dieser Eigenschaft nicht erwerben, da die Verwendung der unbewaffneten SA als parteipolitische Agitationstruppe mit dem Einsatz von regulären Streitkräften nicht zu vergleichen war.

Nach der Weltwirtschaftskrise und der anschließenden Massenarbeitslosigkeit bekam die bis dahin wenig bedeutende NSDAP einen großen Auftrieb. 1930 konnte sie 107 Abgeordnete in den Reichstag entsenden, der von Hitler verachteten "Schwatzbude".

3. Reichskanzler Hitler und die Wehrmacht 1933 - 1939

Der Reichspräsident von Hindenburg ernannte Hitler am 30. Januar 1933 als Führer der stärksten Partei zum Reichskanzler, der einer nationalen Koalitionsregierung vorstand. Zum neuen Reichswehrminister wurde Generalleutnant von Blomberg berufen, der das besondere Vertrauen des Reichspräsidenten besaß. Das war eine der Bedingungen für Hitlers Kanzlerschaft. Dieser mußte erkennen, dass ihm die Regierungsgewalt nicht im vollen Umfang zugefallen war. Sie erstreckte sich nur begrenzt auf die Reichswehr. Diese unterstand verfassungsrechtlich dem Oberbefehl des Reichspräsidenten. Zwar hatte Hitler als Reichskanzler die Richtlinienkompetenz auch gegenüber dem Reichswehrminister. Davon konnte er jedoch nur teilweise Gebrauch machen. Faktisch mußte sich Hitler der übergroßen Autorität des Feldmarschalls aus dem Ersten Weltkrieg auf dem militärischen und politischen Gebiet beugen. Die Reichswehr genoss den besonderen Schutz des Reichspräsidenten. Dieser bedurfte andererseits für seine Anordnungen der Gegenzeichnung durch den Kanzler oder den Wehrminister. An einem Konflikt mit dem Reichspräsidenten konnte Hitler am Beginn seiner Amtszeit nicht gelegen sein, denn er konnte von Hindenburg gemäß Art. 53 WRV wieder entlassen werden. Hitler war klug genug zu warten. Seine Stunde würde auch im Hinblick auf die Reichswehr kommen. Im übrigen hatte Hitler alle Hände voll zu tun, den Staat im zivilen Bereich nach seinen Vorstellungen zu formen.

In seiner Regierungserklärung vom 31. Januar 1933 beeilte sich Hitler, seine Liebe zur Armee zu betonen als Hüterin einer großen Tradition. Am 3. Februar 1933 versicherte Hitler den Generälen, dass er sich in die inneren Angelegenheiten der Reichswehr nicht einmischen werde. Das Monopol der Reichswehr für die Landesverteidigung bleibe unangetastet. Hitler stellte die allgemeine Wehrpflicht in Aussicht und erlaubte eine sofortige Vergrößerung des Heeres von sieben auf 21 Divisionen. Es durfte ferner mit der heimlichen Aufstellung einer Luftwaffe begonnen werden. Auch für die Produktion von schweren Waffen und Panzern gab Hitler grünes Licht. Er setzte sich kühn über die Verbote des Versailler Vertrages hinweg, was man sich in der Weimarer Zeit nicht getraut hatte.

Die Reichswehr und Hitler gingen aufeinander zu (Umarmungstaktik). Hitler betonte immer wieder das Prinzip der Nichteinmischung und das Waffenmonopol der Armee.

Der Panzertruppe wandte er sein besonderes Augenmerk zu. 1933 ließ er sich von Guderian auf dem Übungsplatz des Heereswaffenamtes in Kummersdorf die Elemente der damaligen Kraftfahrkampftruppe vorführen. Es handelte sich um einen Kraftradschützenzug, einen Panzerabwehrzug, einen Zug Panzer I und einen leichten sowie einen schweren Zug Panzerspähwagen. Hitler war von der Schnelligkeit und Präzision der Bewegungen dieser Einheiten sehr beeindruckt und rief wiederholt aus: "*Das kann ich gebrauchen. Das will ich haben!*"

Von dem seit 2. Februar 1934 amtierenden Chef der Heeresleitung v. Fritsch verlangte Hitler, möglichst viele Divisionen in möglichst kurzer Zeit aufzustellen. Die Reichswehrspitze scheute sich jedoch vor einem überhasteten Aufbau des Heeres, der die Qualität der Ausbildung beeinträchtigen würde. Sie bevorzugte Klasse statt Masse. Das Heer sollte zunächst nur auf 24 Divisionen anwachsen, während Hitler für eine größere Anzahl eingetreten war. Er nahm diese Haltung der Reichswehr einstweilen hin.

1934 forderte Röhm die Übernahme der Landesverteidigung durch die SA. Dagegen lief die Reichswehrführung Sturm. Hitler löste den Konflikt auf seine Weise, indem er eine große Zahl von SA-Führern erschießen ließ ohne Gerichtsverfahren wegen eines angeblichen Putsches. Diese Beschuldigung stimmte zwar nicht, aber Hitler hatte sein Problem vom Halse. Die Reichswehr konnte nach der Beseitigung von Röhm und Genossen wieder erleichtert zur Tagesordnung übergehen.

Nach dem Tode des Reichspräsidenten von Hindenburg am 2. August 1934 vereinigte Hitler dieses Amt mit dem des Reichskanzlers. Die Reichswehrführung war damit einverstanden. Auf diese Weise wurde Hitler Oberbefehlshaber der Wehrmacht. Die Reichswehr hatte mit dem Tod Hindenburgs ihren besonderen Protektor verloren. Hitler nützte die ihm zugewachsene Macht zunächst nicht aus, sondern hielt sich gegenüber den Streitkräften weiterhin zurück. Mit Unterstützung der Reichswehrspitze kam es am 2. August 1934 zur Vereidigung der Soldaten auf Hitler in Person.

Am 16. März 1935 erließ Hitler trotz Bedenken seiner Generäle das Gesetz über die Wiedereinführung der allgemeinen Wehrpflicht, was im Gegensatz stand zum Versailler Vertrag. Das Ausland protestierte zwar, ohne jedoch Konsequenzen zu ziehen. Hitler setzte sich gegen das Militär durch mit der Aufstellung von 35 Divisionen. Der vom Versailler Vertrag verbotene Generalstab des Heeres lebte wieder auf.

Das Wehrpflichtgesetz wurde ergänzt durch das Wehrgesetz vom 21. Mai 1935. Nach § 3 dieser Vorschrift war Hitler Oberster Befehlshaber der Wehrmacht. Unter ihm übte der Reichskriegsminister als Oberbefehlshaber der Wehrmacht die Kommandogewalt aus. Diese erstreckte sich auf die Oberkommandos des Heeres, der Marine und der Luftwaffe.

Im Unterschied zu manchen Generälen hatte Hitler die überragende Bedeutung des Motors für die Kriegsführung erkannt. Er förderte daher besonders die Panzertruppe, die Luftwaffe und allgemein die Motorisierung in der Wehrmacht. Hitler setzte sich für die Schaffung operativer Panzerverbände ein, die selbst unter Militärs noch umstritten waren.

Schon als junger Parteiführer hatte Hitler seine besondere Vorliebe für große Automobile gezeigt. Anfang der 30er Jahre benutzte Hitler gern das Flugzeug für Wahlkämpfe. Er stand der Technik sehr aufgeschlossen gegenüber.

Der deutsche Panzer III war Mitte der 30-er Jahre mit einer 3,7-cm-Kanone ausgestattet. Diese Bewaffnung erschien Hitler zu schwach.

Leider konnte er sich mit seiner richtigen Auffassung nicht durchsetzen, dass der Panzer der Zukunft eine Kanone schwereren Kalibers mit hoher Durchschlagkraft benötige. Hitler beklagte sich später über die Panzerfachleute wie folgt:

"Sie haben mir gesagt, daß ihnen eine 3,7-cm-Kanone mit großer Schußfolge lieber sei als eine schwere Kanone. Das haben die Fachleute gesagt. Ich bin mutterseelenallein gewesen mit meiner Theorie, daß alles darauf ankommt, den anderen mit einen Schlag kaputt zu machen."

Die weitere Entwicklung der Kriegstechnik gab Hitler recht. Er war wieder einmal hellsichtiger als die sogenannten Fachleute (s. IV/9).

Am 7. März 1936 ließ Hitler Truppen einrücken in die entmilitarisierte Zone links des Rheins. Dies stellte wiederum einen Bruch des Versailler Vertrages dar, weshalb Blomberg Bedenken hatte. Doch die ehemaligen Feindstaaten reagierten nur mit folgenlosen Protesten. Ein solches Verhalten war von Hitler erwartet worden.

1937 wies Hitler die Wehrmacht und die Rüstungsindustrie an, Deutschlands Kriegsbereitschaft innerhalb von vier Jahren herzustellen.

Ende 1937 trug sich Hitler mit der Absicht, die Tschechoslowakei zu überfallen und Österreich zu besetzen. Der Reichsaußenminister von Neurath und der Oberbefehlshaber des

Heeres von Fritsch äußerten Vorbehalte. Die starken tschechischen Grenzbefestigungen besorgten den Heereschef. Die Blomberg-Fritsch-Affaire führte zu einer Unterbrechung dieser Planungen.

Der Reichskriegsminister von Blomberg hatte am 12. Januar 1938 eine nicht ganz unbescholtene Frau geheiratet. Nach dem Ehrenkodex des Offizierskorps war Blomberg in seinem Amte nicht mehr zu halten. Er musste den Abschied nehmen. Am 24. Januar 1938 lancierte die Geheime Staatspolizei homosexuelle Verdächtigungen gegen den Heereschef von Fritsch. Auch dieser musste gehen. Hitler hatte Fritsch kaum Gelegenheit gegeben, sich noch als Amtsinhaber zu entlasten. Offenbar wollte ihn Hitler loswerden als nicht tatkräftig genug bei den Kriegsvorbereitungen. Das Verfahren gegen Fritsch endete am 18. März 1938 mit einem Freispruch. Als eine Art Wiedergutmachung ernannte Hitler den früheren Oberbefehlshaber des Heeres am 11. August 1938 zum Chef des Artillerie-Regiments 12, was unter Generälen als besondere persönliche Auszeichnung galt.

General von Brauchitsch wurde am 3. Februar 1938 neuer Heereschef, ohne den Ausgang des Verfahrens gegen seinen Vorgänger abzuwarten. Er musste sich mit der Entlassung einiger hoher Offiziere einverstanden erklären, gegen die Hitler Vorbehalte hatte. Als Gegenleistung zahlte Hitler dem neuen Oberbefehlshaber des Heeres 80 000 RM. Diese Summe benötigte Brauchitsch für sein Ehescheidungsverfahren. Er begab sich damit in die Abhängigkeit Hitlers. Eine nicht gerade noble Affäre für beide Seiten.

Hitler selbst übernahm auf Anraten Blombergs das Amt des Reichskriegsministers, das mit Erlass vom 4. Februar 1938 wie folgt ausgestaltet wurde:

"Die Befehlsgewalt über die gesamte Wehrmacht übe ich von jetzt an unmittelbar persönlich aus. Das bisherige Wehrmachtsamt im Reichskriegsministerium tritt mit seinen Aufgaben als Oberkommando der Wehrmacht und als mein

militärischer Stab unmittelbar unter meinen Befehl. An der Spitze des Stabes des Oberkommandos der Wehrmacht steht der bisherige Chef des Wehrmachtsamtes Keitel als Chef des Oberkommandos der Wehrmacht. Er ist im Rang den Reichsministern gleichgestellt. Das Oberkommando der Wehrmacht nimmt zugleich die Geschäfte des Reichskriegsministeriums wahr, der Chef des Oberkommandos der Wehrmacht übt in meinem Auftrag die bisher dem Reichskriegsministerium zustehenden Befugnisse aus. Dem Oberkommando der Wehrmacht obliegt im Frieden nach meiner Weisung die einheitliche Vorbereitung der Reichsverteidigung auf allen Gebieten."

Dieser Schachzug Hitlers bedeutete die Unterwerfung der bewaffneten Macht. Die Zeit der Nichteinmischung war vorbei.

Der obige Führer-Erlass vom 4. Februar 1938 ließ in der Praxis eine klare Kompetenzverteilung zwischen der Wehrmachtsspitze (OKW) und den Oberkommandos von Heer, Marine und Luftwaffe vermissen. Ein Wehrmachtsgeneralstab im eigentlichen Sinne wurde nicht eingerichtet, obwohl der nötig gewesen wäre zur Koordination von Land-, See- und Luftoperationen. Andere Staaten zeigten sich da fortschrittlicher.

Die Landkriegsführung lag weiterhin mit Schwerpunkt beim Oberkommando des Heeres, das keine Kompetenzen abgeben wollte. In Organisationsfragen neigte Hitler zu unklaren Regelungen. Im Grunde genommen hätte bereits Blomberg dieses Problem lösen müssen.

Am 13. März 1938 ließ Hitler seine Truppen in Österreich einmarschieren und vollzog den Anschluss dieses Landes an das Deutsche Reich, in das die Masse der Ostmärker begeistert eintrat. Auch dieser Verstoß gegen den Versailler Vertrag erzeugte nur papierene Proteste der ehemaligen Gegner.

Nach Übernahme des Reichskriegsministeriums durch Hitler und der Bildung des Oberkommandos der Wehrmacht am 4.

Februar 1938 schlug er andere Töne an gegenüber der Generalität. Sie erschien ihm schwunglos, voller Bedenken und Zweifel und zeigte keine Begeisterung für seine Kriegspläne. Generalstabschef Beck, der sich in seiner Denkschrift vom 29. Mai 1938 gegen den beabsichtigten Überfall auf die CSR auch mit außenpolitischen Argumenten gewandt hatte, wurde von Hitler das Recht abgesprochen, sich auf diesem nicht militärischen Gebiet überhaupt zu äußern.

Hitler ließ sich seit Anfang 1938 auf keine großen Diskussionen mehr ein. Die Generäle hatten seine Befehle widerspruchslos entgegenzunehmen und auszuführen. Es galt strikt der Primat der Politik. Die letzte Entscheidung durch den Staatsmann kann verfassungsrechtlich nicht beanstandet werden. Doch Hitler übersah in seinem Bestreben, das Militär aus der Politik herauszuhalten, dass sich in letzter Instanz das militärische Gebiet vom politischen nicht mehr genau trennen lässt. Es erscheint daher sinnvoll, wenn die politische und militärische Spitze zu einer vertrauensvollen und gedeihlichen Zusammenarbeit finden, wobei der politische Stichentscheid unberührt bleibt. Die hohen Generäle sollten immer im Bilde sein über die Absichten der politischen Führung, um in diesem Sinne handeln zu können. Hitler war weit entfernt von einer solchen Auffassung. Seine Devise lautete: *"Die Wehrmacht ist ein Instrument der Politik. Ich werde der Armee ihre Aufgaben zuweisen, wenn der Augenblick gekommen ist. Die Armee hat diese Aufgaben zu lösen und nicht zu diskutieren, ob sie richtig oder falsch gestellt sind."*

Doch Hitler wollte den Generälen auch auf dem militärischen Gebiet nur noch wenig Mitsprache gestatten. Das stand im Widerspruch zur militärischen Tradition und letztlich auch zur Vernunft. Hitlers Verhalten konnte auf lange Sicht nicht ungestraft bleiben, denn als militärischer Laie war er eigentlich auf fachlichen Rat angewiesen. Hitler hätte neugierig sein müssen auf die Vorschläge und Einwände seiner Generäle, um die Richtigkeit seines eigenen Standpunktes überprüfen und eventuell Verbesserungen vornehmen zu können. Eine

Diskussion konnte straff geführt werden zur Verhinderung von endlosen Palavern. Hitler hätte wertvolles Fachwissen abschöpfen können und nebenher seine Generäle und ihre Qualitäten besser kennengelernt auch im Hinblick auf ihre dienstliche Verwendung. Durch das Gespräch wäre des weiteren Vertrauen erzeugt worden. Doch diese Art der Menschenbehandlung lag dem Diktator nicht. In seiner maßlosen Selbstüberschätzung glaubte er, alles besser zu wissen. Bestätigt sah er sich in dieser Auffassung durch die Kette seiner Erfolge, fast alle erzielt gegen die Ratschläge der Fachleute, für die Hitler nur noch Verachtung übrig hatte. Als sein eigener Kriegsminister musste sich Hitler seit dem 4. Februar 1938 noch stärker mit militärischen Fragen beschäftigen neben seinem Hauptberuf als Reichskanzler. Er war befasst mit den geplanten Angriffen auf die CSR und Polen. Hitler begann sich für die Kriegswissenschaft zu interessieren. Er warf sich auf das Studium militärischer Fachliteratur, insbesondere waffentechnischer Werke. Sein ausgezeichnetes Gedächtnis ermöglichte ihm die Speicherung ungewöhnlich vieler Daten, womit er die militärischen Fachleute immer wieder verblüffen konnte. Hitler mochte sich in autodidaktischer Weise einiges Wissen auf dem militärischen Gebiet angeeignet haben, doch dürften ihm die unerlässlichen Grundlagen gefehlt haben, wie sie in der Offiziersausbildung und auf der Kriegsakademie vermittelt werden. Für die Jahre 1938/39 kann man Hitler die Qualifikation für die selbständige Führung der Wehrmacht nicht attestieren. Dafür bedarf es in der Regel einer intensiven Schulung in der Beurteilung der Lage, Entschlussfassung und Befehlsgebung sowie praktischer Erfahrung in der Truppenführung aufgrund von Übungen und Manövern. Damit konnte Hitler nicht aufwarten.

Hitlers geplanter Überfall auf die CSR stieß beim Generalstabschef Beck weiterhin auf strikten Widerspruch, der aber erfolglos blieb. Beck trat deshalb am 21. August 1938 zurück. Sein Nachfolger wurde Halder, ein gediegener Fachmann aus der bayerischen Generalstabsschule, den Hitler eigentlich nicht mochte. Doch er akzeptierte den Vorschlag von Brauchitsch, ohne einen eigenen Kandidaten ins Spiel zu bringen. Hitler wollte die Unruhe im Heer wegen Becks Rücktritt nicht unnötig vergrößern. Halders Vorstellungen deckten sich ungefähr mit denen seines Vorgängers. Hitlers Angriffsidee zerschlug sich durch die internationale Konferenz von München im September 1938. Die von Deutschen besiedelten Randgebiete der CSR fielen an das Reich.

Nach der Sudetenlandkrise rechnete Hitler mit der Heeresspitze ab. Er war besonders empört über die mangelnde Angriffslust seiner "feigen" Generäle. Er höhnte deshalb: *"Was sind das für Generäle, die das Staatsoberhaupt zum Krieg treiben muß."*

Am 24. Oktober 1938 ließ er von Brauchitsch kommen, um ihm zu erklären, es sei hoffentlich das letzte Mal, dass er in dieser Art zu Soldaten sprechen müsse. Die Wehrmacht, besonders das Heer, befinde sich in einer bedenklichen Krise. Immer, wenn in den letzten sechs Jahren die politische Führung Mut bewiesen und Erfolge errungen habe, sei die Führung der Wehrmacht nur als retardierendes und stark hemmendes Moment im Wege gestanden. Dieser Zustand, jeder Soldatenart fremd und deshalb unwürdig, müsse abgeändert werden. Die "Reichswehrerziehung" habe all dem Vorschub geleistet.

General Förster, Inspekteur der Pioniere und des Festungswesens, war 1938 mit dem Bau des Westwalls beauftragt. Nach Hitlers Auffassung kamen die Arbeiten nicht schnell genug voran. Er entzog dem Heer diese Aufgabe abrupt und übertrug sie auf die der Partei nahe stehende "Organisation Todt" (Art Bautruppe).

Der immer ungeduldiger werdende Hitler brachte seine Generäle ziemlich unsanft auf Vordermann. Diese geringschätzige Behandlung seiner höheren Mitarbeiter stellt Hitler kein gutes Zeugnis aus in puncto Menschenführung.

Am 13. März 1939 ließ Hitler die Rest-Tschechei besetzen trotz seines Versprechens nach dem Münchner Abkommen, dass er keine territorialen Forderungen in Europa mehr habe.

Die Geduld und Langmütigkeit der Westmächte im Bezug auf Hitlers Eskapaden schien sich dem Ende zuzuneigen. Man wollte Hitlers Vertragsverletzungen fürderhin nicht mehr tatenlos hinnehmen.

Litauen, aufgeschreckt durch Hitlers Schlag gegen Prag, beeilte sich, das annektierte Memelgebiet freiwillig an das Reich zurückzugeben.

Teil III

Deutsche Vorschriften und Grundsätze für die Truppenführung

Deutsche Vorschriften und Grundsätze für die Truppenführung, soweit sie für Hitlers Wirken als Stratege von Bedeutung sind:

1. Heeresdienstvorschrift 300/1 für die Truppenführung (TF) von 1933:

1. Die Kriegführung ist eine Kunst, eine auf wissenschaftlicher Grundlage beruhende freie, schöpferische Tätigkeit (Erfahrungswissenschaft). An die Persönlichkeit stellt sie die höchsten Anforderungen.

3. Die Lagen im Kriege sind von unbegrenzter Mannigfaltigkeit. Sie wechseln oft und plötzlich und lassen sich nur selten von vornherein übersehen. Unberechenbare Größen haben oft maßgebenden Einfluss. Dem eigenen Willen begegnet der unabhängige Wille des Feindes. Reibungen und Fehler sind alltägliche Erscheinungen.

4. Einfaches Handeln, folgerecht durchgeführt, wird am sichersten zum Ziele führen.

6. Heer- und Truppenführung erfordern urteilsfähige, klar blickende und voraus denkende Führerpersönlichkeiten von Selbständigkeit und Festigkeit im Entschluss, Beharrlichkeit und Tatkraft bei seiner Durchführung, Unempfindlichkeit gegen die Schwankungen des Kriegsglücks und einem ausgeprägten Gefühl für die auf ihnen ruhende hohe Verantwortung.

8. Der Offizier muss den Weg zum Herzen seiner Untergebenen finden und ihr Vertrauen durch Ver-

ständnis für ihr Fühlen und Denken sowie durch die nie rastende Fürsorge erwerben.

14. Die Kräfte der Truppe müssen für höchste Anforderungen in entscheidenden Augenblicken frisch erhalten werden. Wer die Truppe unnütz anstrengt, versündigt sich am Erfolg.

Der Kräfteverbrauch im Gefecht muss im Verhältnis zum erstrebten Ziel stehen. Unerfüllbare Anforderungen schädigen das Vertrauen zur Führung und den Geist der Truppe.

15. Entschlossenes Handeln bleibt das erste Erfordernis im Kriege. Ein jeder, der höchste Führer wie der jüngste Soldat, muss sich stets bewusst sein, dass Unterlassen und Versäumnis ihn schwerer belasten als Fehlgreifen in der Wahl der Mittel. (Friedrich II.: "Lieber eine üble Resolution als gar keine").

27. Große Erfolge setzen kühnes Wagen voraus. Das Wägen muss dem Wagen vorangehen.

28. Zur Entscheidung kann man nie stark genug sein. Gegen diese Grundregel handelt, wer überall sichergehen will und Kräfte in Nebenaufgaben festlegt.

29. Raum und Zeit müssen richtig ausgenutzt, günstige Lagen rasch erkannt und entschlossen verwertet werden. Jeder Vorsprung vor dem Gegner vergrößert die eigene Handlungsfreiheit.

30. Rasches Handeln findet Hilfe oder Hemmung im Straßen- und Wegenetz, in den Möglichkeiten,

Truppen schnell zu verschieben und in den Geländeverhältnissen. Auch Jahreszeit, Witterung und der Zustand der Truppe sind von Einfluss.

32. Überraschung des Gegners ist ein Ausschlag gebendes Mittel zum Erringen des Erfolges.

36. Ungewissheit der Lage bildet die Regel.

37. Der Führer muss den Unterführern Freiheit des Handelns lassen, soweit dies nicht seine Absicht gefährdet (Auftragstaktik).

39. Der Angriff geht dem Feind entgegen, um ihn niederzuwerfen; er schreibt ihm das Gesetz des Handelns vor. Die Überlegenheit von Führer und Truppe kommt im Angriff am besten zur Geltung; nicht immer ist die Überlegenheit an Zahl die Vorbedingung für den Erfolg. (Der Schwerpunkt im Angriff muss dort liegen, wo der geringste Widerstand zu erwarten ist)

40. Die Verfolgung will die Früchte des Sieges ernten. Sie erstrebt die Vernichtung des Feindes. Nur eine rastlos durchgeführte Verfolgung, die den Gegner nicht mehr zum Stehen kommen lässt, erspart weitere Opfer in einem neuen Entscheidungsgefecht. (Dem weichenden Feind an der Klinge bleiben, Verfolgung bis zum letzten Hauch von Ross und Reiter.)

41. Die Abwehr wartet den Gegner ab. Das Gelände für den Kampf versucht sie ihm vorzuschreiben. Man wehrt ab, wenn die eigene Unterlegenheit keine andere Wahl lässt oder wenn es aus anderen Gründen vorteilhaft erscheint. Der entscheidende

Sieg ist nur durch angriffsweise Beendigung der Abwehr möglich.

47. Kräftebemessung, Aufstellung und Einsatz der Reserve bedürfen sorgfältiger Erwägung.

59. Jedem Entschluss geht eine Beurteilung der Lage voraus. Sie verlangt rasche Gedankenarbeit, einfache, folgerichtige Erwägungen und Beschränkung auf das Wesentliche.

62. Die Beurteilung der Lage beim Feinde hat nach gleichen Gesichtspunkten zu erfolgen. An Hand der vorliegenden Nachrichten ist zu überlegen, inwieweit der Feind die Durchführung der eigenen Absicht verhindern kann und wie man selbst an seiner Stelle handeln würde. Zur Voreingenommenheit dürfen solche Erwägungen nicht führen, jedoch empfiehlt es sich, das für das eigene Handeln nachteiligste Verhalten des Feindes zugrunde zu legen, soweit nicht ein besonderer Anlass vorliegt, ein anderes Verhalten beim Gegner für wahrscheinlicher zu halten.

65. Klare Befehlsverhältnisse sind eine wesentliche Voraussetzung für das reibungslose Zusammenarbeiten aller Führer, Vereinbarungen können versagen.

317. Die Umfassung setzt die Fesselung des Feindes in der Front voraus.

451. Es kann geboten sein, eine rückwärtige Stellung anzulegen.

531. Der Zweck des hinhaltenden Gefechts kann je nach der Lage, insbesondere der Stärke und dem Verhalten des Gegners, sowie nach dem Gelände durch Abwehr, durch Angriff mit begrenztem Ziel, durch Scheingefecht und auch durch örtlich begrenztes Vermeiden des Kampfes erreicht werden. Der Gegner wird erwartet oder aufgesucht. Gelegenheiten, ihm Abbruch zu tun, werden ausgenutzt oder herbeigeführt. Meist gilt es, die eigenen Kräfte zu schonen, jedoch dem Feind möglichst hohe Verluste beizubringen. Je länger das Gefecht hinhaltend geführt wird, um so ausgedehnteres Gebiet wird zu seiner Durchführung benötigt.

532. Hinhaltender Widerstand ist die hauptsächlichste Kampfart beim hinhaltenden Gefecht.

533. Verteidigung kommt nur für begrenzte Zeit in Frage.

534. Angriffe mit begrenztem Ziel werden je nach den Umständen gegen Flügel, Flanken und Rücken des Gegners und schwache Stellen seiner Front geführt. Um günstige Gelegenheiten rasch ausnützen zu können, muss den unteren Führern meist eine gewisse Freiheit zu angriffsweisem Handeln gegeben werden.

536. Wechselndes Verhalten, Beweglichkeit, Schnelligkeit, Überraschung, Verschleierung und sonstige Täuschung des Gegners steigern die Wirksamkeit des hinhaltenden Gefechts, ermöglichen, sich der Abhängigkeit vom Gegner vorübergehend zu entziehen und ihn länger hinzuhalten.

537. Die oft großen Breiten, welche zum Führen hinhaltender Gefechte erforderlich sind, verlangen das Zusammenhalten der Kräfte und der Munition an den Brennpunkten des Gefechtes; die übrige Gefechtsfront muss mit schwachen Kräften auskommen, denen dadurch oft besonders schwierige Aufgaben zufallen.

2. Grundsätze für die Truppenführung

Friedrich II. (preußischer König 1740 - 1786):
"Derjenige, der alles zur gleichen Zeit defendieren will, wird nichts defendieren (Generalprinzipien des Krieges).
Die kleineren Geister wollen alles schützen, einsichtige Männer sehen nur das Hauptziel.
Wenn ihr eine Bataille liefern wollt, so ziehet so viele Truppen zusammen, als ihr nur immer könnt, denn man kann sie niemals nützlicher employieren."

Clausewitz:
"Der Feldherr muss ungewöhnliche Geistes- und Seelenkräfte besitzen, um die Inertie (Trägheit) der Massen zu meistern.
Ohne den gebieterischen, herrischen Willen ist keine Heerführung möglich.
Der Staatsmann muss Einblick ins Kriegswesen haben, der Feldherr in die höheren Staatsverhältnisse. Keine Kriegshandlung ist nur militärisch zu beurteilen.
Die beste Strategie ist: immer recht stark zu sein, zunächst überhaupt und demnächst auf dem entscheidenden Punkt. Es gibt kein höheres Gesetz für die Strategie als das: seine Kräfte zusammenzuhalten. Nichts soll von der Hauptmasse getrennt sein, was nicht durch einen dringenden Zweck von ihr abgerufen wird.

Die Hauptschlacht zu suchen und sie in einem Macht-
verhältnis und unter Umständen zu liefern, die einen ent-
scheidenden Sieg versprechen, muss die Tendenz der
Feldherren sein; diesem Zweck müssen sie alles aufop-
fern.
Der Marsch mit seinem zerstörerischen Einfluss ist ein
eigenes tätiges Prinzip neben dem Gefecht.
Der Feind sollte sich verlustreich abarbeiten und durch
eigene Anstrengungen zu Grunde gehen.
Der Kulminationspunkt einer Schlacht ist mit feinem
Takt des Urteils herauszufühlen.
Die Verteidigung ist die stärkere Form des Kampfes als
der Angriff (anders die herrschende Meinung). Unter
Umständen kann auch der Angriff hin und wieder die
stärkere Form sein.
Ein schneller, kräftiger Übergang von der Verteidigung
zum Angriff - das blitzende Vergeltungsschwert - ist der
glänzendste Punkt der Verteidigung und macht ihre
Überlegenheit gegenüber dem Angriff aus.
Im Krieg geht die Vernichtung des Feindes in der Regel
dem Raumgewinn vor".

Moltke sen.:

"Die Grundzüge der höheren Führung gehen wenig über
die Vordersätze des normalen und gesunden Menschen-
verstandes hinaus.
Die Politik darf nicht Dinge verlangen, die gegen die
Natur des Krieges sind.
Die feindliche Hauptstadt kann ein Operationsziel sein.
Die reine Defensive empfiehlt sich selbst dann nicht,
wenn die Mittel zur allgemeinen Offensive fehlen. Nur
durch Beweglichkeit darf man hoffen, einen überlegenen
Gegner längeren Widerstand zu leisten.
Das Wahrscheinliche zu ermitteln, bleibt im Kriege stets
die einzige Basis, auf die man seine Maßregeln zu grün-

den vermag. Das Vorteilhafteste für den Feind dient dabei als Anhalt, um das Wahrscheinliche zu ermitteln."

Schlieffen:

"Feldherrnkunst heißt, im entscheidenden Augenblick an der entscheidenden Stelle die Überlegenheit zur Geltung zu bringen, dann fallen Niederlagen auf Nebenkriegsschauplätzen nicht ins Gewicht.

Selbst bei eigener Unterlegenheit sind die Truppen aus der Bewegung heraus schnell derart zusammenzuziehen, dass sie in Überzahl den Feind überflügeln oder ihn in der Flanke fassen können, um wesentliche Feindkräfte überraschend zu vernichten unter gleichzeitiger Fesselung der übrigen Feindteile in der Front und zwar grundsätzlich durch nachhaltigen Angriff, damit er keine Verbände verschieben kann an den Ort der Entscheidung. (Aufgaben 1898, 1902, 1905).

Der Angriff gegen die Flanke ist der wesentliche Inhalt der Kriegsgeschichte.

Nicht auf Teilerfolge kommt es an, sondern auf große und vernichtende Schläge.

Es ist ein Gesetz: durch Stellungnahme (Beziehen einer Stellung) gewinnt man keine Schlacht, nur durch Bewegung (Aufgabe 1905).

Wer den Feind überraschen will, muss in Bewegung bleiben, darf keine Aufstellung nehmen (Aufgabe 1901).

Der Preisgabe einer Provinz ist dann vertretbar, wenn woanders der entscheidende Schlag geführt werden kann (Aufgabe 1901).

Der Feind muss einen Beitrag zum Zustandekommen eines Vernichtungsschlages leisten (Liebesdienst)."

C. von der Goltz:

"Wer nur auf Abwehr sinnt, kann lediglich die eigene Niederlage verhindern.

Krieg führen heißt angreifen."

Halder:

"Gute taktische Einfälle und originelle Führungsgedanken kamen oft genug von nichtmilitärischer Seite. In dieser Hinsicht gibt es kein Monopol der Berufssoldaten."

Retour offensif:
Diese Idee stammt von französischen Militärs aus der Zeit vor dem Ersten Weltkrieg.
Es handelt sich dabei um einen Scheinrückzug, um den Feind in ein bestimmtes Gelände zu locken, wo er von frischen Truppen, die aus Verstecken hervorbrechen, angegriffen wird, wenn er durch lange Bewegung ermattet ist.
Diese Idee ist auch auf deutscher Seite diskutiert worden (Sacktheorie oder Schlagen aus der Nachhand).

Teil IV

Hitler als Stratege im Zweiten Weltkrieg

1. Der Polenfeldzug

Alsbald nach der Besetzung der Rest-Tschechei fasste Hitler Polen als nächstes Angriffsziel ins Auge. In einem schnellen Feldzug sollte dieses Land zerschlagen werden. Polen hatte sich nach dem Ersten Weltkrieg auf Kosten Deutschlands territorial bereichert. Aus nationaler Sicht stand also noch eine Rechnung offen.

Mit einem Eingreifen der Westmächte rechnete Hitler nicht. Im Gegensatz dazu befürchteten seine Generäle einen Zwei-frontenkrieg. Kurz vor Ausbruch der Feindseligkeiten einigte sich Hitler am 22. August 1939 mit Stalin in einem Nichtangriffspakt auf eine Teilung Polens, um die Sowjetunion aus dem Konflikt herauszuhalten. Auf diese Weise glaubte Hitler auch, die Westmächte an einer Intervention zu hindern.

Der deutsche Kriegsplan sah vor, mit der Masse der Streitkräfte die schnelle Entscheidung im Osten zu suchen, während an der französischen Grenze eine Heeresgruppe mit 27 Divisionen einen feindlichen Angriff abwehren sollte, bis Truppen von der Ostfront zur Hilfe eilen konnten. Diese Konzeption entstammte der Ideenwelt des früheren Generalstabschef von Schlieffen (1891 - 1906).

Am 1. September 1939 brachen Hitlers Armeen zum Angriff gegen Polen vor. Die deutsche Luftwaffe konnte die polnischen Flugzeuge noch am Boden überraschen und vernichten. Die deutschen Panzerdivisionen mit motorisierten Infanteriedivisionen im Gefolge und taktisch unterstützt von der Luftwaffe durchstießen rasch die polnischen Linien und kesselten die feindlichen Truppen weiträumig ein, die dadurch in eine hoffnungslose Lage gerieten. Auf diese Weise wurde die polnische Abwehr schnell ihres Zusammenhangs beraubt. Die polnischen Soldaten kämpften zwar tapfer, doch Ihre Armee war veraltet und den modernen und zahlenmäßig überlegenen deutschen Verbänden nicht lange gewachsen. Die Hoffnung der Polen auf Unterstützung durch die Westmächte erfüllte sich nicht. Diese traten zwar schnell in den Krieg ein, rührten jedoch keine Hand für den polnischen Verbündeten, obwohl z. B. Frankreich über 90 Divisionen verfügte, welche der deutschen Westgruppe deutlich überlegen waren. Nach 18 Tagen musste die polnische Armee kapitulieren. Sie wurde Opfer des ersten Blitzkrieges.

Die neue deutsche Angriffsdoktrin erwies sich als durchschlagend und zukunftsweisend. Nur im massierten Einsatz konnten die Panzer ihre Vorzüge (Schnelligkeit, Feuerkraft, Panzerschutz) operativ voll entfalten. Die rein taktische Unterstützung der Infanterie durch verzettelte Panzerkräfte gehörte im Angriff grundsätzlich der Vergangenheit an. So sahen es zumindest die deutschen Panzerfachleute. In anderen Armeen war man noch nicht ganz so weit (z. B. in Russland, Frankreich, England).

Hitler verfolgte den Feldzug in Polen genau, mischte sich aber in die Operationsführung kaum ein. Diesen Sieg konnten sich die deutschen Militärs allein an ihre Fahnen heften.

Politisch betrachtet muss man Hitlers Urteil über die Westmächte als Fehlentscheidung ansehen. Deren Kriegseintritt bescherte Deutschland den gefürchteten Zweifrontenkrieg, den Hitler der deutschen Regierung von 1914 als unverzeihliche Dummheit angekreidet hatte. Dank der Harmlosigkeit der Westmächte entstand 1939 auf deutscher Seite zunächst kein Schaden.

Im Polenfeldzug war der ehemalige Oberbefehlshaber des Heeres von Fritsch als Inhaber der Artillerieregiments 12 mit diesem Verband ausgerückt und gefallen. Hitler weigerte sich, an der Beerdigung teilzunehmen. Der Diktator war immer noch verärgert, weil Fritsch nicht schnell genug aufgerüstet und zu wenig Kriegsbereitschaft gezeigt hatte. Jodl, der Chef des Wehrmachtführungsamtes im OKW, erwies dem Generaloberst die letzte Ehre, was Hitlers Missfallen hervorrief. Bei Hitler hätte etwas mehr Dankbarkeit gegenüber dem Gefallenen nicht geschadet. Immerhin war ihm durch Fritsch ein schlagfertiges Heer aufgebaut worden. Die Bewährungsprobe in Polen zeigte den hohen Kampfwert.

Hitlers Verdienst an dem Sieg in Polen ist darin zu sehen, dass er sich lange Zeit vor dem Krieg maßgeblich für die Panzertruppe und ihre Zusammenfassung zu operativen Verbänden, für die Heeresmotorisierung und den Ausbau der Luftwaffe eingesetzt hatte. In Polen ließ Hitler seine Truppen in Unkenntnis über die mit der Sowjetunion vereinbarte Demarkationslinie, so dass deutsche Soldaten unnötigerweise in Gebieten kämpften, die an die Russen fallen sollten. Die dabei entstandenen Verluste hätte Hitler als fürsorglicher Kriegsherr vermeiden müssen.

Im besetzten Polen schickten sich die SS-Einsatzgruppen an, die polnische Intelligenz und die Juden auszurotten, wie es Hitler den Militärs angekündigt hatte. Der Sieg der Wehrmacht war die Voraussetzung dafür. Hitler verstrickte damit das Militär in seine Verbrechen.

Die unheimliche Schlagkraft der Wehrmacht im Polenfeldzug machte auf Hitler einen starken Eindruck. Mit diesem Instrument konnte man die Landkarte in Europa entscheidend verändern. Diesen Trumpf wollte der von Gewalt und Macht faszinierte Hitler bei der nächsten Gelegenheit ausspielen.

2. Der Aufmarsch gegen Frankreich

Nach dem schnellen Sieg über Polen konnte Hitler die Kräfte der Wehrmacht voll auf den Kampf gegen Frankreich konzentrieren. Hitler war wild zum Angriff entschlossen. Er wollte ihn auch im Spätherbst und Winter durchführen, trotz der für Panzer und motorisierte Truppen ungünstigen Witterung. Das galt übrigens auch für die Luftwaffe. Mit Ausnahme der Überraschung bot ein solcher Angriff kaum Vorteile. Den Generälen wäre eine politische Lösung am liebsten gewesen, denn sie hatten Angst vor einem langjährigen Stellungskampf wie im Ersten Weltkrieg. Doch Hitler zeigte einen bemerkenswerten Optimismus. Er hielt die französische Armee für schwächer als 1914, womit er letztlich recht behalten sollte. Hitler beschimpfte seine Generäle als Feiglinge und Defätisten. Der Diktator ließ es immer mehr an dem notwendigen Respekt vor seinen militärischen Mitarbeitern fehlen. Hitler erteilte in der kalten Jahreszeit über 20-mal den Angriffsbefehl, doch im letzten Augenblick zuckte er stets zurück.

Das Konzept für den Westfeldzug war im wesentlichen ein Abklatsch des Schlieffen-Planes (Schwerpunkt des Angriffs auf dem rechten Flügel), wie er 1914 zur Durchführung kam. Hitler beabsichtigte ein Durchstoßen der neutralen Benelux-Staaten.

Die Heeresgruppe C sollte sich am Oberrhein gegenüber den Maginot-Befestigungen weiterhin defensiv verhalten. Bei der an der holländischen Grenze aufmarschierten Heeresgruppe B lag der Schwerpunkt der Operation. Im Süden schloss sich die Heeresgruppe A an, die das Vorgehen der Heeresgruppe B im Süden abdecken sollte. Hitler gefiel dieser Plan nicht besonders, da zu erwarten stand, dass der Feind mit einer solchen Form des Angriffs rechnet. Im übrigen hatte der Schlieffen-Plan 1914 nicht die erhoffte schnelle Entscheidung gebracht. Das lag daran, weil er nicht konsequent genug durchgeführt worden war.

Die Aufmarschanweisung "Gelb" des Oberbefehlshaber des Heeres vom 29. Oktober 1939 (Nr. 44 440/39 gKdos) erteilte der Heeresgruppe A u. a. folgenden Auftrag:

"Vor der Front der Heeresgruppe ist eine Gruppe schneller Kräfte zu bilden und unter Ausnutzung des waldfreien Streifens beiderseits Arlon, Tintigny, Florenville in Richtung auf Sedan und ostwärts anzusetzen. Ihre Aufgabe ist, nach Südbelgien hinein vorgeworfene bewegliche Feindkräfte zu schlagen, bei und südostwärts Sedan überraschend das Westufer der Maas zu gewinnen und dadurch günstige Voraussetzungen für die Weiterführung der Operation zu schaffen."

Generalleutnant von Manstein, Stabschef der Heeresgruppe A, war mit dieser Weisung dienstlich befasst. Als guter Generalstäbler erkannte er ohne große Mühe, dass man aus dieser Idee etwas operativ Entscheidendes machen könnte. Er trat ein für eine Verlagerung des Schwerpunktes von der Heeresgruppe B zur Heeresgruppe A, um dort die Entscheidung zu suchen. Dazu schlug er vor, die Masse der Panzerdivisionen und der motorisierten Infanteriedivisionen durch die Wälder der Ardennen und bei Sedan über die Maas zur Sommemündung an der Kanalküste stoßen zu lassen. Dadurch sollten die Feindkräfte in Nordfrankreich und Belgien abgeschnitten werden (Sichelschnitt), die dann auf verlorenen Posten stehen würden. Ein solcher Stoß musste die schwachen französischen Kräfte im Raum Sedan überraschend treffen, denn die Ardennen galten als ungeeignetes Gelände für die Bewegung von Panzern und motorisierten Kräften. Rundstedt, der Oberbefehlshaber der Heeresgruppe A, billigte den Plan seines Stabschefs. Brauchitsch und Halder lehnten Mansteins Idee ab. Dieser lancierte seinen Vorschlag über Schmundt, den Chefadjudanten der Wehrmacht, unter Umgehung des Dienstweges in das Führerhauptquartier. Hitler erkannte sofort die operativen Vorzüge des Sichelschnittes. Ihm imponierte besonders der Überraschungseffekt. Dafür hatte er ein ausgeprägtes Gespür. Die Spitzen des Heeres lehnten Mansteins Vorstellungen weiterhin ab. Nur der Panzerführer Guderian fand großen Gefallen an dem neuen Plan. Hitler nahm ihn als Grundlage seiner Weisung vom 20. Februar 1940 für den Angriff im Westen. Im Oberkommando des Heeres reagierte man indigniert auf Mansteins Unbotmäßigkeit. Er wurde strafversetzt. Doch die Richtigkeit seines Operationsplanes sollte sich kurze Zeit später herausstellen. Wie ist die instinktsichere Reaktion des Diktators auf den Manstein-Plan zu bewerten? Blitzte da in Hitler der miles gloriosus auf, der strahlende Feldherr? Immerhin hatten hohe Generäle und Absolventen der Kriegsakademie den Wert des Sichelschnittes nicht zu erkennen vermocht. Hitler besaß offen-

bar mehr Phantasie als sie im Bezug auf die Erfolgsmöglich-
keiten großer Panzerverbände. Doch das Erfassen und Be-
greifen einer operativen Idee, zu der auch Laien fähig sind,
macht aus einem militärisch Halbgebildeten nicht ohne weiteres einen Feldherrn.

Daran änderte auch die Tatsache nichts, dass Hitler im Polenfeldzug die Truppenführung und die Generalstabsarbeit
näher kennen gelernt hatte durch laufende Lagevorträge,
Lagebesprechungen, Befehlsausgaben, Meldungen, Besuche
in Stabsquartieren usw. Hitler mochte Fortschritte gemacht
haben im militärischen Metier, aber vom Feldherrntum
konnte bei ihm noch keine Rede sein.

3. Die Besetzung von Dänemark und Norwegen

Am 9. April 1940 ließ Hitler seine Streitkräfte zur Invasion
von Dänemark und Norwegen antreten. Die Marine musste
die Heeresteile mit Kriegs- und Transportschiffen befördern,
unterstützt von der Luftwaffe. Hitler kam einer Landung der
Engländer und Franzosen nur um Stunden zuvor. Bei dieser
Operation mit dem Decknamen "Weserübung" musste die
Mitwirkung von Heer, Marine und Luftwaffe koordiniert
werden. Dies geschah folgerichtig durch das Oberkommando
der Wehrmacht. Das Heer stellte zwar die Kampftruppen,
blieb aber von deren Führung ausgeschlossen, die allein dem
Oberkommando der Wehrmacht bzw. Hitler oblag. Dies
widersprach eigentlich der Kommandostruktur. Doch das
Unternehmen "Weserübung" stellte einen eilbedürftigen Son-
derfall dar mit einem nur auf kurze Zeit veranschlagten Einsatz, der eine Abweichung rechtfertigte, zumal das Oberkommando des Heeres alle Hände voll zu tun hatte mit den
Angriffsvorbereitungen an der Westfront.

Hitler zeigte großes Interesse an der Kampagne gegen Norwegen und erteilte persönlich Anordnungen und Befehle.
Insbesondere bei dem krisenreichen Gefecht um Narvik griff

Hitler wiederholt und nicht immer gekonnt in die Einzelheiten der Kampfführung ein. General Dietl befand sich dort mit seinen Gebirgsjägern, verstärkt durch die Besatzungen versenkter Kriegsschiffe, in einer verzweifelten Lage. Die angelandeten alliierten Verbände engten die deutschen Truppen immer mehr ein. Hitler ließ Fallschirmjäger über Narvik abspringen, um Dietl zu stützen. Für Hitler war dies die erste Gelegenheit, sich als Stratege im Kleinen zu beweisen. Die Bilanz sah nicht erfreulich aus. Hitler zeigte sich unsicher, nervös, schnell verzagt, verzettelte sich in lauter Einzelbefehlen, anstatt Ruhe und Gelassenheit zu verbreiten. Er trug sich mit der Idee, Dietl den Übertritt auf schwedisches Gebiet zu erlauben. Jodl, Chef des Wehrmachtführungsamtes und seine Generalstabsoffiziere konnten Hitler von diesem übereilten Schritt nur mit Mühe abhalten. Bei den Offizieren des Oberkommandos der Wehrmacht hinterließ der Auftritt Hitlers als Stratege einen niederschmetternden Eindruck. In seinem Tagebuch bezeichnete Jodl, ein Verehrer Hitlers, dessen "Kriegskunst" als Führungschaos. Trotzdem wurde die Krise in Narvik gemeistert durch den korrigierenden Einfluss der Militärs. In seiner Lehrzeit als "Feldherr" nahm Hitler offenbar noch Ratschläge an. Die Westmächte mussten Norwegen der Wehrmacht überlassen. Die Erzzufuhr via Narvik war gesichert und die Kriegsmarine erhielt die von ihr seit 1939 geforderten U-Boot-Basen. Der Besitz von Norwegen verbesserte die Ausgangsposition im See- und Luftkrieg gegen England. Andererseits erforderte die Sicherung des norwegischen Raumes starke Land-, See- und Luftstreitkräfte. Die fjordreiche Küste war schwer zu überwachen.

Hätten die Alliierten Norwegen vor den Deutschen besetzt, so wären sie für das Reich eine gefährliche Bedrohung geworden im Nordseegebiet. Sie hätten den Transport schwedischer Erze von Narvik nach Deutschland verhindern können. Wahrscheinlich wären diese Erzlieferungen auch mit der Bahn durch Schweden möglich gewesen mit anschließender Benützung der Schiffsverbindungen über die Ostsee. Allerdings muss zugegeben werden, dass die Alliierten in Norwegen stärkeren Druck auf das neutrale Schweden hätten ausüben können.

Retrospektiv wird man die Bilanz des anfangs bejubelten Norwegenabenteuers etwas differenzierter sehen müssen.

Die Flotte verlor drei von ihren neun Kreuzern. Von den 20 Zerstörern wurden 10 in Narvik versenkt. Die Kriegsmarine erlitt dadurch eine erhebliche Schwächung, von der sie sich nicht mehr erholen sollte. Die U-Boot-Basen in Norwegen verloren durch das Radar ab 1943 viel von ihrer Bedeutung.

Die deutschen Großkampfschiffe kamen auch von Norwegen aus nicht so richtig in Schwung gegen die überlegene englische Flotte. Das Schlachtschiff "Bismarck" lief 1941 von Norwegen aus in den Untergang und das Schlachtschiff "Scharnhorst" wurde 1943 am Nordkap versenkt. Die "Tirpitz", das Schwesterschiff der "Bismarck", erhielt 1944 von den Engländern in einem norwegischen Fjord den Todesstoß.

Die für Norwegen benötigten Besatzungstruppen (ca. 10 Divisionen) fehlten später an den anderen Fronten.

4. Der Westfeldzug 1940

Am 10. Mai 1940 begann der Feldzug im Westen unter Missachtung der Neutralität der Benelux-Staaten. Die Heeresgruppe B unter Bock drang in Holland ein, während die Heeresgruppe A unter Rundstedt durch Luxemburg nach Belgien hineinstieß. Mansteins Sichelschnitt bestand seine Bewährungsprobe. Die Gruppe Kleist erzwang mit starken Panzerkräften überraschend den Maasübergang bei Sedan und strebte der Sommemündung zu.

Das Tempo dieser Operation erzeugte bei Hitler auf einmal die Angst vor einem Fehlschlag. Er wollte gern, dass die Panzertruppen aus Sicherheitsgründen auf nachgeführte Infanterieverbände warten. Das konnten die Generäle gerade noch verhindern, indem sie den weiteren Vorstoß der Panzer in ihren Meldungen nach oben als gewaltsame Aufklärung tarnten. Hier zeigte sich eine typische Seite von Hitlers Wesen. Er war kühn in der Planung, aber eher ängstlich in der Ausführung.

Am 21. Mai 1940 erreichten die deutschen Panzerspitzen Abbéville an der Kanalküste, was die Ausschaltung der Feindkräfte in Nordfrankreich und Belgien letztlich bedeutete. Den Deutschen gelang es, das englische Expeditionskorps bei Dünkirchen einzuschließen. Seine Lage erschien hoffnungslos. Doch die auf Dünkirchen vorstoßenden deutschen Panzer wurden plötzlich von Hitler angehalten, weil das Gelände wegen seiner vielen Wasserläufe für den Einsatz von gepanzerten Fahrzeugen ungeeignet sei. Hitler berief sich dabei auf seine persönlichen Erfahrungen als Soldat in den Flandernschlachten des Ersten Weltkrieges. Tatsächlich war das Gelände nicht panzerhemmend. Die Kommandeure an Ort und Stelle beantragten vergeblich die Fortsetzung des Angriffs. Doch Hitler wollte dem ruhmgierigen Göring auf dessen Bitte die Gelegenheit geben, die Engländer mit seiner Luftwaffe zu vernichten. Das gelang aber nicht trotz eines dreiwöchigen Bombardements. Ein großer Teil des englischen Expeditionskorps konnte sich über den Kanal in das Mutterland retten, wenn auch unter Zurücklassung von Waffen und Geräten. Hätte Hitler die Panzer rollen lassen, wären die Engländer innerhalb von zwei bis drei Tagen in Gefangenschaft geraten. Hitlers Haltebefehl muss deshalb als psychologisch unklug bezeichnet werden, weil sich die Truppe um die Ausbeutung ihres Sieges betrogen sah. Außerdem stellte Hitlers Verhalten einen Verstoß gegen die taktischen Grundsätze der Verfolgung dar, die in einem solchen Fall ein unablässiges und rücksichtsloses Nachhauen erfordert hätten. Es war also keine Empfehlung für Hitler als Kriegsherr.

Die Fama, Hitler habe den Abzug der Briten aus Anglophilie bewusst hingenommen, erscheint absurd. Eine solche Geste wäre viel wirkungsvoller gewesen, wenn er das gefangene Expeditionskorps großmütig repatriiert hätte.

In der Weygand-Linie nördlich von Paris richteten sich die Franzosen noch einmal zur Verteidigung ein. Diese Stellung wurde jedoch am 9. Juni 1940 von den deutschen Truppen durchbrochen. Am 25. Juni 1940 kapitulierte die französische Armee. Damit war ein weiterer "Blitzsieg" erfochten.

Hitler hatte sich im Westfeldzug kaum in die Operationsführung eingemischt, wenn man einmal absieht vom "Sichelschnitt" und dem obigen Haltebefehl. Trotzdem feierte Keitel seinen Führer als den größten Feldherrn aller Zeiten (Gröfaz). Auch Göring tönte, dass Hitler den Stümpern von 1914 gezeigt habe, wie man Krieg führe. Der große Sieg überzeugte Hitler endgültig von seiner Unfehlbarkeit.

Zum Westfeldzug bleibt noch nachzutragen, dass die Wegnahme des belgischen Fort Eben Emael auf einer von Hitler besonders geförderten Idee beruhte. Fallschirmjäger landeten mit Lastenseglern auf dem Dach der Festung und sprengten die Panzerkuppel und Abwehranlagen mit den neu eingeführten Hafthohlladungen, was den Feind zur Aufgabe zwang. Hitler liebte überraschende Handstreiche unter Anwendung ungewöhnlicher Methoden. Er beklagte sich immer wieder über die Fantasielosigkeit seiner Generäle. Sie seien zu korrekt und orthodox. Hitler warf ihnen vor, in überholten Begriffen zu "wursteln", anstatt bei Karl May Anleihen zu nehmen. Von seinen Heerführern wünschte Hitler mehr Originalität und den Gebrauch der einen oder anderen List.

Der am 14. Juni 1940 erfolgende Angriff der Heeresgruppe C gegen die Maginot-Linie muss als wenig sinnvoll bezeichnet werden, denn deutsche Panzertruppen befanden sich bereits im Rücken der Befestigungsanlagen. Die dabei entstandenen Verluste hätte man vermeiden können. Einen Fluss wie den Rhein überschreitet man nicht ohne Not, noch dazu im Feuerbereich von feindlichen Panzerwerken.

In der Stunde des Triumphes über Frankreich vergaß Hitler keineswegs seine siegreichen Generäle, über die eine Beförderungswelle ohnegleichen hereinbrach. Keitel, von Brauchitsch, von Rundstedt, von Bock, von Leeb, von Reichenau, von Kluge, List, von Witzleben, Kesselring, Sperrle erhielten den Marschallstab. Eine solche Schwemme von Feldmarschällen widersprach der preußischen Tradition. Damit erfuhr dieser Rang eine Entwertung.

5. Der Luftkrieg gegen England 1940/41 und das Unternehmen "Seelöwe"

Nach dem Sieg über Frankreich machte Hitler den Engländern am 19. Juli 1940 ein Friedensangebot, das aber sofort abgelehnt wurde. Der verärgerte Diktator befahl deshalb den Luftkrieg gegen England (Unternehmen "Adlertag"). Hitler schickte sich an, die englischen Städte "auszuradieren". Die Fliegerangriffe sollten ferner einer eventuellen deutschen Invasion, Deckname "Seelöwe", den Weg bereiten durch Erringen der Luftherrschaft. Diese wäre zwar eine nützliche, aber keineswegs zwingende Voraussetzung gewesen für eine Landungsoperation, denn im Zuge einer solchen hätte man auch die Air Force durch die eigenen Luftstreitkräfte über England stellen und binden können, um sie von Angriffen auf die Invasionstruppen abzuhalten.

Schlechte Wetterbedingungen, zu geringe Eindringtiefe der deutschen Flugzeuge, heftige englische Luftabwehr und große Verluste der Luftwaffe zwangen im Frühjahr 1941 zum Abbruch des Unternehmens "Adlertag". Das bewog Hitler, die von ihm nur halbherzig betriebene Operation "Seelöwe" abzublasen. Für eine Invasion fehlten die geeigneten Übersetzmittel. Einer deutschen Landung hätte sich die britische Homefleet wohl mit Todesverachtung widersetzt. Die unterlegene deutsche Kriegsmarine wäre sicherlich nicht zu entscheidenden Schlägen in der Lage gewesen, insbesondere nach dem Aderlass in Norwegen.

Unter den gegebenen Umständen war es vernünftig, von der Invasion abzusehen. Die Entscheidung fiel Hitler nicht schwer, denn er war ein Mann des Landkrieges. Außerdem warf der Russlandfeldzug seine Schatten voraus. Im Hinblick darauf hätte Hitler den aussichtslos gewordenen Luftkrieg früher abbrechen müssen, um die Schlagkraft der Luftwaffe für die neue und schwere Auseinandersetzung zu erhalten.

6. Die Planung des Russlandfeldzuges

Am 21. Juli 1940 fasste Hitler den Entschluss Russland anzugreifen, nachdem sein Friedensangebot an England vom 19. Juli 1940 abgelehnt worden war. Die Wehrmacht befand sich in einem ausgezeichneten Zustand, wie der schnelle Sieg über Frankreich gezeigt hatte. Diese wohl nur zeitlich begrenzte Überlegenheit gegenüber der Roten Armee musste ausgenutzt werden, zumal Hitler die Auseinandersetzung mit der Sowjetunion für unausweichlich hielt. Hitler träumte vom Lebensraum im Osten. Die Bewältigung dieser schweren Aufgabe traute er keinem anderen zu. Nach der Abrechnung mit Russland wäre auch England um eine Hoffnung ärmer. Russland schied dann als eventueller Koalitionspartner aus. Hitler war geblendet durch die beiden Blitzsiege in Polen und Frankreich. Mit seinen Panzerdivisionen glaubte Hitler die etwa gleich starken Kräfte der Roten Armee im europäischen Russland in einigen Kesselschlachten vernichten zu können, was den raschen Zusammenbruch der Sowjetunion herbeiführen sollte. Die Rote Armee schätze Hitler nicht sehr hoch ein, da sie im Krieg gegen Finnland 1939/40 nur mäßige Leistungen gezeigt hatte. Die zunächst skeptischen Generäle konnte Hitler für seinen Plan gewinnen. Hitler wusste, dass es in Russland zu keinem langen Krieg kommen durfte. Ein solcher hätte einen Zweifrontenkrieg bedeutet, denn noch war England nicht besiegt. Ein langer Krieg im Osten hätte auch Russland befähigt, seine riesigen Menschenmassen zu mobilisieren. Hitler wusste davon aus dem Ersten Weltkrieg. In seinem Buch *"Mein Kampf"* (S. 215) schrieb er daher folgendes:

"Drei Jahre waren die Deutschen gegen Russland ange-
rannt, anfangs scheinbar ohne auch nur den geringsten
Erfolg. Man lachte fast über dieses zwecklose Beginnen,
denn endlich musste ja doch der russische Riese in der
Überzahl seiner Menschen Sieger bleiben, Deutschland aber
an Verblutung niederbrechen. Für jede geschlagene und
vernichtete Armee stand eine neue auf. Unerschöpflich gab
dieses Riesenreich dem Zaren immer neue Soldaten. Wie
lange konnte Deutschland dieses Rennen mitmachen? Nach
menschlichem Ermessen konnte der Sieg Russland wohl
hinausgeschoben werden, aber er musste kommen."
Aufgrund dieser Erkenntnis hätte Hitler den Angriff auf die
Sowjetunion nicht planen dürfen. Doch Hitler sah offenbar in
dem von der Panzerwaffe und den motorisierten Divisionen
getragenen Blitzkriegkonzept das Mittel, um den Zusammenbruch des Feindes durch einige schnelle und wuchtige Schläge herbei zu führen, bevor dieser von seinem ungeheuren
Menschenpotential Gebrauch machen kann. Dieser Krieg
sollte ein anderes Gesicht haben als die Kämpfe an der Ostfront von 1914/18.
Von den bisherigen Kriegsschauplätzen unterschied sich
Russland erheblich durch seinen riesigen Raum, die schlechten Verkehrsverhältnisse und ein kontrastreiches Klima (hei-
ße Sommer, Schlammperioden im Frühjahr und Herbst, frühe
und kalte Winter). Trotz beträchtlicher Unwägbarkeiten
setzte Hitler alles auf eine Karte und glaubte, Russland in drei
Monaten besiegen zu können. Hitler wollte diese große Aufgabe bewältigen ohne Steigerung seiner Kriegsproduktion. Er
hatte nach dem Westfeldzug sogar den Umfang seiner Wehrwirtschaft auf das Vorkriegsniveau reduziert und 11 Divisionen aufgelöst. Hitler hielt 20 Panzerdivisionen, 130 Infanteriedivisionen und 40 Divisionen der Verbündeten für ausreichend, um Russland zu schlagen. Aus diesem Grunde ließ er
die 38 Divisionen in Frankreich und die 12 Divisionen in
Norwegen unangetastet, obwohl dort Truppen in dieser Stär-

ke zur damaligen Zeit nicht vonnöten waren mangels Bedrohung. Das sollte sich rächen.

Die Auseinandersetzung mit der Sowjetunion sollte kein gewöhnlicher Krieg werden, sondern ein Weltanschauungskampf. Hitler befahl die Ausrottung der jüdisch-bolschewistischen Intelligenz und die Erschießung der gefangenen Politkommissare der Roten Armee. Der Verfolgungszwang bei Straftaten deutscher Soldaten gegen Russen wurde weitgehend aufgehoben, die Zuständigkeit der Kriegsgerichte eingeschränkt.

Der Verrohung der Truppe waren Tür und Tor geöffnet.

Der Angriff sollte am 15. Mai 1941 beginnen, musste aber wegen der Vorfälle auf dem Balkan verschoben werden.

7. Der Balkanfeldzug

Bevor Hitler in Russland losschlagen konnte, ließ er am 6. April 1941 seine Truppen in das sich deutschfeindlich gebärdende Jugoslawien einrücken und in einem kurzen Feldzug zu Boden werfen. Zugleich entsandte er eine Armee nach Griechenland, das von den Italienern im Oktober 1940 von Albanien aus angegriffen worden war. Der italienische Angriff lief sich aber bald fest. Griechenland wurde von den Deutschen schnell besiegt und die den Griechen zur Hilfe gekommenen Engländer aus dem Land vertrieben. Nach wenigen Wochen waren die Kampfhandlungen im Südosten beendet (17. bzw. 26. April 1941).

Ein Sieg bringt aber nicht nur Vorteile. Auch in Jugoslawien und Griechenland musste die Wehrmacht einige Divisionen als Besatzung stationieren, die dann in der Regel festlagen und anderweitig nicht mehr verfügbar waren.

Der bald nach der Okkupation einsetzende Partisanenkampf verschlechterte die Lage der deutschen Besatzungsmacht. Eine wesentliche Schuld daran trugen Hitlers brutale Befehle zur blutigen Unterdrückung jeden Widerstands.

Geiselnahmen und Geiselerschießungen im Übermaß gehörten auf deutscher Seite zur Routine.

8. Der Einfall in die Sowjetunion 1941

Am 22. Juni 1941 trat das deutsche Ostheer mit 20 Panzerdivisionen und 130 Infanteriedivisionen zum Angriff gegen die Rote Armee an, zusammen mit ca. 40 Divisionen der verbündeten Finnen, Rumänen, Ungarn und Slowaken.

Grundlage für die militärische Operationen war die Weisung Nr. 21 (Fall Barbarossa) vom 18. Dezember 1940.

Hier die wichtigsten Gesichtspunkte:

Der Führer und Oberste Befehlshaber
der Wehrmacht   18. Dez. 1940
OKW/WFSt./Ab. L (I) Nr. 33 408/40
g.Kdos, Chefsache

Geheime Kommandosache

Weisung Nr. 21
"Fall Barbarossa"

Die deutsche Wehrmacht muß darauf vorbereitet sein, auch vor Beendigung des Krieges gegen England die Sowjetunion in einem schnellen Feldzug niederzuwerfen (Fall Barbarossa).

.....

Die im westlichen Rußland stehende Masse des russischen Heeres soll in kühnen Operationen unter weitem Vortreiben von Panzerkeilen vernichtet werden, der Abzug kampfkräftiger Teile in die Weite des russischen Raumes verhindert werden.

.....

Das Endziel der Operation ist die Abschirmung gegen das asiatische Rußland aus der allgemeinen Linie Wolga - Archangelsk.

.....

In dem durch die Pripjet-Sümpfe in eine südliche und eine nördliche Hälfte getrennten Operationsraum ist der Schwerpunkt nördlich dieses Gebietes zu bilden. Hier sind zwei Heeresgruppen vorzusehen. Der südlichen dieser beiden Heeresgruppen - Mitte der Gesamtfront - fällt die Aufgabe zu, mit besonders starken Panzer- und motorisierten Verbänden aus dem Raum Warschau vorbrechend, die feindlichen Kräften in Weißrußland zu zersprengen. Dadurch muß die Voraussetzung geschaffen werden für das Eindrehen von starken Teilen der schnellen Truppen nach Norden, um im Zusammenwirken mit der aus Ostpreußen in allgemeiner Richtung Leningrad operierenden nördlichen Heeresgruppe die im Baltikum stehenden feindlichen Kräfte zu vernichten. Erst nach Erledigung dieser vordringlichen Aufgabe, welcher die Besetzung von Leningrad und Kronstadt folgen muß, sind die Angriffsoperationen zur Einnahme des wichtigen Verkehrs- und Rüstungszentrums Moskau fortzuführen.

......

Bei der südlich der Pripjet-Sümpfe angesetzten Heeresgruppe ist der Schwerpunkt im Raum Lublin in allgemeiner Richtung Kiew zu bilden, um mit starken Panzerkräften schnell in die tiefe Flanke und den Rücken der russischen Kräfte vorzugehen und diese dann im Zuge des Dnjepr aufzurollen.

......

Sind die Schlachten südlich bzw. nördlich der Pripjet-Sümpfe geschlagen, ist im Rahmen der Verfolgung anzustreben:

Im Süden die frühzeitige Einnahme des wehrwirtschaftlich wichtigen Donez-Beckens,
im Norden das schnelle Erreichen von Moskau. Die Einnahme dieser Stadt bedeutet politisch und wirtschaftlich einen entscheidenden Erfolg, darüber hinaus den Ausfall des wichtigsten Eisenbahnknotenpunktes.

......

gez. Adolf Hitler

Das Ostheer bestand aus den Heeresgruppen Nord, Mitte und Süd. Jeder Heeresgruppe unterstanden mehrere Armeen.
Die schnellen Truppen waren in Panzergruppen zusammengefasst (Art Panzerarmee).
Ihre Verteilung sah wie folgt aus:
Panzergruppe 1 zur Heeresgruppe Süd
Panzergruppe 2 und 3 zur Heeresgruppe Mitte
Panzergruppe 4 zur Heeresgruppe Nord.

Der Angriff des deutschen Ostheeres verlief planmäßig. Die Panzerkräfte durchbrachen schnell die russischen Linien an der Grenze und drangen tief in das Hinterland hinein. Im Bereich der Heeresgruppe Mitte schlossen die Panzergruppen 2 und 3 in weiträumigen Bewegungen die Verbände der Roten Armee ein und zwangen sie mit den rasch folgenden Infanteriedivisionen zur Aufgabe. Hitler hielt die Sowjetwehrmacht bereits am 4. Juli 1941 nach der Kesselschlacht von Bialystok und Minsk für geschlagen (russische Verluste 320 000 Mann, 3 300 Panzer).

Sein anfängliches Interesse an Leningrad hatte er aufgegeben, das als Brutstätte des Kommunismus völkerrechtswidrig dem Erdboden gleichgemacht bzw. durch einen Giftgasangriff vernichtet werden sollte.

Am 8. August 1941 beendete die Heeresgruppe Mitte die Umfassungsschlacht von Smolensk. Der Feind verlor 310 000 Mann und 3 200 Panzer. Ca. 100 von 164 bekannten Divisionen der Roten Armee schienen vernichtet.

Bis Smolensk hatte die Heeresgruppe Mitte eine Marschleistung von etwa 620 km innerhalb eines guten Monats erbracht. Die Entfernung nach Moskau betrug ca. 380 km. Die Generäle sahen die russische Kapitale in greifbarer Nähe und wollten sie nach Ausschaltung der dort vermuteten Hauptkräfte des Feindes nehmen. Bei Einhaltung des bisherigen Marschtempos hätte man Moskau bis Ende September 1941 erreichen können. Der schnelle Fall der feindlichen Hauptstadt wäre ein Fanal gewesen und hätte psychologisch große Auswirkungen gehabt auf die Rote Armee, die Regierung und Bevölkerung der Sowjetunion, sowie In- und Ausland beeindruckt. In diesem Sinne äußerte sich Brauchitsch in einer Denkschrift, die aber von Hitler verworfen wurde unter verletzenden Bemerkungen gegen das Militär. Zwischen Hitler und Brauchitsch kam es zu einer heftigen Auseinandersetzung, wobei es der Diktator nicht an Schmähungen seines Beraters fehlen ließ. Hitler behauptete, nur verkalkte Gehirne seien primär an der feindlichen Hauptstadt interessiert. Damit setzte er sich in Widerspruch zu der von ihm unterschriebenen Weisung Nr. 21, in der die schnelle Eroberung von Moskau als Macht- und Wirtschaftszentrum gefordert wird. Mit einem ununterbrochenen und schnellen Siegeslauf von Brest nach Moskau hätte man militärisch den stärksten Eindruck erzeugen können. Ein solcher Erfolg wäre nützlich gewesen für eventuelle diplomatische Schritte. Hitler befahl der Heeresgruppe Mitte, mit Teilen nach Süden zu schwenken, um zusammen mit der zurückhängenden Heeresgruppe Süd russische Verbände bei Kiew einzuschließen und zu vernichten. Hitler kam es darauf an, schnell in den Besitz des Kohle- und Industriegebietes am Donez zu kommen. Nach Abschluss der vom 25. August bis 29. September 1941 dauernden Schlacht von Kiew, bei der die Russen 66 000 Mann und 900 Panzer verloren, wurde im Oktober 1941 die Operation gegen Moskau wieder aufgenommen. Doch der Abstecher in die Ukraine hatte wertvolle Zeit gekostet. Die Schlammperiode und der gefürchtete russische Winter standen vor der Tür. Die Truppe war erschöpft und das Material verschlissen. Das galt insbesondere für die wichtigen Panzerfahrzeuge.

Auf dem Weg nach Moskau wurden in der Zeit vom 30. September bis 25. Oktober 1941 die Kesselschlachten von Wjasma und Brjansk geschlagen (russische Verluste: 65 000 Mann, 1 200 Panzer).

In diesem Zusammenhang erscheint ein Tagebucheintrag Halders interessant, der vom 19. November 1941 stammt. Danach habe Hitler die Eroberung des Kaukasus als erste Aufgabe im Jahre 1942 bezeichnet. Daraus folgt, dass Hitler offenbar die ursprüngliche Hoffnung aufgegeben hatte, die Sowjetunion werde nach einigen wuchtigen Schlägen rasch zusammenbrechen. Wenn die Beendigung des Krieges im Osten 1941 nicht mehr zu erwarten stand, gab es im Grunde genommen keine zwingende Veranlassung, Moskau in der ungünstigsten Jahreszeit zu berennen. Eigentlich hätte Hitler eine Winterpause einlegen müssen, um die Kampfkraft seiner Truppen für das nächste Jahr zu erhalten. Doch Hitler dachte nicht daran. Die Spitzen der am 22. November 1941 auf die russische Hauptstadt angetretenen Heeresgruppe Mitte erreichten Anfang Dezember 1941 die Vororte von Moskau, doch am 5. Dezember 1941 lief sich der Angriff fest. Das Thermometer zeigte 40 Grad unter Null. Hitler hatte es nicht für notwendig erachtet, der Truppe rechtzeitig Winterbekleidung zukommen zu lassen. Viele Soldaten erlitten schwere Erfrierungen (ca. 100 000), was zu zahlreichen Amputationen führte. Hitler hatte offenbar kein Herz mehr für die Truppe. Die extreme Kälte führte auch zu einem Versagen von Fahrzeugen, Waffen und Geräten. Diese Ausrüstung war nur für das gemäßigte mitteleuropäische Klima konzipiert und geeignet. Die Motoren der Panzer und Kraftfahrzeuge mussten z. B. in bestimmten Zeitabständen eine Weile laufen, um die Öltemperatur nicht zu stark absinken zu lassen. Bei lang andauernden hohen Kältegraden bestand die Gefahr, dass die Motoren wegen des dick gewordenen Öls nicht mehr anspringen. Zum Teil wurden unter den Ölwannen der Panzer ein Feuer angezündet.

Im Dezember 1941 führte die Rote Armee neue Divisionen aus dem Fernen Osten heran, die sie bei Moskau einsetzte, so dass die am Ende ihrer Kräfte befindlichen deutschen Truppen unter starken Druck gerieten. Die Generäle traten für die Rücknahme der Heeresgruppe Mitte ein, doch Hitler wollte keinen Meter zurückweichen. Am 18. Dezember 1941 erließ er seinen berüchtigten Haltebefehl. Jede Rückwärtsbewegung musste von ihm genehmigt werden. Eine bewegliche Verteidigung lehnte Hitler strikt ab. Er übersah dabei den militärischen Grundsatz, dass es nicht auf Raumbesitz ankomme, sondern auf die Vernichtung des Feindes.
Guderian beschwerte sich am 20. Dezember 1941 bei Hitler über dessen strikten Haltebefehl, der jegliches Zurückweichen verbot. Der Panzergeneral wies auf die unnötigen Verluste hin, die auf Grund des Haltebefehls bei einem Kampf

aus ungünstiger Linie entstehen. Unbeeindruckt antwortete Hitler:

"Glauben sie, die Grenadiere Friedrichs des Großen wären gerne gestorben. Sie wollten auch leben, und dennoch war der König berechtigt, das Opfer ihres Lebens von ihnen zu verlangen. Ich halte mich gleichfalls für berechtigt, von jedem deutschen Soldaten das Opfer seines Lebens zu fordern."

Guderian erwiderte:

"Man darf diese Opfer aber nur verlangen, wenn sich der Einsatz lohnt."

Hitler entgegnete darauf:

"Sie stehen den Ereignissen zu nahe. Sie lassen sich zu sehr von den Leiden der Soldaten beeindrucken. Sie haben zuviel Mitleid mit den Soldaten. Sie sollten sich mehr absetzen. Aus der Entfernung sieht man die Dinge schärfer."

An die Einnahme von Moskau war nicht mehr zu denken. Bock, der Führer der Heeresgruppe Mitte, meldete sich krank. Das Ostheer befand sich in einer Krise. Hitler ließ Brauchitsch als den Schuldigen an dieser Entwicklung erscheinen. Der Oberbefehlshaber des Heeres, mit seinen Nerven ohnehin am Ende, trat am 19. Dezember 1941 zurück. Hitler übernahm auch sein Amt. Damit unterstand ihm der größte Wehrmachtsteil unmittelbar.

Bei Brauchitschs Rücktritt setzte Hitler seine militärischen Berater durch die Äußerung herab: *"Das bisschen Operationsführung kann jeder machen."* Im Hinblick auf seinen primitiven Haltebefehl, der für die nächsten Jahre zum Dogma erhoben wurde, hatte Hitler mit seiner Bemerkung nicht ganz Unrecht. Für diese Art der Kampfführung brauchte man tatsächlich keine großen Operationskünste.

Die Russen wussten die Gunst der Stunde und ihre Panzerüberlegenheit nicht zu nutzen. Anstatt ihre Panzer massiert an einer Stelle zur Durchbrechung der deutschen Front einzusetzen, verteilten sie ihre Kampffahrzeuge auf die Infanterieverbände und griffen so auf der ganzen Linie an. Dabei ging natürlich die Stoßkraft der Panzer verloren. Die fehlende Schwerpunktbildung kam dem Ostheer zugute, das der verzettelten Feindpanzer eher Herr wurde.

Kluge, der neue Oberbefehlshaber der Heeresgruppe Mitte, bombardierte Hitler mit Anträgen auf Rücknahme der Truppen. Doch Hitler blieb hart. Er sah in jedem Zurückweichen vor den Russen einen unerträglichen Gesichtsverlust. Sein Credo wurde, keinen Quadratmeter des in eigener Hand befindlichen Gebietes kampflos aufzugeben.

Die Generäle Guderian, Hoepner und Förster hielten sich nicht sklavisch an Hitlers Haltebefehl und setzten sich eigenmächtig ab, um ihre Truppen aus günstigeren Stellungen etwas weiter rückwärts fechten zu lassen. Der empörte Hitler enthob alle drei ihrer Posten. Entgegen Hitlers Auffassung führten diese örtlichen Ausweichbewegungen nicht zum Zusammenbruch der Ostfront. Formal mögen diese Generäle gegen die Anordnung eines Vorgesetzten verstoßen haben. Trotzdem war Hitlers Haltebefehl ein Fehler und eine Zumutung für den Truppenführer, der auch im Abwehrkampf einen gewissen Spielraum braucht, um seine Chance auf dem Schlachtfeld zu nutzen. Außerdem trägt er Verantwortung für seine Soldaten, die er nicht unnötig gefährden oder opfern darf, nur um der buchstabengetreuen Erfüllung eines Befehls willen. Einen General kann man nicht so kommandieren wie einen gemeinen Soldaten. Dieser muss in seinem beschränkten Tätigkeitsfeld grundsätzlich alle Befehle widerspruchslos ausführen. Der Gehorsam eines Generals kann nicht in diesen engen Grenzen gefordert werden, sondern liegt mehr im Prinzipiellen. Hitler hatte keinen Grund zu der Annahme, seine Generäle seien unfähig zur Durchführung einer örtlichen Absetzbewegung. Im übrigen handelte es sich nicht um die Aufgabe eines ausgebauten Stellungssystems, sondern um die Räumung einer zufällig im Bewegungsgefecht erreichten Linie. Die Verantwortbarkeit eines begrenzten Ausweichens kann im Allgemeinen nur der örtliche Befehlshaber beurteilen. Außerdem musste Hitler selbst einige Rückwärtsbewegungen genehmigen, die auch er für unumgänglich hielt, ohne dass die Ostfront Schaden nahm.

Rundstedt wollte seine ostwärts des Mius in ungünstiger Stellung liegende Truppen hinter den Fluss zurücknehmen, was von Hitler verboten wurde. Halder notierte dazu am 30. November 1941 in seinem Tagebuch:

"In solchen Spannungen kann nur der örtliche Führer die Lage übersehen. Man muss ihm vertrauen und hat bei Rundstedt wahrlich das Recht dazu."

Sepp Dietrich, der Kommandeur der SS-Division "Leibstandarte", trat ebenfalls für den Rückzug hinter den Mius ein. Rundstedt gab sein Amt auf. Sein Nachfolger, Reichenau nahm die Truppen einfach zurück, was Hitler genehmigte. Die Partei und auch einige Militärs feierten Hitler ob seines Haltebefehls als Retter der Ostfront. Dem kann so nicht zugestimmt werden. Punktuell mag Hitlers Haltebefehl genutzt haben. Aber eine generelle Richtigkeit ist ihm abzusprechen. Wenn militärische Kapazitäten wie Brauchitsch, Rundstedt, Halder, Bock, Kluge, Hoepner, Förster u. a. begrenzte Ausweichbewegungen für durchführbar hielten, dann musste dieser Auffassung ein erhebliches Gewicht beigemessen werden, zumal der Beweis dafür in vielen Fällen erbracht wurde.

Interessant ist in diesem Zusammenhang die Ansicht des SS-Generals Paul Hausser:

"Die starre Forderung der obersten Führung auf Halten der Linien an allen Stellen und Ablehnung aller auch operativ berechtigten Ausweichbewegungen hat nur zum Teil über die Schwierigkeiten dieser Winterkämpfe hinweg geholfen; sie war aber falsch und hat das Ausschalten von Führern wie Guderian und Hoepner zur Folge gehabt, von den späteren Folgen dieser Führungsanweisung ganz zu schweigen."

Hitler hatte nicht einmal die ihm nahestehenden Führer der Waffen-SS überzeugen können mit seinem Haltebefehl, wie die oben angeführten Beispiele Dietrich und Hausser beweisen.

Um die Jahresende 1941/42 gab es infolge der Krise des Ostheeres viele Personalveränderungen in der Generalität:

Erkrankt: von Bock, Strauß
Abgesetzt: Guderian, Hoepner, Förster, Geyer
Rücktritt: von Rundstedt, von Brauchitsch, von Leeb, L. Kübler.

Die Jahreswende bedeutete in mehrfacher Hinsicht eine Zäsur für die Armee. Hitler reagierte immer empfindlicher auf Widerspruch und Insubordination. Kritische Generäle mit eigenen Auffassungen und Ideen konnte der ungeduldige und intolerante Diktator kaum noch ertragen. Nicht das Vertrauen, sondern die Furcht vor Maßregelungen und Strafen erhob Hitler personalpolitisch zu seinem Führungsprinzip, was das Emporkommen kritikloser, ehrgeiziger und rücksichtsloser Offiziere begünstigte. Das früher den Heerführern zugestandene Einspruchsrecht gegen Maßnahmen der Obersten Heeresleitung galt bei Hitler nicht mehr. Er anerkannte auch kein Rücktrittsrecht der Generäle bei tiefgreifenden Meinungsverschiedenheiten in Führungsfragen, da der einfache Soldat eine solche Möglichkeit auch nicht habe. Diese Argumentation Hitlers geht ersichtlich fehl, weil ein solcher Vergleich sachlich unzulässig ist. Die Zusammenarbeit auf hoher und höchster Führungsebene hängt entscheidend vom Vertrauen, Verständnis und von der Gemeinsamkeit in den Überzeugungen der Beteiligten ab. Die alten Preußen wussten schon, warum sie einen Heerführer zurücktreten ließen, wenn er in Grundsatzfragen auf Dauer eine andere Auffassung vertrat als der König und seine militärischen Berater. Diese Erkenntnis hat selbst im Beamten- und Soldatenrecht der Bundesrepublik ihren Niederschlag gefunden. Die Minister können danach hochrangige Mitarbeiter ohne Nennung von Gründen in den Ruhestand schicken, wenn eine vertrauensvolle Zusammenarbeit nicht mehr gewährleistet ist. Hitlers Rücktrittsverbot für Generäle erscheint kontraproduktiv. Ein Heerführer, der gegen seinen Willen im Amt bleiben muss, wird zur Obstruktion neigen und eher eine Belastung denn ein Gewinn bedeuten.

Hitler mokierte sich am 3. Juli 1942 über die Engländer, weil sie jeden ihrer Generäle "absägten", bei dem etwas schief gelaufen war. Dazu merkte Hitler richtig an, dass dies die Entschlussfreudigkeit untergraben müsse, doch den Balken im eigenen Auge sah er nicht. Um die Jahreswende 1941/42 hatte sich Hitler an der Ostfront wegen der vielen Amtsenthebungen selbst zu einem Generalsschreck entwickelt.

Kritische Betrachtung der ersten Phase des Russlandfeldzuges

Das deutsche Ostheer konnte mit seiner Ausrüstung einen effizienten Bewegungskrieg in Russland nur in der Trockenperiode führen, die im Allgemeinen von Mai bis Anfang Oktober dauert.

Das russische Straßen- und Wegenetz war in einem schlechten Zustand. Nur die Verbindungsstraßen zwischen den Großstädten hatten festen Untergrund.

Die im Oktober einsetzende Schlammzeit macht in Russland Truppenbewegungen fast unmöglich. Wenn man es aber trotzdem versucht, führt das zu einem ungeheuren Verschleiß bei Motorfahrzeugen und zu Überanstrengung der Soldaten. Ab Ende Oktober muss mit einem sehr kalten und schneereichen Winter gerechnet werden. Die deutschen Panzer, Kraftfahrzeuge, Waffen und Geräte waren nicht konzipiert für solche extremen Temperaturen.

Im Hinblick auf die relativ kurze Trockenperiode hätte Hitler versuchen müssen, möglichst den ganzen Zeitraum für seine Operationen zu nutzen. Es wäre besser gewesen, den Russlandfeldzug nicht am 22. Juni 1941 zu beginnen, sondern einige Wochen früher, um für alle Fälle Zeit zu haben. Mit der Zuführung der im Balkanfeldzug (6. bis 27. April 1941) eingesetzten deutschen Truppen konnte die Ostfront bis Mitte Mai 1941 rechnen. Um den 22. Mai 1941 hätte das Unternehmen "Barbarossa" eigentlich beginnen können. Es stand zu erwarten, dass die Folgen des ungewöhnlich feuchten Frühjahrs 1941 bis dahin abgeklungen waren.

Nach der Weisung Nr. 21 vom 18. Dezember 1940 war das Endziel des Unternehmens "Barbarossa" die Abschirmung gegen das asiatische Russland aus der allgemeinen Linie Wolga - Archangelsk. Es stand nicht zu erwarten, diese Linie schon im ersten Kriegsjahr zu gewinnen. Bis Herbst 1941 konnte mit der Eroberung der Ukraine, von Weißrussland und des Baltikums gerechnet werden. Eventuell kam noch ein Vorstoß in den Moskauer Raum in Frage. Nach großen Anfangserfolgen erwartete Hitler den Zusammenbruch Russlands. Doch warum sollten Stalin und die Rote Armee schon nach dem Verlust einiger Provinzen aufgeben, die nur einen Bruchteil des Sowjetreiches ausmachten?

Hitlers unrealistischer Wunschtraum zerplatzte wie eine Seifenblase. Die Operationsziele für das Unternehmen "Barbarossa" konnte man zwar am Kartentisch im Führerhauptquartier festlegen, doch de facto war die Eindringtiefe in den russischen Raum abhängig von der Beanspruchbarkeit der Panzer und Motorfahrzeuge. Nur mit ihrer Hilfe konnten die geplanten Kesselschlachten geschlagen werden. Der Angreifer musste ständig nach vorwärts drängen, um nicht die Initiative aus der Hand zu geben. Die motorisierten Truppen waren pausenlos in Bewegung, meist auf unbefestigten Wegen und Straßen mit starker Staubentwicklung, was schädliche Auswirkungen hatte auf Motoren und Kettenlaufwerke. Je weiter das Ostheer in Russland vordrang, um so höher war der Ausfall bei Panzer und Kraftfahrzeugen. Halder notierte am 17. Juli 1941 in seinem Tagebuch, dass die Kampfkraft der Panzerdivisionen schwinde (50 % Verschleiß). Damals galt als Faustregel, dass ein Panzer nach 500 gefahrenen Kilometern der Generalüberholung bedürfe. Aus der Natur

der Sache heraus ergab sich damit eine erste Zäsur im Russlandkrieg, denn neue, per Bahn nachgeführte Panzerdivisionen standen nicht zur Verfügung, um den Angriff zu nähren.
Bei den gepanzerten Verbänden sank die Zahl der einsatzbe-
reiten Panzer auf 20 - 30 %. Auch bei den Infanteriedivisionen machten sich infolge der hohen Marschleistung (40 - 50
km pro Tag) Ermüdungserscheinungen bemerkbar. Hinzu
kam, dass sich der Nebel über die Stärke der Roten Armee
ein wenig gehoben hatte. Am 11. August 1941 hielt Halder in
seinem Tagebuch fest, daß der Koloss Russland unterschätzt
worden sei. Am Anfang habe man mit 200 feindlichen Divisionen gerechnet, doch jetzt zähle man bereits 360. Dies hätte
bei Hitler zu einem Umdenken führen müssen. Aus einer von
ihm im September 1941 gebilligten Denkschrift des Oberkommandos der Wehrmacht geht hervor, dass die Vernichtung der Roten Armee im Jahre 1941 fraglich erscheine. Nach
dem Abschluss der siegreichen Kesselschlacht von Kiew am
29. September 1941 hätte eine große Entscheidung getroffen
werden müssen, denn bei Fortsetzung der Offensive wären
die ohnehin geschwächten Truppen in die Schlammperiode
hineingeraten, was nicht ratsam erschien.

Der Ende Oktober dräuende russische Winter hätte Hitler
veranlassen müssen, für das Ostheer sofort eine günstige
Stellung auszusuchen, damit die Truppe die kalte Jahreszeit
gut überstehen und ihre Kampfkraft für das kommende Frühjahr erhalten könne. Die wenigen noch verbleibenden Wochen wären zu nutzen gewesen für den Ausbau der Stellungen. Ein fürsorglicher und verantwortungsbewusster Kriegsherr hätte diese Entscheidung getroffen. Doch Hitler lag das
Wohl seiner Soldaten weniger am Herzen. Er wollte sich
nicht abhalten lassen von der Erfüllung seiner "geschichtlichen" Mission. Deshalb musste die Offensive fortgesetzt
werden.

Ohne Winterbekleidung und trotz der Schlammperiode ließ
Hitler seine Soldaten erbarmungslos dem russischen Winter
entgegenziehen. Der Ende November 1941 beginnende Vor-

stoß auf Moskau zeigte deutlich, dass die Kampfkraft des Ostheeres verbraucht war. Man hatte es in unverantwortlicher Weise missbraucht und "va banque" gespielt. Dieser Vorwurf trifft nicht nur Hitler, sondern auch Bock, den Führer der Heeresgruppe Mitte, und das Oberkommando des Heeres.

Halders Tagebucheintrag vom 22. November 1941 beleuchtet die Situation anschaulich:

"Bocks unerhörte Energie treibt mit allen Mitteln vorwärts. Truppen der 4. Armee am Ende. Bei der 7. Infanteriedivision wird ein Regiment von einem Oberleutnant, die Bataillone werden von Leutnants geführt."

Vor diesem Hintergrund erscheint der Vorstoß auf Moskau im höchsten Masse abenteuerlich. Die Quittung kam prompt in Gestalt von frischen Feinverbänden aus Sibirien.

Selbst bei einer Eroberung Moskaus im Dezember 1941 hätte Hitler an eine Winterstellung denken müssen, deren Einrichtung natürlich schwierig, wenn nicht unmöglich geworden wäre angesichts der Witterungsverhältnisse. In diesem Zusammenhang sind Zweifel angebracht, ob die stark geschwächten deutschen Truppen die Stadt Moskau im Straßenkampf hätte nehmen können, der bekanntlich besonders anstrengend und kräftezehrend ist. Anders wäre die Lage zu beurteilen gewesen, wenn die Heeresgruppe Mitte ohne Teilnahme an der Schlacht von Kiew Ende Juli 1941 nach einer gewissen Auffrischungszeit auf Moskau hätte vorstoßen können mit der Chance, diese Stadt bis Ende September 1941 einzunehmen.

Hitler war 1940/41 überzeugt davon, die Sowjetunion mit 130 Infanteriedivisionen und 20 Panzerdivisionen sowie 40 Divisionen der Verbündeten innerhalb weniger Monate vernichtend schlagen zu können. Eine Modernisierung seiner nicht mehr auf dem neuesten Stand befindlichen Panzer und Flugzeuge hielt er nicht für erforderlich. Die Rote Armee wollte Hitler noch mit den alten Beständen und Beutewaffen zerschlagen. Die Kriegsproduktion ließ er deshalb Anfang 1941 sogar drosseln. Das war ein bodenloser Leichtsinn. Die

Größe und Unwegsamkeit des russischen Raumes sowie die Ungewissheit über die Stärke der Roten Armee hätten Hitler eigentlich zu einer forcierten Herstellung von Panzern, Flugzeugen und Kraftfahrzeugen veranlassen müssen unter Zurückstellung des U-Bootbaus. In der Panzerproduktion wären zwischen dem Frankreich- und Russlandfeldzug bei gesteigerten Anstrengungen ein Ausstoß von ca. 2000 Kampfwagen möglich gewesen und damit die Ausstattung von etwa 20 weiteren Divisionen mit Panzern (insgesamt 40 Panzerdivisionen). Im Reich hätte Hitler rigoros alle nicht dringend benötigten Kraftfahrzeuge requirieren müssen, um die Motorisierung des Ostheeres voranzutreiben, insbesondere zur Vermeidung von anstrengenden Fußmärschen. Ferner wäre es dringend geboten gewesen, zumindest die zwei nach Moskau führenden Bahnlinien durch Pioniere beschleunigt der Spurweite der Reichsbahn anzupassen, um Nachschub und Truppentransporte zu gewährleisten. Panzer und Kraftfahrzeuge hätte man bevorzugt mit der Bahn befördern können, damit sie geschont an die Front kommen, was bei den materialverschleißenden Landmärschen nicht der Fall war. Hitler hätte im übrigen von den 40 in Frankreich stehenden Divisionen etwa die Hälfte freimachen müssen als Reserve für das Ostheer, um für alle Fälle gewappnet zu sein. Eine solche Schwächung der deutschen Besatzungstruppen in Frankreich wäre vertretbar gewesen, da von den Engländern 1941 noch keine Invasionsgefahr ausging. Diese leicht durchführbaren Maßnahmen hätten den Ungewissheiten auf dem neuen Kriegsschauplatz besser Rechnung getragen und die Ausgangslage des Ostheeres stark verbessert. Doch Hitler erkannte nicht die Besonderheiten des neuen Feldzuges.

9. Der russische Panzer T 34

Die deutschen Panzertruppen stießen im Russlandfeldzug mit gewohntem Elan tief in den feindlichen Raum hinein vor.

76

Nichts schien sie aufzuhalten. Doch seit Juli 1941 trafen die deutschen Panzer immer häufiger auf den russischen Kampfwagen T 34, der den nicht mehr ganz zeitgemäßen deutschen Panzern in jeder Beziehung überlegen war. Diese Überraschung passte Hitler nicht ins Konzept. Er hatte die russischen "Untermenschen" für technisch völlig unbegabt gehalten. Der T 34 (26 to, 53 km/h) konnte mit seiner langen 7,62-cam-Kanone die deutschen Panzer bereits auf große Entfernung (1500 m) wirksam unter Feuer nehmen, während die deutschen Panzer III und IV mit ihren kurzen 5-cm- bzw. 7,5-cm-Kanonen den T 34 erst ab 400 m mit Aussicht auf Erfolg bekämpfen konnten. Die stark abgeschrägten Flächen des T 34 ließen außerdem Granaten leicht abgleiten. Die hauptsächlich mit der 3,7-cm-Panzerabwehrkanone ausgerüsteten deutschen Panzerjäger konnten gegen den stark gepanzerten T 34 nicht viel ausrichten. Auch der etwas später eingeführten 5-cm-Panzerabwehrkanone ging es nicht viel besser. Hitler sorgte schnell für Abhilfe. Die Panzerjäger erhielten die 7,5-cm-Panzerabwehrkanone, die dem T 34 gewachsen war. Das kann auch gesagt werden von der den deutschen Panzern und Sturmgeschützen von Hitler verordneten langen 7,5-cm-Kanone. Die Deutschen waren in der Entwicklung von Kampfwagen beim Panzer IV stehen geblieben, was dem Stand von 1937/38 entsprach. Man trug sich daher mit der Absicht, den T 34 einfach nachzubauen. Das hätten die Deutschen in modifizierter Form tun sollen, insbesondere nach der Schlappe vor Moskau im Dezember 1941, die einen schnellen Sieg im Osten kaum noch als möglich erscheinen ließ. Doch Hitler sprach sich für die Herstellung neuer deutscher Panzer aus. Mit einer Entwicklungszeit von zwei Jahren musste gerechnet werden. Solange konnte Deutschland unter den gegebenen Kriegsbedingungen eigentlich nicht warten. Die neuen deutschen Panzer V (Panther, 45 to, 45 km/h, 7,5 cm) und Panzer VI (Tiger, 55 to, 38 km/h, 8,8 cm) hatten zwar ausgezeichnete Kanonen, waren aber zu schwer. Doch gerade das imponierte Hitler. Vom Materialgewicht her hätte man z. B. aus einem Panzer VI zwei T 34 fertigen können. Dieser Panzertyp entsprach in idealer Weise den Forderungen deutscher Panzerführer und zwar in folgender Reihenfolge: Schnelligkeit, Feuerkraft, Panzerung.

Hitler verfolgte sehr kritisch die Entwicklung der neuen deutschen Panzer. Teilweise behinderte er das Programm durch unrealistische Fantastereien (Traum vom Riesenpanzer). Auch bei den Anforderungen an die neuen Kampfwagen zeigte sich Hitler unstet und sprunghaft. Er brauchte einige Zeit, um eine klare Linie zu finden. Trotz seines ausgeprägten technischen Verständnisses übersah Hitler einen gravierenden Mangel des übergewichtigen Tigerpanzers. Dieser benötigte für den Eisenbahntransport Spezialwaggons wegen seiner großen Abmessungen. Außerdem waren für das Auf- und Abladen besondere Ketten notwendig. Ein solch umständlicher, anstrengender und zeitraubender Kettenwechsel schränkte die Kriegstauglichkeit dieses Kampfwagens ein. Das hätte nicht passieren dürfen. Ein Panzer muss so gebaut sein, dass er mit ein und derselben Kette auf den Eisenbahnzug rollen, im Notfall vom Waggon kippen und sofort in den Kampf eintreten kann.

Im September 1942 ließ Hitler einige Tiger-Panzer unverständlicherweise in einem für schwere Kampfwagen wenig geeigneten Sumpfgelände bei Leningrad ausprobieren, was aber keine Klarheit über die Leistungsfähigkeit dieses Panzers bringen konnte. Das Unternehmen schlug übrigens fehl. Es war unklug von Hitler, dem Feind den neuen Panzer in kleiner Zahl zu zeigen. Damit deckte er seine Karten unnötig früh auf, anstatt die neuen Kampfwagen überraschend und massiert einzusetzen, um einen durchschlagenden Erfolg zu erzielen. Hitler wiederholte damit den Fehler der Briten im Ersten Weltkrieg beim ersten Einsatz ihrer Tanks 1916.

Mitte 1943 kamen die neuen deutschen Panzer erstmals zum Einsatz beim Unternehmen "Zitadelle" im Osten, wo sie erhebliche technische Mängel zeigten.

Man muss es Hitler als Fehler ankreiden, dass er den T 34 nicht schon 1941 in leicht veränderter Form nachbauen ließ. Hitler hätte bereits 1942 mit einem erprobten Kampfwagen in größerer Zahl antreten können. Anscheinend war es mit Hitlers Stolz nicht vereinbar, dass deutsche Ingenieure den T 34 einfach in seinen wesentlichen Elementen kopieren.

Doch ein Stratege darf so nicht denken, wenn er einen längeren Waffengang mit dem russischen Riesenreich bestehen will.

10. Hitler und die Kriegskunst

Die Feldzüge in Polen, Norwegen, Frankreich und auf dem Balkan hatten Hitler in seinem militärischen Hauptquartier gezeigt, wie man größere Heereskörper (Heeresgruppen, Armeen und Armeekorps) einsetzt und fechten läßt. Auch an den Vorbereitungen dieser Waffengänge war Hitler intensiv beteiligt gewesen. Aus Vorträgen der Stabschefs und Oberbefehlshaber lernte er die Truppenführung zusätzlich kennen. Das Studium vieler militärischer Werke tat bei Hitler ein Übriges. Hitler begann bald, sich als Feldherr zu fühlen. Die Durchsetzung des letztlich entscheidenden Manstein-Plans im Westfeldzug gegen den Widerstand des Oberkommando des Heeres bestärkte Hitler in dieser Auffassung. Seine militärischen Berater hatten sich in einem wichtigen Punkt geirrt. Der Oberbefehlshaber des Heeres von Brauchitsch und der Generalstabschef Halder büßten daher ihr Ansehen bei Hitler stark ein. Dieser hörte immer weniger auf die Vorschläge seiner Generäle, die vor dem Angriff im Westen zu viel Respekt gezeigt hatten vor dem Angstgegner Frankreich. Der triumphale Erfolg bestätigte Hitler in seiner Auffassung, dass die französische Armee von 1940 weniger kampfkräftig einzuschätzen sei als diejenige des Ersten Weltkrieges. Hitler wurde als der größte Feldherr aller Zeiten (Gröfaz) bejubelt, der die Scharte von 1918 ausgewetzt hatte. Das konnte nicht ohne Auswirkungen bleiben auf sein ohnehin übersteigertes Selbstbewußtsein. Nach dem Scheitern als Maler und Architekt glaubte Hitler, seine eigentliche Bestimmung gefunden zu haben: Die Kriegskunst. Er war fasziniert von dieser Aufgabe und widmete sich ihr seit 1940 fast ausschließlich. Vom Russlandfeldzug an traf Hitler alle operativen Entscheidungen selbst, während er vorher die Ausführung seiner Weisungen den Generälen überlassen hatte, ohne sich einzumischen, wenn man von einigen Ausnahmen absieht. Sein militärisches Hauptquartier verließ er nurmehr selten. Die Geschäfte als Reichskanzler versah er nebenher. Zu stark stand für Hitler der Krieg im Vordergrund. Er war besessen von seiner Tätigkeit als "Feldherr". In der Vorkriegszeit hatte Hitler als Reichskanzler nur unregelmäßig gearbeitet. Phasen großer Aktivität waren von solchen bohemienhaften Nichtstuns abgelöst worden. Im Gegensatz dazu arbeitete der Kriegsherr Hitler täglich 12 - 14 Stunden. Seine strategische Obsession feite ihn auch offensichtlich vor Krankheiten, die wegen seines permanenten geistigen Spannungszustandes nicht oder noch nicht ausbrechen konnten. Hitler war während des ganzen Krieges nie dienstunfähig aus gesundheitlichen Gründen.

Das Phänomen des Krieges übte auf Hitler eine unheimliche Faszination aus, die ihn nicht mehr loslassen sollte.

Zutreffend schreibt Buchheit, dass Hitler der unerbittliche Motor der Kriegsführung und Kriegsmaschinerie gewesen sei, die er zu unvorstellbaren Leistungen und zu nicht für erreichbar gehaltenen Erfolgen angetrieben habe. Ohne seinen Fanatismus, seine Energie, seine Unduldsamkeit, seinen faszinierend-dämonischen Willen und seine Wirkung auf die Massen wäre weder dieser Krieg noch dessen Entwicklung möglich gewesen.

Andererseits lag in diesen Eigenschaften Hitlers bereits der Keim seines späteren Scheiterns, wie noch gezeigt werden wird.

11. Der Kommissarsbefehl

Nach dem Kommissarsbefehl vom 6. Juni 1941 sollten die gefangen genommenen Politkommissare der Roten Armee von der Truppe abgesondert und auf Anordnung eines Offiziers erschossen werden. Dieser Befehl wurde von manchen Frontbefehlshabern als verbrecherisch abgelehnt und nicht durchgeführt. Zum Teil kam er jedoch zur Anwendung. Soweit die Erschießung der gefangenen Kommissare an der Front nicht möglich war, sonderten SD und Gestapo die Kommissare in den Kriegsgefangenenlager aus und veranlassten ihre Tötung.

Bei den Politkommissaren handelte es sich eindeutig um Kombattanten. Sie waren Teil der Roten Armee. Ihre Tötung widersprach dem internationalen Gewohnheitsrecht. Die Tatsache, dass die Sowjetunion nicht der Genfer Konvention über die Behandlung der Kriegsgefangenen beigetreten war, konnte sich nicht nachteilig auf die russischen Soldaten auswirken. Das internationale Gewohnheitsrecht und die Genfer Konvention deckten sich weitgehend in der jeweiligen Schutzwirkung. Im übrigen riskierte Hitler mit seinem Kommissarsbefehl russische Vergeltungsmaßnahmen in Form der Erschießung von deutschen Offizieren. Anscheinend glaubte Hitler, diese Gefahr in Kauf nehmen zu können, da der Russlandfeldzug nur wenige Monate dauern sollte.

Diese Annahme erwies sich Ende 1941 als falsch. Auf Drängen des Ostheeres genehmigte Hitler am 6. Mai 1942 versuchsweise die Schonung der russischen Kommissare, um deren Neigung zur Aufgabe des Kampfes zu fördern. Wer im Falle der Gefangennahme den sicheren Tod vor Augen hat, pflegt seine Haut so teuer wie möglich zu verkaufen. Das wollten die deutschen Soldaten im ureigenen Interesse vermeiden.

12. Die Judenausrottung

Wie in Polen so folgten auch in Russland SS-Einsatzgruppen den vorstürmenden Divisionen des Ostheeres, um im Auftrag Hitlers die Juden, Zigeuner, kommunistischen Funktionäre und sonstige reichsfeindliche Elemente durch Massenexekutionen zu vernichten. Auch Heereskräfte wurden dabei gelegentlich als äußere Absperrung eingesetzt. Diese Maßnahmen erfolgten im engen Einvernehmen zwischen den SS-Einsatzgruppen und den Befehlshabern im rückwärtigen Heeresgebiet. Die großen Erfolge des deutschen Ostheeres eröffneten Hitler einen riesigen Raum, in dem er die Verbrechen gegen das russische Volk begehen konnte.
Bis November 1941 betrug die Zahl der Opfer ca. 300 000.

Hitler handelte aus Rassenhass, ein niedriger Beweggrund im Sinne der Mordvorschriften des Strafgesetzbuches.

13. Geiselerschießungen

In den von den deutschen Truppen besetzten Gebieten kam es immer wieder zu Anschlägen gegen die Besatzungsmacht. Hitler trat für ein brutales Vorgehen ein. Für das Leben eines deutschen Soldaten mussten 50 - 100 kommunistische Geiseln getötet werden. Solche Maßnahmen wurden besonders häufig in Serbien ergriffen zur Vergeltung und Abschreckung. Das Kriegsrecht ließ damals die Tötung von Geiseln in engen Grenzen zu. Der Grundsatz der Verhältnismäßigkeit durfte dabei nicht verletzt werden. Hitlers Umrechnungsverhältnis verstieß aber in eklatanter Weise gegen dieses Prinzip.
Die Generäle, die Hitlers fragwürdigen Befehl ausführten, setzten sich im Falle einer deutschen Niederlage der strafrechtlichen Verfolgung durch die Siegerstaaten aus, wie dann auch geschehen. In eine solche Gefahr darf ein richtiger Feldherr seine Unterführer nicht bringen.

Hitler hatte zwar immer getönt, dass er allein die Verantwortung dafür trage. Doch er entzog sich am Ende der irdischen Gerechtigkeit durch Selbstmord und überließ die Schuldigen ihrer Pein.

14. Weltanschauliche Hetzbefehle

Von Hitlers wiederholt vorgebrachten Thesen über den Kampf zweier Weltanschauungen und die Ausrottung des jüdisch-bolschewistischen Systems zeigten sich die Generäle nicht unbeeindruckt. Bei Feldmarschall von Reichenau, Oberbefehlshaber der 6. Armee, fiel Hitlers Indoktrination auf besonders fruchtbaren Boden. In seinem Befehl vom 10. Oktober 1941 fordert er die völlige Vernichtung der bolschewistischen Irrlehre, des Sowjetstaates und seiner Wehrmacht, die erbarmungslose Ausrottung artfremder Heimtücke und Grausamkeit zur Sicherung des Lebensraumes der deutschen Wehrmacht in Russland. Nur so werde man der geschichtlichen Aufgabe gerecht, das Deutsche von der asiatisch-jüdischen Gefahr ein für allemal zu befreien.
Ein weiterer Befehl Reichenaus vom gleichen Tag lautete wie folgt:
"Der Soldat ist im Ostraum nicht nur ein Kämpfer nach den Regeln der Kriegskunst, sondern auch Träger einer unerbittlichen völkischen Idee und der Rächer für alle Bestialitäten, die deutschem und artverwandtem Volkstum zugefügt wurde. Deshalb muss der Soldat für die Notwendigkeit der harten, aber gerechten Sühne am jüdischen Untermenschentum volles Verständnis haben. Sie hat den weiteren Zweck, Erhebungen im Rücken der Wehrmacht, die erfahrungsgemäß stets von Juden angezettelt wurden, im Keim zu ersticken."
Hitler zeigte sich begeistert von diesen Befehlen. Er ließ sie als Muster an die hohen Militärs an der Ostfront verteilen, um

sie zur Herausgabe ähnlicher Befehle zu ermuntern. Die meisten Oberbefehlshaber griffen Hitlers Vorschlag bereitwillig auf, so u. a. Küchler, Manstein, Hoepner und Hoth.

Hitler bestimmte damit seine Generäle, den Boden für die Begehung von Kriegsverbrechen und Verbrechen gegen die Menschlichkeit zu bereiten.

15. Der Partisanenkampf

Hitlers brutale Unterdrückungspolitik in den besetzten Gebieten verschaffte der Partisanenbewegung starken Zulauf. Dafür sorgten in Russland besonders das Wüten der SS-Einsatzgruppen gegen Juden und andere reichsfeindliche Elemente sowie die herrisch-arrogante deutsche Zivilverwaltung.

Gegen die schwer fassbaren Partisanen in den rückwärtigen Gebieten mussten die Deutschen erhebliche Kräfte einsetzen, die dann an der Front fehlten. Hätte Hitler die zum Teil kooperationswillige russische Bevölkerung anständig behandelt und den Selbständigkeitsbestrebungen der Ukrainer, Weißrussen usw. großzügig Raum gegeben, wäre ihm und seiner Armee der extensive Partisanenkrieg erspart geblieben auf dem östlichen Kriegsschauplatz. Hitler hielt solche Rücksichten für überflüssig, da der Russlandfeldzug nur wenige Monate dauern sollte. Diese Rechnung ging jedoch nicht auf. Das Ostheer musste sich einige Jahre mit den immer zahlreicher werdenden Partisanen herumschlagen, ohne sie besiegen zu können. Auf dem Balkan, in Griechenland, Italien und Frankreich sah es nicht viel anders aus. Hitler erließ am 16. Dezember 1942 folgenden Befehl:

"Der Feind setzt im Bandenkampf fanatische, kommunistisch geschulte Kämpfer ein, die vor keiner Gewalttat zurückschrecken. Es geht hier mehr denn je um Sein oder Nichtsein. Mit soldatischer Ritterlichkeit oder mit den Vereinba-

rungen der Genfer Konvention hat dieser Kampf nichts mehr zu tun. Wenn dieser gegen Banden sowohl im Osten wie auch auf dem Balkan nicht mit den aller brutalsten Mitteln geführt wird, so reichen in absehbarer Zeit die verfügbaren Kräfte nicht mehr aus, um dieser Pest Herr zu werden. Die Truppe ist daher berechtigt und verpflichtet, in diesem Kampf ohne Einschränkung auch gegen Frauen und Kinder jedes Mittel anzuwenden, wenn es nur zum Erfolg führt. Rücksichten, gleich welcher Art, sind ein Verbrechen gegen das deutsche Volk und den Soldaten an der Front, der die Folgen der Bandenanschläge zu tragen hat und keinerlei Verständnis für irgendwelche Schonung der Banden und ihrer Mitläufer haben kann. Diese Grundsätze müssen auch die Anwendung der Vorschriften für die Bandenbekämpfung im Osten beherrschen."

Gefangene Partisanen, die mit der Waffe in der Hand gekämpft hatten, konnten nach dem Kriegsrecht ohne Verfahren getötet werden. Hitlers Befehl ging weit darüber hinaus. Er ermunterte förmlich dazu, nicht nur kämpfende Partisanen, sondern in deren Umkreis alle Verdächtigen zu töten. Kollektive Gewaltmaßnahmen gegen partisanenverdächtige Ortschaften waren die Regel. Damit ging Hitler über das völkerrechtlich Erlaubte weit hinaus. Er sagte einmal: *"Dieser Partisanenkrieg hat auch seine Vorteile. Er gibt uns die Möglichkeit, alles auszurotten, was sich gegen uns stellt."*

16. Der Nacht- und Nebel-Erlass

Zur Unterdrückung des immer stärker werdenden Widerstandes in den besetzten Gebieten erließ Keitel auf Anweisung Hitlers den Nacht- und Nebel-Erlass vom 7. Dezember 1941. Danach wurden Personen, die das Besatzungsrecht verletzt hatten und gegen die ein Todesurteil nicht zu erwarten stand, heimlich von den Militär- und Polizeibehörden in ein deutsches Konzentrationslager verbracht. Das konnte den Tod des Betroffenen bedeuten. Das Schicksal dieser Personen sollte für ihre Landsleute im Ungewissen bleiben.

Solche Maßnahmen waren nicht vom Kriegsrecht gedeckt (vgl. Art. 46 Haager Landkriegsordnung, RGBl. II 1910, S. 147).

Erneut trat der Oberbefehlshaber Adolf Hitler mit einem verbrecherischen Befehl hervor, für den letztlich seine Untergebenen allein geradestehen mussten.

17. Der Kommando-Befehl

Die Westalliierten begannen 1941/42 mit dem Einsatz von Kommandos in Stärke von zwei bis 20 Soldaten, die hinter den deutschen Linien wichtige militärische Einrichtungen zerstörten wie Brücken, Depots, Fernmeldeverbindungen, Eisenbahnanlagen usw. Diese Kommandos sickerten durch die deutschen Stellungen oder wurden von Schiffen und Flugzeugen abgesetzt. Wenn solche Trupps in Uniform nach Erfüllung ihres Auftrags den Deutschen in die Hand fielen, mussten sie nach der zu dieser Zeit noch herrschenden Auffassung als Kriegsgefangene behandelt werden. Der darüber erboste Hitler ließ diese Frage durch die Wehrmachtsjuristen nachprüfen. Diese kamen zu dem Ergebnis, dass die in Art 23c Haager Landkriegsordnung verbotene Tötung von sich ergebenden Soldaten nur für den Kampf an der Front gelte, nicht aber für Kommandos. Diese Art der Kampfführung sei bei Erlass der Haager Landkriegsordnung nicht bekannt gewesen. Diese Auffassung wurde vom Ausland nicht geteilt und erschien daher juristisch äußerst bedenklich. Am 18. Oktober 1942 erließ Hitler den Kommando-Befehl, wonach auch uniformierte Sabotagetrupps ohne Pardon bis auf den letzten Mann niederzumachen seien. Dieser Befehl wurde schriftlich nur bis zu den Armeeoberkommandos verteilt und musste nach Kenntnisnahme vernichtet werden. Diese Geheimnistuerei spricht nicht gerade dafür, dass Hitler von der Rechtmäßigkeit seines Befehls überzeugt war. Im Wehrmachtsbericht wurde deshalb nur die Vernichtung solcher Kommandos bekannt gegeben, nicht aber die Pardonverweigerung bzw. die Erschießung von Gefangenen ohne Verfahren.

Hitler ließ seine Generäle in Ausführung des Kommando-Befehls auf eine kriegsrechtlich höchst anfechtbare Art und Weise handeln. Das darf ein echter Feldherr nicht tun.

General Dostler hatte 1944 in Italien 16 uniformierte Kommandoangehörige nach ihrer Ergreifung ohne Verfahren erschießen lassen. Dafür wurde er von einem alliierten Kriegsgericht zum Tode verurteilt und am 1. Dezember 1945 in Rom von den Amerikanern füsiliert.

Dieses Beispiel zeigt, wohin die Ausführung völkerrechtlich bedenklicher Befehle führt. Hitler hätte seine Unterführer nicht in eine solche Konfliktsituation bringen dürfen.

18. Die Sommeroffensive in Südrussland 1942

Der vor Moskau in die Defensive gedrängte Hitler wartete im Frühjahr 1942 ungeduldig auf die trockene Jahreszeit, um wieder die Initiative ergreifen zu können. Hitler war ein Mann des Angriffs, des blitzschnellen, eiskalten Zuschlagens (seine Lieblingsworte). Das Ostheer hatte im Winterkrieg ziemlich hohe Verluste erlitten (30 %). Ca. 100 000 Mann waren mit schweren Erfrierungen ausgefallen, weil die Winterbekleidung erst im Januar 1942 an der Front eintraf. Für einen Angriff auf der ganzen Linie reichten die Kräfte des Ostheeres nicht mehr aus. Hitler wollte im Südabschnitt aktiv werden (Unternehmen "Blau"). Dort war die Bildung zweier Heeresgruppen vorgesehen. Die Heeresgruppe B unter Weichs sollte mit ca. 56 Divisionen (1/3 davon Rumänen, Italiener und Ungarn) auf Stalingrad vorstoßen zur Unterbrechung des

Schiffsverkehrs auf der Wolga, während die Heeresgruppe A unter List mit 35 Divisionen (davon 15 der Verbündeten) den Kaukasus erobern sollte mit den von Hitler für kriegsentscheidend gehaltenen Ölfeldern. Hitler gab der Heeresgruppe A sogar Panzerdivisionen mit, deren Einsatz im Gebirgskampf wenig Sinn machte. Jede der deutschen Heeresgruppen hatte einen überlegenen Feind vor sich. Die von der Abteilung "Fremde Heere Ost" im Generalstab am 28. Juni 1942 gemeldete Zahl von über 450 Feindverbänden war ausnahmsweise zutreffend, was Hitler nicht glauben wollte. Für ihn stand die Rote Armee kurz vor dem Zusammenbrechen. Bei einer realistischen Beurteilung der Lage hätte man eine solch exzentrische Operation nicht ins Auge fassen dürfen in Anbetracht der eigenen Unterzahl, denn ein Angriff setzt im allgemeinen eine gewisse Überlegenheit voraus. Doch Hitler wollte, wie es seine Art war, zuviel auf einmal. Es musste mit einer Verlängerung der bisherigen Frontlinie im Osten von ca. 1500 km auf 2500 km gerechnet werden, verbunden mit überdehnten Versorgungslinien. Hitler gelang es nicht, die Leistungsgrenze der Wehrmacht im Krieg richtig einzuschätzen. Er träumte von einer Zangenbewegung zum Suez-Kanal durch das vom Kaukasus vorstoßende Ostheer und das von Westen kommende Afrika-Korps. Hitler sah bereits Indien in Reichweite rücken. Doch dem stand ein Hindernis entgegen. Das Kaukasus-Gebirge hatte sich Angreifern gegenüber stets als abweisend gezeigt. Diese Landschaft begünstigte eindeutig die russischen Verteidiger. Schnelle Erfolge waren dort für die Deutschen nicht zu erwarten, sondern extreme Anstrengungen bei ungünstigen klimatischen Verhältnissen. Halder und Bock rieten von der Operation "Blau" vehement ab, gegen die alles sprach. Doch Hitler wollte nicht hören. Er hätte nicht mehr vorstoßen dürfen in die Tiefe des russischen Raumes, sondern aus der gewonnenen Linie an geeigneter Stelle kürzere Schläge überraschend und mit überlegenen Kräften führen müssen, um z. B. ein oder zwei Feindkorps zu zerschlagen. Auch an die Anwendung der Retour offensif wäre zu denken gewesen, um feindliche Angriffsunternehmen in einem Sack zu ersticken. Im Krieg kommt es in der Regel nicht auf Raumgewinn an, sondern auf die Vernichtung des Feindes. Zum Schutz des Reiches hatte Hitler den Krieg tief genug ins Feindesland hineingetragen. Er besaß genügend russisches Territorium als Pfand und Operationsgebiet.

Das von Hitler geplante Unternehmen "Blau" lief auf ungeheure Marschanstrengungen hinaus, welche Soldaten und Gerät stark beeinträchtigen mussten. Lange Märsche sind im Krieg ein Übel besonderer Art (Clausewitz). Möglicherweise war Hitler mit seiner Phantasie als Stratege am Ende. Die Operation "Blau" muss als Verlegenheitslösung angesehen werden, wobei kriegswirtschaftliche Fragen eine wesentliche Rolle spielten. Einen Schwachpunkt in Hitlers Kriegsplan stellten die Truppen der Verbündeten dar. Sie waren schlecht ausgerüstet und wenig motiviert. Insbesondere Panzerabwehrwaffen standen ihnen nicht in genügender Zahl zur Verfügung, was Hitler wusste. Der Roten Armee waren sie in jeder Hinsicht unterlegen. Nach dem Fall der Festung Sewastopol hatte Hitler die 11. Armee Anfang Juli 1942 nach Norden verlegt zur Eroberung von Leningrad, anstatt sie als Reserve für die Operation "Blau" zu verwenden, wie von Halder geraten. An der entscheidenden Stelle kann man nach der Taktiklehre nie stark genug sein.

Die Offensive in Richtung Stalingrad und Kaukasus begann am 28. Juni 1942. Der für die Jahreszeit zu späte Vormarsch der beiden Heeresgruppen ging zunächst zügig vonstatten, da die Russen sich lange nicht zum Kampf stellten, sondern auf starke Abschnitt zurück gingen, um die Deutschen im Verzögerungsgefecht abzunützen. Der beste Beweis dafür waren die wenigen Gefangenen und die geringe Beute. Mit zunehmender Entfernung von ihren Ausgangsstellungen bekamen die beiden Heeresgruppen ernstliche Nachschubprobleme.

Hitler war mit der Führung der Heeresgruppe A durch List im Kaukasus nicht einverstanden. Jodl flog am 7. September 1942 dorthin, um sich im Auftrag Hitlers von der Lage bei

List zu überzeugen. An der Führung der Heeresgruppe A fand Jodl nichts zum Aussetzen. Zwischen Hitler und Jodl kam es deswegen zu einer heftigen Auseinandersetzung. Hitler forderte alle Befehle und diesbezügliche Unterlagen der Heeresgruppe A an. Ohne triftigen Grund musste List gehen und Hitler übernahm selbst vorübergehend die Führung der Heeresgruppe A. Auch ihm blieb die Eroberung der großen kaukasischen Ölfelder versagt. Einige kleinere Anlagen fielen zwar den Deutschen in die Hände, doch die Russen hatten sie vorher in Brand gesetzt und für längere Zeit unbrauchbar gemacht. Hitler begann, über personelle Konsequenzen in seiner Umgebung nachzudenken. Er trug sich auch mit der Idee, Jodl und Keitel auszuwechln durch Paulus und Kesselring. Doch dazu kam es nicht, weil Hitler ungern neue Gesichter in seiner Umgebung sah. Er ließ aber Jodl und Keitel seine Indignation spüren. Von dem bis dahin gemeinsam eingenommenen Mittagsmahl zog sich Hitler zurück und aß fürderhin allein.

Am 24. September 1942 trennte sich Hitler wegen der ständigen Auseinandersetzungen von seinem ungeliebten Generalstabschef, da es keine Grundlage mehr gab für eine vertrauensvolle Zusammenarbeit. Seit der Entlassung des Oberbefehlshabers des Heeres von Brauchitsch am 19. Dezember 1941 war Halder im Führungshauptquartier allein auf verlorenem Posten gestanden als Vertreter des Heeres. Keitel und Jodl, die Repräsentanten des Oberkommandos der Wehrmacht, und der Chefadjutant Schmundt hatten sich längst auf die Seite Hitlers geschlagen.

Neuer Generalstabschef des Heeres wurde General Zeitzler, ein kleiner, aber überaus energischer Mann. Seine Mitarbeiter nannten ihn ob seiner Umtriebigkeit den "Kugelblitz". Zeitzler stürzte sich mit großem Eifer auf seine neue Aufgabe.

Keitel gab dem neuen Stabschef den Ratschlag, dass man dem Führer nicht widersprechen und ihm keine Fehler nachweisen dürfe. Es sei auch nicht empfehlenswert, Hitler an die von ihm verursachten Verluste zu erinnern oder darauf hinzuweisen, dass man schließlich doch Recht behalten habe.

Zeitzler konnte auch von Jodl lernen. Dieser zog aus Hitlers Unbelehrbarkeit die Konsequenz, dass man einem Diktator keine von ihm verschuldeten Irrtümer nachweisen dürfe, da man sonst sein Selbstvertrauen beeinträchtigte, die stärkste Stütze seiner Persönlichkeit und seines Handeln.

Es mutet rührend an, was sich Hitlers Mitarbeiter einfallen ließen, um ihren Führer zu schonen.

Als neuer Mann hatte Zeitzler am Anfang noch den Vorteil, dass seine Zahlenangaben über die Rote Armee von Hitler geduldet wurden. Wenn Jodl früher eine große Zahl von Sowjetverbänden bei der Lagebeurteilung vorgetragen hatten, wurde er von Hitler einfach unterbrochen. Er bezeichnete diejenigen als Idioten und Defätisten, die an einen solchen Unfug glauben würden und es wagen, ihn damit zu belästigen.

Nach einer gewissen Narrenfreiheit wurde Zeitzler ziemlich bald von der Wirklichkeit eingeholt. Die Schlacht um Stalingrad sollte ihm die Augen öffnen.

Ende Oktober 1942 näherte sich die 6. Armee ziemlich abgekämpft Stalingrad. Der vorher gestellte Antrag, der übermüdeten Truppe eine Verschnaufpause zu gewähren, war von Hitler abgelehnt worden. In Stalingrad stellte sich endlich der Russe. Es kam zu verlustreichen Straßen- und Häuserkämpfen, die bei der Truppe verpönt sind und die ein guter Heerführer nach Möglichkeit vermeidet, indem er Orte umgeht. Doch Hitler kam es gerade auf die Einnahme dieser Stadt an. Der Name übte anscheinend eine unwiderstehliche Anziehungskraft aus. Die Rote Armee hatte inzwischen, unbemerkt von der deutschen Luftaufklärung, starke Truppenverbände ostwärts von Stalingrad zusammengezogen. Es lag wohl im Plan der russischen Führung, die deutschen Kolonnen bis zur Erschöpfung marschieren zu lassen, um sie im Zustand der Schwäche mit überlegenen und ausgeruhten Kräften anzufallen und zu vernichten. Die Lage ähnelte derjenigen vor Moskau 1941. Doch Hitler hatte nichts dazu gelernt. Geblendet von dem Namen dieser Stadt ließ er die 6. Armee in eine Falle laufen. Am 8. November 1942 verkündete er in München wahrheitswidrig, dass Stalingrad bereits gefallen sei. Kein Mensch werde die Deutschen von dieser Stelle wieder wegbringen. Der Kampf um Stalingrad entbrannte zu einem Prestigeduell der beiden Diktatoren. Aus diesem Grunde wollte Hitler aus Stalingrad nicht weichen. Bei einem Rückzug aus dieser Stadt, wie es vernünftig gewesen wäre, hätte Hitler nach seiner Überzeugung das Gesicht verloren. Lieber riskierte er die Vernichtung der 6. Armee. Ein Unterliegen im Kampf erschien im ehrenvoller als vor den Truppen seines Todfeindes davonzulaufen. Hitler war damit nicht mehr frei in seinen Entschlüssen. Er fand immer wieder neue Gründe, um das Ausharren der 6. Armee in Stalingrad zu rechtfertigen. Hitler verbot der seit Ende November 1942 eingeschlossenen 6. Armee den anfangs noch möglichen Ausbruch. Die Einkesselung dieser Armee fiel den russischen Truppen nicht allzu schwer, weil sie die an die 6. Armee angelehnten und nicht besonders kampfstarken Kräfte der Verbündeten (Rumänen, Italiener, Ungarn) schnell über den Haufen werfen konnten. Auch dies hätte Hitler vorhersehen müssen, zumal er um die mangelnde Panzerfestigkeit dieser Divisionen wusste. Als sich die 4. Panzerarmee Mitte Dezember 1942 der Stadt Stalingrad näherte, um den Einschließungsring zu sprengen, war von Hitler nur ein Versorgungskorridor geplant, um der 6. Armee das weitere Ausharren zu ermöglichen. Durch die Bresche sollte die Armee keinesfalls aus Stalingrad abziehen. Der Vorstoß der 4. Panzerarmee blieb jedoch ca. 50 km vor der Stadt stecken, den Hitler durch das zeitweilige Zurückhalten der 17. Panzerdivision am Don nicht zu der erforderlichen Kraftentfaltung kommen ließ.

Als Paulus meldete, dass seine Spritvorräte im Falle eines Ausbruchs nur für 40 km reichen würden, frohlockte Hitler. Damit hatte er gegenüber seinen militärischen Beratern, die den Ausbruch der 6. Armee forderten, eine Begründung, um die deutschen Truppen weiterhin in Stalingrad festzuhalten.

Paulus hätte wahrheitswidrig Angaben über seine Kraftstoffreserven machen müssen, um eine gewisse Bewegungsfreiheit zu erreichen zur Rettung seiner Armee. Doch Paulus fehlten die Kraft und Fantasie zur befreienden Lüge, zur außergewöhnlichen Tat, denn in der Not ist der Mittelweg der Tod. Der Mittelweg war hier die treu-deutsch-ehrlich-dumm erstattete Meldung. Italienern wäre das nicht passiert.

Während der Schlacht um Stalingrad urteilte Hitler geringschätzig über die dort eingesetzten Sowjettruppen:

"Sie heißen Garde. Das sind doch Baubataillone. Dem Wert nach müsste die 23. Panzerdivision mit ihren 95 Panzern dieses ganze Zeug absolut zurück schmettern können."

Die Wirklichkeit sah anders aus. Die "Baubataillone" behielten nämlich die Oberhand.

Als Göring vorschlug, die eingeschlossene Armee durch die Luftwaffe zu versorgen, ging Hitler gern darauf ein. Die Luftwaffenexperten warnten dringend aber vergeblich. Zwar hatte die Luftversorgung zweier kleinerer Kessel in Demjansk und Cholm 1942 funktioniert, doch das Einfliegen des Nachschubs für eine ganze Armee (ca. 20 Divisionen) musste die Luftwaffe überfordern. Das Unternehmen scheiterte weitgehend. Nur ein Bruchteil des benötigten Nachschubs konnte eingeflogen werden. Die Luftwaffe erlitt dabei unersetzliche Verluste an Flugzeugführern und Maschinen, wobei auch die winterlichen Verhältnisse eine wesentliche Rolle spielten. Die Konzentration der Fliegerverbände auf Stalingrad hatte ihr Fehlen an anderen Frontabschnitten zur Folge. Wie vorauszusehen, ging die hungernde und frierende Armee langsam zugrunde. Paulus, der schwerblütige und zaudernde Oberbefehlshaber, hatte sich nicht zu dem heroischen Entschluss durchringen können, gegen den Befehl auszubrechen. Am 1. Februar 1943 ergab sich die 6. Armee trotz eines Kapitulationsverbotes von Hitler. 90 000 von ursprünglich 300 000 Soldaten gingen in die Gefangenschaft. Hitler war empört, weil sich Paulus nicht erschossen hatte, sondern als Gefangener in sowjetischen Filmberichten gezeigt wurde. Eigentlich hätte sich Hitler erschießen müssen, der später Manstein gegenüber zugab, die alleinige Verantwortung für den Untergang der 6. Armee zu tragen.

Die Wehrmacht verlor durch Hitlers Starrsinn über 20 Divisionen und endgültig den Nimbus der Unbesiegbarkeit, während die Rote Armee mit gesteigertem Selbstvertrauen aus dieser Schlacht hervorging. Diese Niederlage verbreitete unter Hitlers Verbündeten Furcht und Schrecken. Sie verloren den Glauben an den Endsieg und suchten nach einem Absprung aus dem Lager der Achsenmächte. Der Fall von Stalingrad führte zu einer Vertrauenskrise im Heer und zu einer Erschütterung der Bevölkerung.

Wer aus persönlicher Eitelkeit vor dem Erzrivalen keinen Schritt zurückweichen will und dabei die obigen Nachteile in Kauf nimmt, spricht sich sein Urteil als Stratege selbst. Marschall Antonescu, dessen Truppen von Hitler bei Stalingrad ebenfalls "verheizt" wurden, sah seine Einschätzung bestätigt, dass Hitler ein militärischer Nichtskönner sei. Im übrigen wurde von Hitler nicht alles getan zur Rettung der 6. Armee, was möglich gewesen wäre. Das II. SS-Panzerkorps und die 7. Panzerdivision hätte er früher aus Frankreich zuführen müssen. Sie trafen erst kurz nach dem Fall von Stalingrad in Russland ein. Auch bei der Heeresgruppe Mitte hätte man gepanzerte Kräfte in einem gewissen Umfang abzweigen können, um Paulus zu helfen (1., 9., 11., 20. Panzerdivision). Die 22. Luftlandedivision war im November 1942 auf die nicht bedrohte Insel Kreta verlegt worden, statt nach Stalingrad. Von den ca. 30 Divisionen der Heeresgruppe D in Frankreich hätte man einige abziehen können für den Entsatz. Im übrigen war es ein Fehler Hitlers, die Aufstellung und Ausbildung des II. SS-Panzerkorps in Frankreich durchzuführen. Dies hätte in Polen geschehen müssen, um dort eine schnell greifbare Reserve für die Ostfront zu haben. Doch Hitler befürchtete im Westen eine Invasion. Dafür gab es aber keine Anzeichen. Trotz seiner Angst verlegte Hitler die SS-Truppen dann doch nach Russland.

Die Niederlage von Stalingrad hätte eigentlich Anlass sein müssen für die Generäle, Hitler seiner Ämter zu entheben. Doch keiner der Heerführer konnte sich zu einem solchen Schritt gegen den Diktator entschließen. Von Stalingrad her drohte ein Vorstoß der Russen auf Rostow. Das konnte zu einem Abschneiden der Heeresgruppe A im Kaukasus führen, weshalb Hitler Anfang 1943 den Rückzug genehmigte. Er ordnete die Bildung des Kuban-Brückenkopfes an, um sich die Option auf einen erneuten Vorstoß zu den Ölfeldern offen zu halten. Auf diese Weise lagen 400 000 Mann ziemlich sinnlos fest (bis September 1943). Diese Soldaten hätte Hitler an entscheidender Stelle einsetzen müssen.

Die Italiener, die bei Stalingrad eine ganze Armee verloren hatten, baten die Deutschen, den aussichtslosen Kampf im Osten zu beenden. Doch bei Hitler stießen sie auf taube Ohren. In Stockholm gab es zwar deutsch-russische Kontakte, doch Hitler wollte keine politische Lösung, sondern den militärischen Sieg. Sein Motto war: "Alles oder nichts".

Am Ende der Operation "Blau" hatte Hitler alle Raumgewinne wieder verloren unter unersetzlichen Verlusten an Menschen und Material. Das Unternehmen trug von Anfang an den Stempel des Sinnlosen.

Die Vernichtung der 6. Armee in Stalingrad beeinträchtigte im Heer den Glauben an den Obersten Kriegsherrn. Hitler spürte das und ließ die Zügel vorübergehend etwas lockerer. Manstein durfte im Frühjahr 1943 die Schlacht von Charkow erfolgreich schlagen und Kluge erhielt die lange verweigerte Erlaubnis für ein Ausweichmanöver bei Rschew im Mittelabschnitt (Büffel-Bewegung). Doch dann kehrte Hitler wieder entschlossen zu seinen restriktiven Führungsmethoden zurück.

Als Hitler am 17. Februar 1943 Manstein in Saporoshje besuchte, gab er zu, dass im Südabschnitt 32 Divisionen für 700 Kilometer zu schwach seien. Im Ersten Weltkrieg hatte die

Breite einer Division in der Verteidigung ca. fünf Kilometer betragen. Die vor Mansteins Heeresgruppe festgestellten 341 Großverbände der Roten Armee waren aber nach Hitlers Auffassung nichts mehr wert. Doch wiederum irrte der Diktator, wie der weitere Kampfverlauf beweisen sollte.

Die Wende im Russlandkrieg blieb nicht ohne Auswirkungen auf die Verbündeten. Die Slowakei zog ihre zwei Divisionen von der Ostfront ab. Sie durften nur noch als Bautruppe in Oberitalien verwendet werden.

Diesem Beispiel folgte im Februar 1944 der spanische Staatschef Franco durch Abzug seiner "Blauen Division" aus dem Nordabschnitt.

Diese Schritte hätten Hitler zu denken geben müssen.

19. Die Luftwaffenfelddivisionen 1942/43

Die hohen Verluste in Russland ließen die Generäle des Heeres Ausschau halten nach weiteren ausschöpfbaren Personalreserven. Der Blick der Suchenden fiel sofort auf die Luftwaffe, deren Effektivstärken zu üppig geraten waren, insbesondere bei der Bodenorganisation. Im Führerhauptquartier war man sich zunächst einig, die ausgekämmten Luftwaffensoldaten in das Heer einzugliedern. Doch diesen Machtverlust mochte Göring nicht hinnehmen. Er befürchtete, dass seine nationalsozialistisch erzogenen Soldaten von den konservativen Generälen des Heeres in den Gottesdienst geschickt werden könnten. Göring setzte bei Hitler die Aufstellung von 22 Luftwaffenfelddivisionen für den Erdkampf durch. Dafür fehlte den Luftwaffensoldaten aber Ausbildung und Erfahrung. Die meisten Luftwaffenfelddivisionen bewährten sich erwartungsgemäß nicht und mussten nach relativ kurzer Zeit und unnötig hohen Verlusten in das Heer überführt werden. Hitler und Göring verletzten damit gröblich ihre Fürsorgepflichten gegenüber den Soldaten der Luftwaffe. Der Diktator hatte wieder einmal nichts gelernt aus seinen Erfahrungen im

Ersten Weltkrieg. Diese kann man in seinem Buch *"Mein Kampf"* (2. Band, Seite 605) wie folgt nachlesen:

"Wir haben ja alle im Felde die fürchterlichen Folgen vor Augen gehabt, die sich für junge, im Kriegshandwerk nicht gründlich ausgebildete Soldaten ergaben. Freiwilligenformationen, die 15 und 20 Wochen lang mit eiserner Entschlossenheit bei grenzenloser Hingabe gedrillt worden waren, stellten an der Front nichtsdestoweniger nur Kanonenfutter dar. Nur in die Reihen erfahrener alter Soldaten eingeteilt, konnten jüngere, vier bis sechs Monate lang ausgebildete Rekruten nützliche Glieder eines Regiments abgeben. Sie wurden hierbei von den 'Alten' geleitet und wuchsen dann allmählich in ihre Aufgabe hinein."

Auch im Bereich des Heeres beherzigte Hitler seine oben genannten Erkenntnisse nicht. Aus den anfallenden Rekrutenjahrgängen stellte er gern neue Divisionen auf, anstatt sie in kampferprobte Verbände einzugliedern. Hitler war jedoch ein Mann, der sich an Zahlen berauschen konnte.

Dem Strategen Hitler gereicht dieses Verhalten nicht zur Ehre.

20. Der Oberbefehlshaber Ost

Nach der Niederlage von Stalingrad wollten führende Militärs Hitler veranlassen, die Leitung der Operationen an der Ostfront auf einen Feldmarschall zu übertragen als Oberbefehlshaber Ost. Schon im Ersten Weltkrieg hatte es eine solche Dienststelle gegeben (Hindenburg bzw. Prinz Leopold von Bayern an der Spitze). Hitler sollte sich darauf beschränken, die Kriegsanstrengungen des Reiches und der Wehrmacht von einer Zentrale aus zu koordinieren, ohne auf die Truppenführung direkten Einfluß zu nehmen. Dieser Vorschlag wurde von Hitler brüsk abgelehnt.

Von Manstein stammt folgender Bericht über seinen im Januar 1944 bei Hitler gemachten Vorstoß zu Gunsten der Einsetzung eines Generals als Oberbefehlshaber Ost:

"Der Führer hörte mit eisiger Miene zu und - lehnte ab. Hitler erklärte, dass nur er, der alle Mittel des Reiches in der Hand habe, den Krieg auch militärisch wirksam führen könne. Nur er sei in der Lage zu entscheiden, welche Kräfte für die einzelnen Kriegsschauplätze verfügbar wären und wie demzufolge dort operiert werden müsse. Auch würde sich Göring niemals den Anordnungen eines anderen fügen. Hinsichtlich eines Oberbefehlshabers Ost hätte kein anderer die gleiche Autorität wie er."

Guderian sah in Hitlers Führungsmethoden die Hauptursache für die laufenden Mißerfolge. Er trat deshalb im November 1944 an Jodl heran, um ihn für eine Änderung im Oberbefehl zu gewinnen. Eisige Ablehnung schlug Guderian entgegen. Jodl fragte lakonisch: *"Wissen Sie einen besseren Oberbefehlshaber als Adolf Hitler?"*

Damit stellte sich Jodl ein Armutszeugnis aus.

21. Die Niederlage in Nordafrika

Die Italiener waren am 11. Juni 1940 an der Seite Deutschlands in den Krieg eingetreten, um gegen das von der Wehrmacht fast geschlagene Frankreich billig zu Erfolg und Beute zu kommen, was aber misslang. Der Kriegszustand erstreckte sich auch auf die italienische Kolonie Libyen in Nordafrika. Im September 1940 gingen dort die italienischen Truppen gegen schwächere englische Kräfte an der ägyptischen Grenze vor. Diese verstärkten sich und schlugen die Italiener zurück. Der Duce bat Hitler am 20. Dezember 1941 um Hilfe. Hitler wollte den Duce nicht einer Niederlage ausgesetzt sehen, schon wegen der negativen außenpolitischen Wirkungen. Bei einem Verlust von Libyen hätte sich eine unmittelbare Bedrohung des italienischen Mutterlandes ergeben.

Am 11. Februar 1941 landete Generalleutnant Rommel mit einem deutschen Sperrverband in der italienischen Kolonie. Bei einem Sperrauftrag für Rommel hätte man es belassen sollen. Doch dieser ehrgeizige Mann brachte den ganzen Kriegsschauplatz völlig durcheinander und wirbelte dort mächtig den Wüstenstaub auf, was ein großes Echo in der anglo-amerikanischen Welt hervorrief. Nordafrika rückte dort in den Vordergrund. Rommels beachtliche Erfolge zogen auf beiden Seiten immer mehr Truppen an. Für den entscheidenden Durchbruch zum Suez-Kanal und darüber hinaus reichten Rommels Kräfte und Nachschubmöglichkeiten nicht aus, denn der Schwerpunkt der deutschen Kriegsanstrengungen lag zutreffend im Kampf gegen Russland. Rommel jagte die Engländer erbarmungslos in der Wüste herum, bis es diesen zuviel wurde. Sie sammelten Ende Oktober 1942 in Ägypten eine überlegene Streitmacht und gingen unter dem Schirm ihrer Luftüberlegenheit zur Gegenoffensive über. Rommel konnte in seinen Stellungen bei El Alamein nahe der ägyptischen Grenze dem Feinddruck nicht lange widerstehen und ging zurück entgegen einem ausdrücklichen Haltebefehl Hitlers. Im November 1942 landeten US-Truppen in Marokko, um den Briten zur Hilfe zu kommen. Hitler hatte den USA am 11. Dezember 1941 in einem Anfall von Größenwahn den Krieg erklärt, wohl in der Erwartung, dass die Amerikaner erst in einigen Jahren im europäischen Raum aktiv werden können. Die Achsentruppen wurden von zwei Seiten zurückgeworfen. Im Februar 1943 beurteilte Rommel die Lage als aussichtslos. Trotzdem warf Hitler noch wertvolle Panzerverbände nach Nordafrika. Die von Rommel beantragte rechtzeitige Räumung dieses Kriegsschauplatzes lehnte Hitler ab.

Hitler schätze nicht nur die Rote Armee falsch ein, sondern auch die US-Armee.

Bei der Abendlage im Führerhauptquartier vom 4. März 1943 wies Botschafter Hewel auf das gute Menschenmaterial der Amerikaner hin. Jodl konterte: *"Bloß äußerlich."* Hitler trat ihm bei und meinte: *"Es ist nicht so gut, wie man es sich vorstellt. Die Farmer sind so verelendet. Ich habe Fotografien gesehen. Es ist so etwas Jämmerliches und Verkrüppeltes, was die an Farmern haben, ein völlig entwurzeltes Zeug, das herum wandert."*

Die Erfolge der Amerikaner im Pazifik gegen die militärisch überaus tüchtigen Japaner und in Tunesien gegen das deutsche Afrika-Korps hätten eigentlich Jodl und Hitler zu einer vorsichtigeren Beurteilung veranlassen müssen. Doch Hitler pflegte unkritisch seine Vorurteile. Im weiteren Verlauf des Krieges hatte der Diktator hinreichend Gelegenheit, die Amerikaner besser kennenzulernen, den sie fügten ihm eine Niederlage nach der anderen zu.

Die Achsentruppen wurden im April 1943 in Tunesien zusammengedrängt. Am 12. Mai 1943 erfolgte die Kapitulation. Über 100 000 deutsche Soldaten gingen in die Gefangenschaft. Wertvolles, unersetzliches Kriegsmaterial fiel den Alliierten in die Hände. Schmerzlich bemerkbar machte sich auch der Verlust der besonders ausgebildeten Panzerbesatzungen. Diese hätte man zuvörderst retten müssen, wenn das schon bei den Panzern nicht möglich war. Doch Hitler unterließ auch dies, obwohl er von Guderian, dem Generalinspekteur der Panzertruppen, dringend darum gebeten worden war. Der Kriegsherr Hitler hatte den Kulminationspunkt dieser Schlacht nicht erkannt, sonst hätte er den nordafrikanischen Kriegsschauplatz rechtzeitig räumen lassen, um Soldaten und Zeug zu erhalten für weitere Verwendung. Die eingetretenen Verluste konnte sich Deutschland nach der Niederlage von Stalingrad nicht mehr erlauben. Doch Hitler wollte Unerwünschtes einfach nicht glauben nach dem Motto "dass nicht sein kann, was nicht sein darf."

Der Krieg in Nordafrika wurde von Anfang an falsch geführt. Man hätte, der eigenen Schwäche eingedenk, sich nicht so bedrohlich aufführen dürfen, um den britischen Leu nicht unnötig zu reizen. Es wäre besser gewesen, diesen Konflikt nicht übermäßig hochzuspielen, sondern auf Sparflamme zu kochen. Dann wären die Amerikaner vielleicht nicht auf die Idee gekommen, den Briten zu helfen. Wenn aber große Feindmassen in Nordafrika gegenüber dem italienischen Mutterland einmal versammelt waren, so konnten die feindlichen Anführer leicht auf den Gedanken verfallen, in Sizilien zu landen, wie dann auch geschehen.

In Nordafrika hätte für die Achsentruppen Richtschnur sein müssen, möglichst geräuscharm zu fechten, um mit wenig Truppen viel Zeit zu gewinnen bis zu einem günstigen Ausgang des Russlandfeldzuges. Dann wäre der Moment gekommen gewesen mit freiem Rücken die Briten abzufertigen und zwar mit geballter Kraft.

Im Krieg kommt es an bestimmten Frontabschnitten immer wieder vor, dass beide Seiten stillschweigend vereinbaren, sich gegenseitig zurückzuhalten. Das hätte man auch in Nordafrika versuchen sollen.

22. Guderians Ernennung zum Generalinspekteur
   der Panzertruppen

Der unbelehrbare und starrsinnige Hitler konnte bisweilen auch über seinen eigenen Schatten springen. Nach der Katastrophe von Stalingrad kam Hitler zum Bewusstsein, dass er ohne eine tiefgreifende Reform der kriegsentscheidenden Panzerwaffe das Blatt auf dem Schlachtfeld nicht mehr würde wenden können. Er war zwar enorm nachtragend, doch der Not gehorchend bot er dem von ihm 1941 rüde aus dem Amt gejagten Panzerfachmann Guderian (s. IV/8) den Posten eines Generalinspekteurs der Panzertruppen an. Dieser verlangte weitreichende Vollmachten, die ihm Hitler auch bewilligte. Am 28. Februar 1943 begann Guderian mit der Reorganisation der Panzerwaffe. Dieser Schritt Hitlers war richtig, aber eigentlich schon fast zu spät. Einen Rest von Groll und Unversöhnlichkeit ließ Hitler seinen Generalinspekteur und späteren Generalstabschef noch spüren. Guderian, seit 1940 Generaloberst, wurde trotz erheblicher Verdienste von seinem Kriegsherrn bis 1945 nicht mehr befördert.

23. Die Waffen-SS

Himmler, seit 6. Januar 1929 Reichsführer-SS, ging sofort nach der Machtergreifung zielstrebig daran, seine ca. 50.000 Mann starke SS im Bereich der Polizei und der inneren Sicherheit zu etablieren. Bei den höheren SS-Dienststellen wurden bewaffnete und kasernierte Stabswachen, Sonderkommandos und Politische Bereitschaften gebildet. Die SS schlug 1934 die sogenannte Röhm-Revolte blutig nieder.
Als Dank dafür erhob Hitler die SS zu einer selbständigen NS-Organisation. Die SS konnte endlich aus dem Schatten der SA heraustreten, der sie von Anfang an unterstellt gewesen war. Hitler genehmigte die Bildung von drei bewaffneten SS-Standarten (Regimenter) für polizeiliche Zwecke im

Reich. Die Armee sah das mit gemischten Gefühlen und fürchtete um ihr Monopol in der Landesverteidigung, das bereits von Röhm und seiner SA erfolglos in Frage gestellt worden war. Hitler gab daher den Generälen ein Kontroll- und Inspektionsrecht gegenüber der bewaffneten SS. Nach der Blomberg-Fritzsch-Krise 1938, aus der die Heeresspitze geschwächt hervorging, bekam Himmler freie Hand für die Aufstellung von SS-Divisionen, die im Kriegsfall unter dem Befehl des Heeres kämpfen sollten. 1939 gab es drei Groß- verbände der SS, die gebildet wurden aus der SS- Leibstandarte, der SS-Verfügungstruppe und den SS- Totenkopfverbänden (später 1. - 3. SS-Division). Hinzu kam eine Polizeidivision (später 4. SS-Division). Der Reichsfüh- rer-SS und Chef der Deutschen Polizei Himmler begann damit, seine Macht auch auf das Gebiet des Heerwesens aus- zudehnen. In der Waffen-SS legte man besonderen Wert auf die Indoktrination im Sinne der NS-Ideologie, was der Bege- hung von Kriegsverbrechen Vorschub leistete. Hitler und Himmler wollten offenbar eine Alternative zum Heer schaf- fen, das sie als rückständig und reaktionär ansahen. Bis 1943 vergrößerte sich die Waffen-SS auf 15 Divisionen. Gegen den Widerstand des Heeres wurden die besten von ihnen ab 1942 sukzessive mit Panzern ausgerüstet (ca. 13). Diese Elite- Divisionen waren beim Feind gefürchtet. Sie kämpften mit besonderer Härte, hatten aber auch hohe Verluste. Die Hee- res-Divisionen wollten sie an Tüchtigkeit übertreffen, um es den "Monokel-Fatzken" einmal zu zeigen.

Nur im Fronteinsatz unterlag die Waffen-SS der Befehlsge- walt des Heeres, die sich allein auf die Kampfführung be- schränkte. Ansonsten stellte die Waffen-SS eine völlig selb- ständige Organisation dar mit eigener Personalhoheit, Ver- waltung, Disziplinargewalt, Gerichtsbarkeit usw.

Die gepanzerten SS-Divisionen konnten sich zwar ab 1943 an der Ostfront und später auch im Westen kraftvoll in Szene setzen, doch wegen Hitlers strategischer Fehler befand sich Deutschland zu dieser Zeit bereits auf der Verliererstraße, was die Blütenträume einiger ehrgeiziger Führer der Waffen-SS zerrinnen ließ. Vom Mahlstrom der Geschichte zerrieben wurde die Waffen-SS am Ende des Krieges dem Heer immer ähnlicher. 1945 gab es etwa 38 SS-Divisionen, denen ca. 270 Heeres-Divisionen gegenüber standen In 18 SS-Verbänden kämpften Ausländer. Zunächst bevorzugte man Freiwillige aus germanischen Gebieten Europas. Doch in der Not des Reiches nahm Himmler ab 1943 auch Fremdrassige in den Reihen der Waffen-SS auf (u. a. Bosniaken, Galizier, Letten, Esten, Albaner, Ungarn, Wallonen, Weißruthenen, Franzosen).

Abschließend muss gesagt werden, dass die Sonderrolle der Waffen-SS der notwendigen Einheitlichkeit und Effizienz im Heerwesen geschadet hat. Selbst hohe Offiziere der Waffen-SS gaben nach dem Krieg zu, dass die Eingliederung der Waffen-SS in das Heer zweckmäßiger gewesen wäre.

Sogar ein Hitler-Bewunderer wie Keitel betrachtete die Entwicklung der Waffen-SS mit kritischen Augen.

Doch Hitler war kein Freund klarer Befehls- und Organisationsstrukturen. Er liebte Rivalitäten in allen Bereichen, auch wenn dies am Ende nachteilig war für ihn. Konkurrenz belebt zwar das Geschäft, doch im Kriege bedarf es der Konzentration der Kräfte. Ein Nebeneinander von zwei Organisationen, die das gleiche Ziel verfolgen, erscheint unnötig und schreit nach Vereinfachung. Dazu war Hitler nicht in der Lage. Das nimmt sehr gegen ihn ein als militärischer Führer.

24. Das Unternehmen "Zitadelle"

Hitler wollte die Scharte von Stalingrad so schnell wie möglich wieder auswetzen. Ihn drängte es, im Osten erneut zur Offensive über zu gehen. Große Streiche konnte das Ostheer nicht mehr führen nach dem Verlust von über 20 Divisionen in Stalingrad. Es kamen nur noch kleinere Operationen in Frage. Zwischen der Heeresgruppe Mitte und Süd bildete die russische Front bei Kursk einen Frontvorsprung nach Westen, den Hitler durch eine Zangenbewegung von Nord und Süd abschneiden wollte, um eine große Zahl sowjetischer Verbände zu vernichten. Hitler prophezeite: *"Der Sieg von Kursk wird wie ein Fanal auf die Welt wirken."*

Ein solches Unternehmen wäre besonders erfolgversprechend gewesen alsbald nach dem Entstehen dieses Balkons im März 1943. Doch Hitler verschob den Termin immer wieder. Er wartete brennend auf die neuen deutschen Panzer V "Panther" (7,5-cm-Kanone) und VI "Tiger" (8,8-cm-Kanone), die dort ihre Feuertaufe erhalten sollten. In der Zwischenzeit konnten die Russen ihre Stellungen ausbauen und verstärken. Hitlers Angriffsplan war für die Rote Armee leicht zu durchschauen. An den gefährdeten Stellen richtete sie eine Panzerabwehrzone ein mit tief gestaffelten Pak-Riegeln und Minenfeldern. Die deutsche Luftaufklärung fotografierte täglich den Ausbau der Feindstellungen. Im Führerhauptquartier lagen diese Fliegeraufnahmen vor. Hitler war demnach die gesteigerte Abwehrbereitschaft des Feindes bekannt. Er trug selbst Bedenken, hielt jedoch an seinem Angriffsplan fest. Ein Schwachpunkt in Hitlers Rechnung bildeten die neuen Panzer, denen die Erprobung an der Front fehlte. Hitler glaubte jedoch an die besondere Durchschlagskraft der "Panther" und "Tiger". Er war ein Befürworter und Bewunderer von schweren Panzern mit hoher Feuerkraft.

Von Guderian hätte er aber gelernt haben müssen, dass man mit Panzern nicht gegen Pak-Riegel anrennt, sondern sie an den weichen Stellen des Gegners durchbrechen lässt, z. B. im Abschnitt einer Infanteriedivision mit wenig panzerbrechenden Waffen. Dem Feind dürften die Angriffsvorbereitungen des Ostheeres nicht entgangen sein. Die Offensive begann am 5. Juli 1943 und traf auf ein russisches Bollwerk. Model griff von Norden her an, während Manstein aus südlicher Richtung vorging. Die neuen deutschen Panzer bestanden ihre Bewährungsprobe nicht. Viele von ihnen blieben wegen technischer Mängel liegen. Es fehlte die Frontreife. Die russischen Pak-

Riegel und Minenfelder wurden zum Grab der deutschen Panzerwaffe, die überaus hohe Verluste erlitt. Die Deutschen konnten zwar in die Feindstellungen eindringen, doch der Durchbruch blieb ihnen verwehrt. Nach einer Woche musste die Offensive als erfolglos abgebrochen werden. Hinzu kam die Landung der Alliierten auf Sizilien am 10. Juli 1943, welche die Verlegung deutscher Truppen nach Italien erheischte.

Im Nachhinein fragt man sich, ob nicht ein Frontalangriff gegen den Kursker Bogen besser gewesen wäre, der den Feind überraschend getroffen hätte, da er an dieser unerwarteten Stelle vielleicht nicht so stark verschanzt war.

Am 12. Juli 1943 ging die Rote Armee bei Orel (nördlich von Kursk) zur Gegenoffensive über und drängte die Heeresgruppe Mitte zurück. Der deutsche Feindnachrichtendienst war - wie so oft - nicht im Bilde über die Bewegungen auf der russischen Seite. Wären die Deutschen rechtzeitig über den bevorstehenden feindlichen Angriff informiert gewesen, hätte man auf das Unternehmen "Zitadelle" verzichten sollen, um die dafür gedachten Truppen zur Bildung eines Sackes heranzuziehen, in dem man die Rote Armee hineinstoßen lassen konnte. Durch Sperren und Riegel wäre es möglich gewesen, dem Strom des Feindes die erwünschte Richtung zu weisen. Angriffstruppen stoßen gern an stärkerem Widerstand vorbei. Nach einer gewissen Zeit wären die Russen durch den ständigen Drang nach vorn abgenutzt und erschlafft gewesen. Dann hätte man sie einschließen, von allen Seiten angreifen und vernichten können. Wichtig ist bei einem solchen Verfahren, dass sich der Feind in der Bewegung verschleißt, während die eigenen Truppen ausgeruht der Abrechnung entgegensehen. Eine solche Form der retour offensiv hätte man im Osten öfter anwenden sollen, um durch einen Schlag wesentliche Teile der Roten Armee definitiv auszuschalten. Auf lange Sicht wären die Russen deutlich geschwächt worden.

Im Prinzip war es nicht falsch, im Osten wieder die Initiative zu ergreifen. Man kann nicht dauernd nur verteidigen, sonst verliert die Truppe den Schwung für den Angriff, der im Erfolgsfall auch ungeheuer motiviert. Dem Feind muss die eigene Gefährlichkeit immer wieder vor Augen geführt werden. Doch im Fall "Zitadelle" sprachen die besonderen Umstände gegen den Angriff. Es war ein Fehler Hitlers, dies nicht erkannt zu haben.

Ihm fällt ferner als Verschulden zur Last, die 1. Panzerdivision im Juni 1943 auf den Peloponnes verlegt zu haben, anstatt sie sicherheitshalber an dem risikoreichen Unternehmen "Zitadelle" teilnehmen zu lassen. Hitler befürchtete im Südosten Europas Landungen der Westalliierten. Das bergige Griechenland war aber für den Einsatz einer Panzerdivision wenig geeignet. Eine Gebirgsdivision oder Jägerdivision hätte dort bessere Dienste getan. Durch Hitlers Fehlentscheidung wurde die 1. Panzerdivision mehrere Monate in Griechenland festgehalten, obwohl ihre Verwendung an der Ostfront viel dringlicher gewesen wäre.

25. Der Nationalsozialistische Führungsoffizier (NSFO)

Die 1943 immer stärker sichtbar werdende Überlegenheit der Alliierten an Menschen und Material konnte Deutschland bei weitem nicht mehr ausgleichen. Diese Schwäche wollte Hitler durch eine moralische Aufrüstung seiner Truppen kompensieren. Als Kraftquelle sollte die NS-Weltanschauung dienen. Hitler schwebte vor, in jedem Verband bis hinunter zum Bataillon einen besonders nationalsozialistisch gesinnten Offizier zu bestellen mit der Aufgabe, den Kampfeswillen enorm zu steigern durch die Erziehung der Soldaten zu einem fanatischen Glauben an die Überlegenheit der eigenen Idee und an den Endsieg. Das Ganze hatte eine fatale Ähnlichkeit mit dem Politkommissar der Roten Armee. Hitler führte am 22. Dezember 1943 den NSFO in der Wehrmacht ein. Am 14. März 1944 ernannte er den General Schörner zum Chef des NS-Führungsstabes im Oberkommando des Heeres. In seinen Richtlinien für den NSFO vom 28. März 1944 stellte Schörner heraus, dass im Kriege der Weltanschauungen die kämpferische Idee die entscheidende Waffe sei und nicht die zahlenmäßige und materielle Überlegenheit. Das entsprach genau der Vorstellung Hitlers, der zu einer Überschätzung des Kampfeswillen neigte.

Für die Truppenführer bedeutete der NSFO ein Misstrauensvotum Hitlers, das kränken musste. Hitler glaubte offenbar, dass die Truppenführer unfähig wären, ihre Soldaten für den Kampf entsprechend zu motivieren. Damit griff er in die ureigenste Domäne der Offiziere ein, die Jahrhunderte lang ohne einen solchen ideologischen Beistand ausgekommen waren und in der Erzeugung und Erhaltung einer hohen Kampfmoral ihrer Truppen eine wesentliche und unteilbare Aufgabe ansahen.

Außerdem fühlten sich viele Kommandeure von ihrem NSFO weltanschaulich überwacht, was sich im Offizierskorps ungünstig auswirken musste in psychologischer Hinsicht.

Aus Hitlers Sicht mochte die Einführung des NSFO ein logischer Schritt gewesen sein. Mit der deutschen Armeetradition war er jedoch nicht vereinbar.

26. Die Tötung von Kriegsgefangenen 1943/44

Anfang September 1943 trat Italien in das Lager der Alliierten über (die Kriegserklärung an Deutschland erfolgte erst am 13. Oktober). Die italienischen Besatzungstruppen auf Kephalonia und Korfu machten Front gegen die Deutschen, den einstigen Bundesgenossen. Nach ihrer Gefangennahme wollte Hitler deshalb alle 5000 Mann erschießen lassen. Vor einem solchen Morden schreckten die deutschen Generäle jedoch zurück. Hitler begnügte sich schließlich mit der Erschießung eines italienischen Generals mit 20 seiner Offiziere auf Kephalonie (24. September) und der Füsilierung eines italienischen Obristen mit den Offizieren seines Stabes auf Korfu (25. September).

Eine klare Rechtsgrundlage für Hitlers Anordnungen gab es nicht. Man konnte die Italiener nicht wie deutsche Fahnenflüchtige behandeln.

In der Nacht vom 24./25. März 1944 flohen 76 englische Fliegeroffiziere aus dem Kriegsgefangenenlager Sagan. 50 davon wurden wieder ergriffen und auf Befehl Hitlers erschossen.

Einen glatteren Rechtsbruch kann man sich nicht vorstellen.
Im März 1944 erging mit Billigung Hitlers der sogenannte "Kugel-Erlass". Danach mussten entflohene Kriegsgefangene im Unteroffiziers- und Offiziersrang, die nicht zur Arbeit eingesetzt worden waren, im Falle der Ergreifung durch Genickschuss im Konzentrationslager Mauthausen getötet werden. Davon nicht betroffen waren englische und amerikanische Kriegsgefangene.
Hier gelten die gleichen Schlussfolgerungen wie in der causa "Sagan".

Mitte 1944 befürwortete Hitler das Lynchen von gefangenen anglo-amerikanischen Piloten, die Zivilisten im Tiefflug angegriffen hatten. Wenn das auf deutscher Seite als Kriegsverbrechen angesehen wurde, hätte man die Piloten vor ein Kriegsgericht stellen müssen.
Lynchjustiz kann in zivilisierten Staaten nicht geduldet werden.
Hitlers Befehle sprechen für sich.

27. Hitlers Verrat an der 17. Armee

Im Frühjahr 1944 setzte sich der Generalstabschef Zeitzler heftig für die Räumung der Krim ein und sagte zu Hitler:
"Tausende deutscher Soldaten gehen unnötig verloren, wenn jetzt nicht endlich etwas geschieht."
Hitler entgegnete:
"Auf tausend mehr oder weniger kommt es dann auch nicht an."
Zeitzler antwortete darauf:
"Diesen Standpunkt kann ich als deutscher General nicht teilen."
Eisige Stille. Hitler wurde kreidebleich. Doch er unternahm nichts Entscheidendes zur Rettung der 17. Armee. Hitler war ein Mann ohne Seele. Der Diktator ließ sich auch nicht von Antonescu erweichen, der verhindern wollte, dass die rumänischen Truppen auf der Krim in einem zweiten Stalingrad untergehen. Hitler nahm keine Rücksicht auf seinen Bundesgenossen, obwohl Antonescu ein militärischer Fachmann war. Für Koalitionskriege zeigte sich der eigensinnige Hitler völlig ungeeignet. Hitler scheute die Räumung der Halbinsel Krim, weil er befürchtete, dass in diesem Fall die noch neutrale Türkei in das Lager der Alliierten wechseln würde. Er wollte auch verhindern, dass die russische Luftwaffe von der Krim aus die rumänischen Erdölanlagen angreift.
Hitlers Starrsinn führte dazu, dass die Masse der 17. Armee auf der Krim unterging und nur ein kleiner Teil über See gerettet werden konnte.

28. Die Festen Plätze

An der Ostfront ließ die Rote Armee ab 1943 mehrmals im Jahr Offensiven abrollen gegen deutsche Frontabschnitte, die den Russen in der Regel beträchtliche Raumgewinne einbrachten. Das ärgerte Hitler sehr. Er suchte nach einer Möglichkeit, dem Russen die Rückeroberung von Gebieten zusätzlich zu erschweren. Das Problem wollte er lösen durch die Einrichtung sogenannter "Fester Plätze" (Führerbefehl vom 8. März 1944). Größere Städte, die an Verkehrsknotenpunkten lagen, wurden mit kampfkräftigen Besatzungen versehen, die sich bei einem übermächtigen Feindangriff überrollen lassen mussten, um als Wellenbrecher und Pfahl im Fleische des Gegners zu wirken. Die zu Festen Plätzen erklärten Städte sollten als Verkehrsdrehscheibe für die Bewegungen der Feindverbände nicht benutzbar sein. Bei den Festen Plätzen handelte es sich im Allgemeinen um Städte ohne irgendeine Befestigung. Der Russe stieß in der Regel an den Festen Plätzen vorbei. Die Chancen, diese eingeschlossenen Festen Plätze alsbald wieder zu entsetzen, waren von vornherein gering. Ansonsten hätte man eher über dieses Konzept reden können. Die Verteidigung eines Festen Platzes galt als Himmelfahrtskommando und war vom General bis zum einfachen Mann gefürchtet. Auf längere Sicht standen die Garnisonen der Festen Plätze auf verlorenem Posten. Wehe den Verteidigern, die ihren Festen Platz zu früh aufgaben und nach Westen durchzubrechen versuchten. Ihnen drohte das Kriegsgericht, denn Hitlers besonderes Augenmerk galt den Festen Plätzen. Den meisten Verteidigern der Festen Plätze blieb daher die gefürchtete russische Gefangenschaft nicht erspart. In der Regel konnten sich nur wenige zu den deutschen Linien durchschlagen. Hitler brachte seine Soldaten ohne Mitgefühl immer wieder in solche hoffnungslose Situationen. Wären die Festen Plätze tatsächlich Festungen gewesen, hätte man Hitlers Wellenbrecherdoktrin leichter nähertreten können. Richtige Festungen sind fortifikatorische Bollwerke mit weitreichender, schwerer Artillerie, Vorwerken, großen Vorräten und einer starken Hauptreserve für Ausfälle gegen den Feind. Eine Festung muss einer monatelangen Belagerung trotzen können. Von diesem Bild waren Hitlers Feste Plätze meilenweit entfernt. Das Konzept der Festen Plätze bewährte sich nicht, doch Hitler behielt unbeirrt daran fest. Die düsteren psychologischen Auswirkungen auf seine Truppe störten ihn offenbar nicht.

29. Der Düsenjäger Me 262

Der deutsche Flugzeugkonstrukteur Messerschmidt stellte 1943 mit der Me 262 den ersten Düsenjäger der Welt vor, der aufgrund seiner Schnelligkeit allen Feindflugzeugen überlegen war. Hitler zeigte sich sehr angetan von diesem Modell, das sich als Ersatz für den veralteten Jäger Me 109 anbot. Anstatt die Me 262 in großen Stückzahlen gegen die alliierten Bombergeschwader einzusetzen, wollte Hitler am 26. November 1943 die Umrüstung des Düsenjägers zu einem Jagdbomber für Einsätze gegen London. Die Luftwaffenexperten protestierten und forderten die ausschließliche Verwendung als Jäger, um sich endlich Luft zu verschaffen im Kampf gegen die erdrückend überlegene Air Force der Anglo-Amerikaner.

Doch bei Hitler kamen sie damit nicht durch. Als die Erörterungen in der Luftwaffe nicht verstummen wollen, verbot Hitler am 5. Dezember 1943, über die Me 262 als Abfangjäger zu diskutieren oder sie in dieser Eigenschaft zu verlangen. In blinder Rachsucht wollte er unbedingt die Luftangriffe der Engländer auf Deutschland vergelten. Dafür schien ihm die Me 262 als Jagdbomber gerade recht zu sein. Doch für den Transport von geeigneten Bomben gegen englische Städte zeigte sich die Me 262 als zu schwach. Sie konnte bestenfalls zwei kleinere Sprengkörper mitführen. Für ein wirksames Bombardement von Städten war das völlig unzureichend. In dieser Form wäre der Jagdbomber Me 262 für die taktische Unterstützung von Erdtruppen geeignet gewesen.

Die Umrüstungsidee Hitlers erwies sich als gravierender Fehler. Er hätte 1944 die Me 262 in höchst möglicher Zahl als Jäger gegen die alliierten Bomberpulks einsetzen müssen, um den Feind durch hohe Verluste von weiteren Angriffen abzuschrecken.

Hitler hätte sich an den Vortrag von Oberst Christiansen, Luftwaffenverbindungsoffizier im Wehrmachtsführungsstab, erinnern müssen, der am 25. Juli 1943 auf die Schwäche der Luftabwehr, insbesondere mit den herkömmlichen Mitteln, wie folgt hinwies:

"Durch die Jäger und Flak allein, das sieht man, kann man dem Gegner nicht genug Verluste zufügen. Er hat von 400 - 500 Flugzeugen 12 verloren. Rechnen wir das Doppelte, was noch unterwegs verloren geht, so ist das noch immer kein Prozentsatz der ausreicht, um diese Angriffe so blutig für ihn zu machen, dass er sie einstellt."

Diese Schwäche der deutschen Luftabwehr wäre mit dem Jäger Me 262 überwindbar gewesen.

Der Generalstabschef der Luftwaffe Kreipe erreichte schließlich am 30. August 1944 bei Hitler, dass jede 20. Me 262 zur Erprobung als Abfangjäger gebaut werden durfte anstatt als Jagdbomber.

Erst Ende 1944 gelang es, ein Düsenjägergeschwader aufzustellen. Doch dieser Schritt kam zu spät, um das Blatt noch zu wenden.

Diese Fehlentscheidung Hitlers erstaunt, da er auf technischem Gebiet in der Regel ein gutes Gespür für die Wirkung von Waffen gezeigt hatte, z. B. bei der Einführung der schweren Pak 7,5 cm und der langen Panzerkanone.

30. Die Invasion 1944

a) Nach dem Westfeldzug 1940 wurde Frankreich von deutschen Truppen besetzt mit Ausnahme des Gebietes der von Deutschland abhängigen Vichy-Regierung im Südosten.

Seit 1942 forderte Stalin immer drängender von den Westalliierten die Errichtung einer Front in Frankreich, um nicht allein die Hauptlast des Krieges gegen die Nazis tragen zu müssen. Von England aus erfolgten 1942 Landungen schwacher Kräfte bei St. Nazaire (28. März 1942) und Dieppe (19. August 1942), die von den deutschen Truppen abgewehrt werden konnten. Als sich die amerikanischen Verbände im November 1942 in Nordafrika ausschifften, um Rommel zu schlagen, besetzten die Deutschen schlagartig das Gebiet des Freien Frankreichs und sicherten die Mittelmeerküste zwischen Menton und Perpignan.

b) Die Anglo-Amerikaner begannen 1943 mit der Zusammenziehung von Truppenverbänden, insbesondere im Südwesten von England, um die Invasion in Frankreich vorzubereiten, wie sie es Stalin versprochen hatten. Am Kanal kamen als Landungsplätze der Pas de Calais und die Seine-Bucht in Betracht. Mit einer sekundären Invasion an der französischen Mittelmeerküste musste gerechnet werden. Der Hauptschlag stand aber zunächst am Kanal zu erwarten.

Die engste Stelle des Kanals befindet sich zwischen Dover und Calais (Überfahrt 60 Minuten). Die relativ geringe Entfernung von 40 Kilometern versprach einer Invasionsarmee kurze Transport- und Nachschubwege sowie eine entsprechend erleichterte Unterstützung durch die Luftstreitkräfte.

Andererseits fehlten im Raum von Dover größere Häfen, von denen aus eine Invasion leichter durchzuführen ist.

Außerdem konnten die Deutschen von Calais aus die gegenüber liegende englische Küste relativ gut beobachten.

Bei einer Landung am Pas de Calais hätten die Westalliierten nur einen kurzen Weg gehabt bis zur Reichsgrenze.

c) Hitler ließ an den potentiellen Landungsstellen am Kanal Küstenbefestigungen bauen mit Schwergewicht bei Calais. Dort erwartete er die Invasion in erster Linie. Der sogenannte Atlantikwall bestand aus einer Bunkerkette in Strandnähe mit Geschützstellungen und Sperranlagen. Eine dahinter liegende Abwehrzone mit tief gestaffelten Verteidigungseinrichtungen gab es nicht. Der Atlantikwall war Mitte 1944 erst zum Teil fertiggestellt. Die Bautruppen der "Organisation Todt" hatten am Pas de Calais etwa zwei Drittel der geplanten Befestigungen, an der Seine-Bucht jedoch nur ein knappes Fünftel errichtet. Die NS-Propaganda ließ aber den Atlantikwall als unüberwindliches Bollwerk erscheinen. Hinzu kam, dass die dort eingesetzten Truppen von dem äußerst populären Feldmarschall Rommel geführt wurden, der großes Vertrauen genoss in Heer und Volk.

d) Die Heeresfront im Westen stand unter dem Oberbefehl von Feldmarschall von Rundstedt (Oberbefehlshaber West).Er verfügte über zwei Heeresgruppen und die Panzergruppe West (bei Paris).
Rommel führte in Nordfrankreich die Heeresgruppe B, der die Verteidigung des Atlantikwalls oblag. Die Heeresgruppe bestand aus der 7. und 15. Armee. Die 7. Armee (Generaloberst Dollmann) war mit ca. 16 Infanteriedivisionen westlich von Trouville eingesetzt zum Schutz der normannischen und bretonischen Küste. Zwischen Trouville und Schelde stand die 15. Armee (Generaloberst von Salmuth) mit ca. 20 Infanteriedivisionen.
In Südfrankreich befehligte Generaloberst Blaskowitz die Heeresgruppe G, der die 1. und 19. Armee nachgeordnet waren. Die 1. Armee lag mit 5 Infanterie- und 3 Panzerdivisionen im Südwesten von Frankreich, während die 19. Armee mit 8 Infanteriedivisionen und einer Panzerdivision im Südosten Frankreichs eingesetzt war.

e) Die 10 gepanzerten Divisionen der Westfront standen kurz vor der Invasion wie folgt:

1. SS-Panzerdivision in Beverloo, Belgien
2. Panzerdivision im Raum Amiens - Abbéville
116. Panzerdivision ostwärts Rouen (nördlich der Seine)
12. SS-Panzerdivision bei Lisieux
21. Panzerdivision bei Caen
Panzer-Lehr-Division im Raume Le Mans - Orléans - Chartres
17. SS-Panzergrenadierdivision um Saumur - Niort - Poitiers
11. Panzerdivision um Bordeaux
2. SS-Panzerdivision um Montauban - Toulouse
9. Panzerdivision um Avignon - Nîmes - Arles.

Der Heeresgruppe B unterstanden die 2., 21. und die 116. Panzerdivision.
Die Panzer-Lehr-Division, die 1. und die 12. SS-Panzerdivision unter dem Kommando der Panzergruppe West sowie die 17. SS-Panzergrenadierdivision bildeten die OKW-Reserve, über die der Oberbefehlshaber West nur mit Genehmigung aus dem Führerhauptquartier verfügen konnte.
Die 9. und 11. Panzerdivision sowie die 2. SS-Panzerdivision sollten in Südfrankreich zum Schutz der Mittelmeerküste bereitstehen.
Die 19. Panzerdivision befand sich zur fraglichen Zeit in Holland, war aber noch nicht einsatzfähig. Merkwürdigerweise wurde sie Mitte Juli 1944 an die Ostfront verlegt. Ihr Einsatz in der Normandie wäre naheliegender gewesen.
Mit Ausnahme der 1943/44 neu aufgestellten Panzer-Lehr-Division, der 21. Panzerdivision, der 12. SS-Panzerdivision und 17. SS-Panzergrenadierdivision han-

delte es sich bei den Panzerverbänden der Westfront um abgekämpfte Divisionen aus dem Osten. Diese mussten innerhalb weniger Monate aufgefrischt, ergänzt und für den Kampf auf dem neuen Kriegsschauplatz ausgebildet werden.
Die 2. SS-Panzerdivision und die 17. SS-Panzergrenadierdivision waren im Juni 1944 noch nicht vollzählig mit Kraftfahrzeugen ausgerüstet.

f) Die Infanteriedivisionen in Frankreich stellten sich in ihrem Kampfwert als zweitklassig dar, wenn man einmal absieht von der 2., 3. und 5. Fallschirmjägerdivision sowie der 91. Luftlandedivision.
Jodl hielt keine dieser Infanteriedivisionen für ostfronttauglich. Das besagt schon einiges. Ihre Soldaten waren im Allgemeinen zu alt, teilweise durch gesundheitliche Beeinträchtigungen nur beschränkt einsatzfähig, schlecht ausgebildet und ausgerüstet. Diese Verbände entsprachen etwa dem Bild einer pferdebespannten Infanteriedivision am Ende des Ersten Weltkrieges. Von den ca. 49 Infanteriedivisionen befanden sich sechs zu Beginn der Invasion noch in der Ausbildung, davon fünf in Südfrankreich. Bei einigen Infanteriedivisionen handelte es sich um bodenständige Verbände, die mangels Beweglichkeit an einen bestimmten Verteidigungsabschnitt gebunden waren. Das von den Militärs beklagte Fehlen von Fahrzeugen tat Hitler als unwesentlich ab, denn zur Abwehr der Invasion genüge es, wenn sich der Soldat in seinem Bunker totschlagen lasse. Die menschenverachtende Einstellung des Obersten Kriegsherrn verschlägt einem die Sprache.

g) Hitler wusste um die ungeheure Gefährlichkeit der Invasion. In seiner Weisung Nr. 51 vom 3. November 1943 hatte er eingeräumt, dass im Falle des Gelingens der alliierten Landung der Krieg verloren sei. Hitler war also klar, dass es in diesem Kampf um Sein oder Nichtsein geht. 1944 musste auf deutscher Seite fest mit der Invasion gerechnet werden. Nach den meteorologischen Verhältnissen kamen die Monate Mai bis August dafür in Frage. Für Hitler gab es gar keinen Zweifel, dass im Frühjahr der Angriff im Westen kommen werde. Die Westfront war daher gehalten, ihre Verteidigungsvorbereitungen bis zu diesem Zeitpunkt im wesentlichen abzuschließen.

Der deutsche Geheimdienst und die Aufklärung von Luftwaffe und Marine zeigten sich nicht in der Lage, den alliierten Landeplatz herauszufinden. Bis zur letzten Minute mussten der Pas de Calais und die Seine-Bucht ins Kalkül gezogen werden, wobei eine der gleichzeitig oder nacheinander geführten Operationen der Ablenkung und Täuschung dienen konnte. Für die Deutschen kam es entscheidend darauf an, innerhalb kurzer Zeit zwischen Schein und Sein zu unterscheiden, um ihre Truppen so rasch wie möglich an der Stelle der eigentlichen Invasion zu konzentrieren.

Die alliierten Landungstruppen waren mit Masse im Südwesten Englands und Wales versammelt. Von dort aus konnte man per Schiff viel eher die Seine-Bucht erreichen als den Pas de Calais, der noch dazu den stärksten Abschnitt des Atlantikwalls bildete. Diese Umstände sprachen mehr für die Landung in der Seine-Bucht, die eine Art großen Naturhafen bildet, gut geeignet für riesige Schiffsansammlungen, wie sie eine solche außergewöhnliche Operation erfordert. Bei den die Invasion vorbereitenden Luftangriffen der Alliierten fiel auf, dass sie sich bevorzugt gegen Verkehrsverbindungen von und zur Normandie richteten.

Trotz alledem konnte eine Landung am Pas de Calais nicht ausgeschlossen werden.

Rommel war nach anfänglichem Schwanken schließlich fest überzeugt davon, dass die Invasion in der Seine-

Bucht stattfinden würde, während sie Hitler am Pas de Calais erwartete, obwohl er zunächst rein intuitiv an einen Angriff in der Normandie gedacht hatte.

h) Die Kriegsmarine verfügte im Juni 1944 an der französischen Westküste über 4 Zerstörer, 5 Torpedoboote, 37 Unterseeboote, 9 Vorpostenboote, 35 Schnellboote und ca. 160 Minensuchboote. Von den Unterseebooten war nur ein Viertel seeklar. Im Falle der Invasion musste mit dem Aufmarsch einer großen Feindflotte gerechnet werden. Die Wirkungsmöglichkeiten der schwachen deutschen Seestreitkräfte waren daher als sehr begrenzt anzusehen, zumal auch Angriffe der Air Force zu erwarten standen. Das schloss aber den einen oder anderen Erfolg gegen die Invasionsarmada nicht aus.

In Frankreich taten über 96 000 Marinesoldaten Dienst. Ein solcher Personalaufwand war bei den wenigen und relativ kleinen Schiffen nicht gerechtfertigt. Hitler hätte eigentlich lange vor der Invasion kräftig auskämmen müssen, um zusätzliche 40 000 bis 50 000 Mann zu gewinnen für die von der Heeresgruppe B zu schlagenden Entscheidungsschlacht an der Kanalküste (ca. 4-5 zusätzliche Divisionen).

i) Bei der Luftwaffe in Frankreich herrschten zur fraglichen Zeit insofern noch schlimmere Zustände. Das Bodenpersonal unfasste mehr als 337 000 Mann, die sich um ca. 800 Flugzeuge kümmerten. Davon waren am 6. Juni 1944 nur 70 Jäger und 90 Bomber einsatzbereit. Mit dieser geringen Zahl von Maschinen konnte gegen die haushoch überlegenen anglo-amerikanischen Luftflotten wenig ausgerichtet werden.

Auf jeden Fall hätte Hitler aus dem Personalüberhang der Bodenorganisation ca. 200 000 Mann rechtzeitig vor der Invasion dem Westheer zur Verfügung stellen können.

Auf diese Weise wäre es ganz leicht möglich gewesen, alle Divisionen auf volle Kriegsstärke zu bringen.

Zusammenfassend muss gesagt werden, dass die deutschen Landstreitkräfte in Frankreich von der Marine und der Luftwaffe keine große Unterstützung bei der Abwehr der Invasion erwarten konnten.

Der Totalausfall der Luftwaffe führte auf deutscher Seite schließlich zu dem Befehl, auf alle Flugzeuge sofort das Feuer zu eröffnen, da es sich nur um feindliche handeln könne.

j) Auf deutscher Seite erhob sich die Frage, wie der Abwehrkampf gegen die Invasionskräfte zu führen sei.

Rundstedt wollte den Feind landen lassen, um ihn dann im Landesinneren insbesondere mit Hilfe der Panzerdivisionen zu schlagen, wobei er auf die Überlegenheit der deutschen Führung im Bewegungskrieg setzte. Auch Hitler neigte anfangs dieser Ansicht zu, doch schließlich wollte er die Entscheidung allein an der Küste suchen. Er äußerte, dass es in Frankreich keinesfalls zu einem Bewegungskrieg kommen dürfe, weil die Alliierten darin den Deutschen bei weitem überlegen seien. Damit meinte er wohl das materielle Übergewicht der Anglo-Amerikaner. Diese sollten im Landekopf zermürbt und geschlagen werden.

Die von Rundstedt vorgeschlagene Idee der operativen Verteidigung wurde geteilt von Geyr, dem Führer der Panzergruppe West, und anscheinend auch von Guderian, dem Generalinspekteur der Panzertruppen. Rundstedts Konzept hätte jedoch die günstigen Möglichkeiten verschenkt, die ein Verteidiger in einer Küstenschlacht hat, für die Hitler mit großem Aufwand und gewaltigen Anstrengungen den Atlantikwall eigentlich hatte bauen lassen. Es wäre sträflich gewesen, diese Anlagen ungenutzt zu lassen. Trotz Feuerschutz durch Schiffsartillerie und Luftwaffe stellt die erste Phase einer Landeoperation für den Angreifer ein erhebliches Risiko und ein Schwächemoment dar. Solange sich die Landungstruppen noch in kleinen Booten auf dem Wasser befinden, sind sie durch das Feuer der Verteidiger stark gefährdet, ohne sich selbst groß wehren zu können. Auch nach Betreten des Strandes dauert die Schwächephase des Feindes noch an, denn er muss sich erst formieren und ordnen, um den Angriff in das Landesinnere vortragen zu können. Auf jeden Fall darf die Möglichkeit nicht ungenutzt bleiben, dem Feind schon bei der Landung so schwere Verluste beizufügen, dass er eventuell sein Vorhaben aufgibt. Falls die Invasion glückt, sollte der Feind das Festland stark geschwächt betreten, um schließlich von den gepanzerten Stoßreserven ausgeschaltet zu werden.

Gegen Rundstedts Idee von der Feldschlacht im Landesinneren sprach ferner die totale Luftüberlegenheit der Anglo-Amerikaner. Wer gegen den Feind operativ vorgehen will, muss sich auch am Tage bewegen können, und genau das konnten die alliierten Jagdbomber auf deutscher Seite stark einschränken oder sogar verhindern. Im übrigen hätte man für die Feldschlacht ergänzend zu den gepanzerten Kräften auch Infanteriedivisionen gebraucht, denen es aber zum Teil an der erforderlichen Beweglichkeit gebrach (bodenständige Verbände), während die westalliierten Truppen voll motorisiert waren. Es wäre ein ziemlich ungleicher Kampf geworden mit wenig Erfolgsaussichten für das Westheer, trotz besonderer Qualifikation des deutschen Offizierskorps für den Bewegungskrieg.

Aufgrund der deprimierenden Erfahrungen mit der westalliierten Luftüberlegenheit auf dem nordafrikanischen Kriegsschauplatz vertrat Rommel die Auffassung, dass die Invasion nur an der Küste abgewehrt werden könne, wobei die Entscheidung in den ersten beiden Tagen falle. Das Gelingen der Landung sei gleichbedeutend mit der Niederlage Deutschlands. Rommel trat dafür ein, die Divisionen dicht an den landungsgefährdeten Küsten aufzustellen. Das Zuführen abgesetzter Truppenteile am Tage hielt Rommel wegen der feindlichen Luftherrschaft für kaum durchführbar. Seiner Ansicht nach bargen solche Bewegungen die Gefahr schwerster Verluste. Märsche konnten eigentlich nur in den Nächten stattfinden, die aber im Sommer von kurzer Dauer waren. Doch auch Nachtmärsche boten keine absolute Sicherheit. Den feindlichen Jagdbombern standen Leuchtbomben zur Verfügung, mit deren Hilfe sie nächtliche Bewegungen der deutschen Truppen verlustreich stören konnten. Auf jeden Fall waren alle Märsche mit dem Risiko verbunden, dass die Truppe Einbußen erleidet und zu spät am Einsatzort eintrifft. Außerdem musste zusätzlich mit Zerstörung von Brücken und Verkehrsanlagen durch die Air Force gerechnet werden.

In diesem Zusammenhang kam es zum Streit über die Aufstellung der gepanzerten Divisionen. Rommel, der die Invasion allein an der Seine-Bucht erwartete, wollte sie dort in Küstennähe bereit halten. Hitler und Rundstedt glaubten fest daran, dass die Invasion nur am Pas de Calais erfolgen könne. Schließlich setzten sich Hitler, Rundstedt, Geyr und Guderian mit der Auffassung durch, dass die Panzerreserven soweit rückwärts bereit stehen müssen, damit sie je nach Bedarf am Pas de Calais oder in der Normandie eingesetzt werden können. Der Verfügungsraum für die Masse der gepanzerten Kräfte in Nordfrankreich befand sich westlich von Paris.

Guderian und Geyr konnten sich bei Hitler nicht durchsetzen mit dem Vorschlag, die Panzerkräfte in zwei Gruppen zu teilen, um eine nördlich und die andere südlich von Paris bereitzuhalten.

k) Der mit 10 gepanzerten Verbänden eher spärlich bedachte Oberbefehlshaber West musste davon vier dem Oberkommando der Wehrmacht als Reserve zur Verfügung stellen. Rundstedt konnte sie nur mit Zustimmung Hitlers einsetzen. Erfahrungsgemäß erfolgte die Freigabe solcher Reserven zögerlich bzw. zu spät und nur in Raten, obwohl es in derartigen Situationen meist auf schnelles Handeln mit massiven Kräften ankommt.

l) Letztlich bestätigte der Verlauf der Invasion die Rommel'schen Thesen, worauf noch einzugehen ist. Das mag für den Nichtgeneralstäbler Rommel eine nachträgliche Genugtuung gewesen sein, den die Absolventen der Kriegsakademie Nase rümpfend für einen Amateurstrategen hielten, der selbst als Feldmarschall nicht über das Niveau eines Divisionskommandeur hinausgekommen sei. So dachte auch von Rundstedt.

m) Sinnvoll wäre es gewesen, von den 10 Panzerdivisionen der Westfront vier an der Küste von Calais und sechs dicht an der Seine-Bucht bereit zu stellen, um diese Hauptstoßreserve ohne lange Marschbewegung sofort in den Kampf werfen zu können. Auf Schnelligkeit kam es an bei der Abwehr der Invasion.
Vor den gepanzerten Kräften hätten die Infanteriedivisionen an der Küste in Stellung gehen müssen. Das Zusammendrängen vieler Truppen auf engem Raum wäre bei Bombardements aus der Luft oder von See her mit einem höheren Risiko verbunden gewesen. Andererseits hätten sich weit abgesetzte Kräfte bei der Zuführung in den Kampfraum einer ähnlichen Gefahr ausgesetzt.

n) In Anbetracht der bevorstehenden Invasion setzten sich Rundstedt und Rommel für die Rücknahme der deutschen Truppen aus Südfrankreich ein, doch Hitler lehnte ab. Getreu seiner Gewohnheit wollte er kein Gebiet freiwillig aufgeben. Die Evakuierung der deutschen Verbände aus Südwestfrankreich (5 Infanteriedivisionen, 3 gepanzerte Divisionen) hätte man schon in Erwägung ziehen sollen, denn dort war mit Landungen der Alliierten nicht ohne weiteres zu rechnen. Vielleicht wären einige Landesschützen- und Polizeibataillone ausreichend gewesen, um eine gewisse militärische Präsenz an der Küste zu demonstrieren. Das Landesinnere hätte man aus Kräftemangel der Resistence überlassen müssen. Die Truppen der 1. Armee aus Südwestfrankreich wären eine wesentliche Verstärkung der Kanalfront gewesen.

Etwas anders musste die Lage an der französischen Mittelmeerküste beurteilt werden. Ein Rückzug aller deutscher Truppen nach Norden wäre von der Resistence sofort den Westalliierten mitgeteilt worden. Diese hätten das deutsche Verhalten als Einladung gewertet, um von Italien aus mühelos in dieses Vakuum hineinzustoßen, eventuell noch vor Beginn der Invasion am Kanal. Ein solcher "Liebesdienst" für den Feind lag nicht im deutschen Interesse. Zum Schutz der französischen Mittelmeerküste hätte man 4 Infanteriedivisionen belassen sollen, um Abwehrbereitschaft vorzutäuschen. Für die Verlegung an die Kanalküste wären die restlichen 3 bis 4 Infanteriedivisionen und die 9. Panzerdivision in Betracht gekommen zur Verstärkung der dortigen Front.

Doch Hitler konnte sich nicht zur Konzentration der Masse seiner Divisionen an der kriegsentscheidenden Kanalfront entschließen unter Vernachlässigung weniger wichtiger Abschnitte in Südfrankreich. An der Verteilung der Verbände südlich der Loire (4 gepanzerte Divisionen und 13 Infanteriedivisionen) ließ Hitler keine Veränderung zu. Er wollte eben alles schützen. Dabei übersah er den schon dem Alten Fritz geläufigen Grundsatz: *"Wer alles defendieren will, defendiert gar nichts."* Diesen Gedanken hätte Hitler auch aus der Vorschrift über die Truppenführung (HDv. 300/1) entnehmen können, wo in Nummer 28 steht:

"An der entscheidenden Stelle kann man nie stark genug sein. Gegen diese Grundregel verstößt, wer überall sichergehen will oder Kräfte in Nebenaufgaben festlegt."
Doch die Wahrheit holte Hitler ein. Nach Beginn der Invasion musste er notgedrungen 3 gepanzerte Divisionen und 5 Infanteriedivisionen aus Südfrankreich abziehen und an die Seine-Bucht werfen, und siehe da, das Leben im Midi ging auch ohne diese Verbände weiter. Die von Hitler zu spät verlegten Truppen konnten an der Kanalfront das Blatt nicht mehr wenden.

o) Beim Armee-Oberkommando 7 waren die Infanteriedivisionen wie folgt verteilt:

Calvados-Küste (Seine-Bucht):
716., 352., Fallschirmjäger-Regiment 6, 30. schnelle Brigade
Halbinsel Cotentin:
709., 91., 77., 243.
Bretagne:
2. Fallschirmjäger-Division, 3. Fallschirmjäger-Division, 5. Fallschirmjäger-Division, 266., 343., 353., 265., 275.
Kanalinseln:
319. mit einer Flak-Brigade.

Weder Rundstedt noch Rommel konnten ohne Einverständnis Hitlers an der Verteilung dieser Verbände etwas ändern.

p) An der Calvados-Küste musste mit der Landung der Westalliierten gerechnet werden, wie dann auch geschehen.
Unverständlicherweise teilten sich diesen ca. 50 km breiten Abschnitt nur zwei Infanteriedivisionen, nämlich die 716. und 352. Nach den Erfahrungen des Ersten Weltkrieges war eine im Brennpunkt eingesetzte Divisi-

on in der Lage, einen Abschnitt von vier bis sechs Kilometer zu verteidigen.

Die 716. Infanteriedivision setzte sich überwiegend aus Landesschützen zusammen, also aus älteren Jahrgängen. Bei der 352. Infanteriedivision handelte es sich um einen Verband mit etwas höherem Kampfwert.

Letztlich gehörten diese Landesschützen wegen ihrer vergleichsweise beschränkten Abwehrkraft nicht an die Stelle, wo es um den höchsten Einsatz geht. Dort hätte man die 3 Fallschirmjäger-Divisionen als Eliteverbände einsetzen müssen, um die Invasion möglichst schnell abzuweisen

Es wäre ratsam gewesen, von den 5 Infanteriedivisionen in der Bretagne nur eine als Besatzung zu belassen und die verbleibenden 4 noch im Mai 1944 an die Seine-Bucht zu verlegen, um sie sofort griffbereit zu haben gegen die Invasion.

In gleicher Weise hätte man verfahren müssen mit den 4 Infanteriedivisionen auf der Halbinsel Cotentin. An die Seine-Bucht hätte auch die auf den Kanal-Inseln liegenden 319. Infanteriedivision gehört nebst Flak-Brigade. Einen diesbezüglichen Vorschlag Rommels lehnte Hitler ab, was unbegreiflich erscheint.

Die Alliierten kümmerten sich nicht um diese Division, die am 9. Mai 1945 kapitulierte, ohne der Westfront irgendeinen Nutzen gebracht zu haben.

Rommels Antrag, ihm das in Nordfrankreich verteilt liegende III. Flak-Korps zu unterstellen für die Abwehr der Invasion, wurde von Göring abgelehnt. Hitler griff nicht zu Gunsten Rommels ein, obwohl ein so starker Flak-Artillerie-Verband wegen seiner enormen Feuerkraft gerade am Beginn der Feindlandung gute Dienste hätte leisten können. Besonders die 8,8-cm-Geschütze waren beim Gegner gefürchtet ob ihrer Durchschlagkraft und Treffsicherheit auf große Entfernung. Das galt insbesondere für den Kampf gegen Panzer. Mit erheblicher Verspätung kam das III. Flak-Korps doch noch an die Invasionsfront, aber da waren die Würfel schon gefallen.

Das Armee-Oberkommando 7 wäre aus eigener Kraft in der Lage gewesen, von seinen 16 Infanteriedivisionen mindestens 14 an der Seine-Bucht zu konzentrieren.

Die mögliche Verstärkung durch ca. 10 Infanteriedivisionen aus Südfrankreich hätte die Zahl der Infanterieverbände an der Calvados-Küste auf 24 erhöht.

Auf diese Weise wäre es möglich gewesen, in einer Frontlinie von ca. 100 km 20 Infanteriedivisionen einzusetzen, jede mit einer Abschnittsbreite von etwa fünf Kilometer, was idealen Verhältnissen nahekommt.

Mit den verbleibenden 4 Infanteriedivisionen und 6 Panzerdivisionen in der zweiten Linie hätte man die Kampfkraft der 7. Armee insgesamt wesentlich verstärken und damit die Aussicht auf Abwehr der Invasion verbessern können.

q) Die 15. Armee mit ihren 20 Infanteriedivisionen musste sich insbesondere am Pas de Calais konzentrieren, einer potentiellen Landestelle. Ihr hätte man 4 Panzerdivisionen als Stoßreserve in Küstennähe zur Verfügung stellen können.

r) Mit dieser Truppenverteilung wäre unter den gegebenen Umständen an den beiden möglichen Invasionsabschnitten eine wesentlich bessere Ausgangslage geschaffen worden im Vergleich mit Hitlers Konzeption.

Im übrigen hätte Hitler Anfang 1944 zur Verstärkung der Westfront folgende Truppen von anderen Kriegsschauplätzen abziehen können:

2 Divisionen aus Italien
3 Divisionen aus Norwegen
2 Divisionen aus Griechenland (Kreta)
1 Division aus Dänemark

1 Division aus Holland.

Für die Abwehr der Invasion musste man anderswo ein höheres Risiko eingehen.

Aus Lappland durften keine deutschen Divisionen nach Frankreich verlegt werden, weil sonst Finnland abtrünnig geworden wäre.

Auch die unter starkem russischen Druck stehende Ostfront hätte keine Verbände für den Westen abgeben können.

Mit der Verlegung von weiteren 9 Divisionen an die Invasionsfront wäre die Aussicht auf einen Abwehrerfolg verstärkt worden.

Doch mit dem starrsinnigen Hitler war eine solche Konzentration der Kräfte an der entscheidenden Stelle nicht zu machen. Hitler traf halbherzige Maßnahmen in einer Lage, die nach großen Entscheidungen verlangte. Nur durch Masse konnte die Abwehr der Invasion gelingen. Im Falle eines Mißerfolges der Westalliierten hätte Hitler mindestens ein Jahr Zeit gehabt, um mit dem Feind im Osten abzurechnen, denn ein solch kompliziertes Unternehmen wie die Invasion kann man nicht kurzfristig wiederholen.

Dieses Ergebnis wäre den allerhöchsten Einsatz wert gewesen.

s)   Die Abwehr an der Westfront erforderte das Zusammenwirken vieler Kommandobehörden und sonstiger Dienststellen.

Als ein guter Stratege hätte Hitler dort für straffe Befehlsverhältnisse sorgen müssen, um eine reibungslose Koordination der Anstrengungen aller Beteiligten sicherzustellen. Es wäre naheliegend gewesen, dem Oberbefehlshaber West alle für seinen Kampfauftrag wichtigen Verbände und Behörden zu unterstellen. Das tat Hitler jedoch nicht. Seiner Art entsprechend ließ er es auch im Westen zu einem Kompetenzwirrwarr kommen. Die beiden Militärbefehlshaber für Frankreich bzw. Nordfrankreich und Belgien unterstanden zum Teil dem Oberkommando der Wehrmacht und zum Teil dem Oberbefehlshaber West. Marine, Luftwaffe, Polizei, SS und SD sowie die Organisation Todt hatten eigene Befehlswege. Die Koordination war schwierig. Reibungen minderten die Effizienz der Kriegsführung.

Die Feuerleitung im Kampf gegen die noch auf dem Wasser befindlichen Invasionsstreitkräfte beanspruchte die Marine. Nach der Landung sollte sie auf das Heer übergehen.

Einen Teil seiner Panzerdivisionen musste der Oberbefehlshaber West als OKW-Reserve Hitler zur Verfügung stellen, um deren Freigabe Rundstedt später betteln durfte.

t) In der Nach vom 5. auf 6. Juni 1944 nahm die westalliierte Landungsflotte von England aus Kurs auf die Seine-Bucht. Der entscheidende Tag im Westen (D-day = decision day) der Operation "Overlord" war angebrochen. Trotz relativ rauher See, welche die Landung zu erschweren drohte, hatte sich Eisenhower zu dem weltbewegenden Schritt entschlossen. Der nächste günstige Zeitpunkt für eine Invasion wäre aus meteorologischer Sicht erst einen Monat später gewesen. Solange wollte Eisenhower nicht mehr warten. Er konnte die Deutschen in zweifacher Hinsicht überraschen.

Erstens rechneten sie wegen der etwas unruhigen See nicht mit einer Invasion. Zweitens glaubten sie nicht an eine Landung in der Seine-Bucht, sondern erwarteten sie eher am Pas de Calais. Wegen des ungünstigen Wetters hatten sich die Deutschen in Sicherheit gewähnt und in sträflicher Weise keine See- und Luftaufklärung angesetzt, obwohl die Vollmondnacht gute Sichtverhältnisse bot.

Merkwürdigerweise fand auch die deutsche Funkaufklärung keine Anzeichen für die bevorstehende Invasion. Eigentlich hätte sich am D-day ein verändertes Funkbild auf der Feindseite ergeben müssen trotz der Bemühungen des Gegners, alle Auffälligkeiten im Funkverkehr zu vermeiden.

Den höheren deutschen Offizieren im Westheer muss man im Zusammenhang mit der Invasion eine schlechte Dienstauffassung bescheinigen. Da wurde jahrelang auf die Abwehr einer feindlichen Landung hingearbeitet, und als ein ernsthaft in Betracht kommender Zeitraum von nur wenigen Tagen für die Invasion heranstand, waren die wichtigsten Führer nicht auf ihren Posten. Wie konnte man sich nur darauf verlassen, dass der Feind wegen des etwas stärkeren Seeganges nicht angreifen werde. Schließlich waren Briten und Amerikaner seefahrende Nationen. Man darf den Feind nicht über- aber auch nicht unterschätzen. Es musste ins Kalkül gezogen werden, dass der Feind gerade bei nicht so günstigem Wetter angreift, um zu überraschen. Auf jeden Fall hätten die deutschen Truppenführer zur fraglichen Zeit auf ihren Gefechtsständen sein müssen bis zum Wegfall der Gefahr. Erst danach konnte man sich auch wieder anderen Tätigkeiten widmen. Doch was taten die Verantwortlichen? Rommel begab sich am 5. Juni 1944 auf Heimaturlaub, um den 50. Geburtstag seiner Frau zu feiern. Das hätte er nicht tun dürfen in einer solch gespannten Zeit. Als ihm in Herrlingen die Invasion telefonisch gemeldet wurde, sagte er wiederholt: *"Wie dumm von mir."* Hitler und Rundstedt hätten den Urlaubswunsch ihres Untergebenen Rommel ablehnen müssen. Doch was kann man von Rundstedt erwarten, der am 6. Juni 1944 Befestigungen des Atlantikwalls inspizierte, also auch nicht auf dem "qui vive" war. Der Oberbefehlshaber der 15. Armee, von Salmuth, jagte während der fraglichen Zeit in den Ardennen, während Generaloberst Dollmann, Führer der 7. Armee, in Rennes weitab von der Seine-Bucht ein Kriegsspiel abhielt mit seinen Divisionskommandeuren. Generalmajor Feuchtinger, Kommandeur der 21. Panzerdivision, befand sich zu seinem Vergnügen in Paris. Sepp Dietrich, Befehlshaber des I. SS-Panzerkorps, hielt sich in Brüssel auf. Der Oberbefehlshaber der Kriegsmarine, Dönitz, hatte unbegreiflicherweise Urlaub, obwohl seine Seestreitkräfte eine Rolle spielen sollten bei der Abwehr der Invasion. Der Marinebefehlshaber West, Kranke, führte eine Inspektion des Kriegshafens Bordeaux durch.

Im Hinblick auf diese dienstlichen Verfehlungen wäre eine disziplinäre Untersuchung angezeigt gewesen.

Die alliierten Luftlandetruppen wurden gegen Mitternacht hinter den deutschen Verteidigungslinien an der Seine-Bucht abgesetzt. Es handelte sich um zwei bis drei Divisionen. Die deutsche Führung im Westen blieb zunächst skeptisch, obwohl das massierte Auftreten solcher Verbände in der Regel eine Invasion ankündigt. Um 2.15 Uhr meldete der Oberbefehlshaber West dem Oberkommando der Wehrmacht den Angriff der feindlichen Fallschirmjäger.

In den Morgenstunden versammelten die Alliierten in der Seine-Bucht ca. 6 500 Schiffe (u. a. 8 Schlachtschiffe, 22 Kreuzer, 93 Zerstörer, 200 Minensucher, sowie zahllose Transportschiffe und Landungsboote). Unter dem Feuerschutz der schweren Schiffsartillerie und der Air Force begannen gegen 6.00 Uhr die Ausladungen. Die kabbelige See und die heftige deutsche Gegenwehr behinderten die Landung erheblich, doch sie gelang.

Die Invasion erwischte die deutsche Führung kalt. Wie gelähmt schauten die Generäle auf die Seine-Bucht und rätselten unsicher herum, was das Treiben des Feindes wohl bedeute, anstatt entschlossen zu handeln. Die Frage, ob die Landung eine Haupt- oder Nebenoperation darstelle, konnte zunächst auf sich beruhen, denn es handelte sich erkennbar um ein größeres Unternehmen. Der Feind musste auf jeden Fall bekämpft werden und zwar energisch.

Doch die deutschen Gegenmaßnahmen erfolgten schleppend und ziemlich schwunglos. Der am Vormittag noch schlafende Hitler durfte wegen der Landung nicht geweckt werden trotz der eventuell kriegsentscheidenden Bedeutung. Der Oberbefehlshaber West beantragte um 4.00 Uhr die Freigabe der Panzer-Lehr-Division und der 12. SS-Panzerdivision aus der OKW-Reserve. Doch Jodl traute sich nicht, dies in eigener Verantwortung zu tun, um Hitler nicht vorzugreifen.

Hier zeigen sich deutlich die Schwächen einer Diktatur, wenn alle wichtigen Entscheidungen von einer Person abhängen und diese gerade schläft. Ein echter Feldherr hätte größten Wert darauf gelegt, von einem solchen Ereignis ohne Verzug informiert zu werden. Nicht so Hitler.

Am 6. Juni 1944 gegen 16.00 Uhr schienen Hitler und das Oberkommando der Wehrmacht die Handlungsfähigkeit wiedergefunden zu haben. Rundstedt durfte endlich über die beiden Panzerdivisionen aus der OKW-Reserve verfügen, wenn auch mit erheblicher und schädlicher Verzögerung. Hitler war in einer gewissen Weise froh über die Landung, welche die Zeit der Ungewissheit schließlich beendete. Er äußerte über die feindlichen Divisionen: *"Solange sie in England waren, konnten wir sie nicht fassen. Jetzt haben wir sie endlich dort, wo wir sie schlagen können."*

Etwa 3 bis 4 Infanteriedivisionen erwarteten die Landungstruppen an der Seine-Bucht. Weitere Infanteriedivisionen der 7. Armee und Panzerdivisionen mussten erst aus dem Landesinneren an den Invasionsraum herangeführt werden, was wertvolle Zeit kostete. Die auf Caen vorgezogene 21. Panzerdivision konnte als erste noch am 6. Juni 1944 gegen den Landekopf geworfen werden, jedoch ohne durchschlagenden Erfolg. Der Angriff wurde abgebrochen wegen feindlicher Fallschirmjäger im Rükken. Am nächsten Tag erschien die 12. SS-Panzerdivision auf dem Kampfplatz nach 20-stündigem Marsch. Sie war unterwegs laufend von feindlichen Jagdbombern angegriffen worden und hatte Verluste erlitten. Meyer, der schnöselige Kommandeur des Panzerregiments der 12. SS-Division "Hitlerjugend" meinte überheblich: *"Kleine Fische. Wir werden sie am Morgen in die See zurückwerfen."* Doch es kam anders. Der gemeinsame Angriff mit der 21. Panzerdivision blieb im feindlichen Feuer liegen. Am 8. Juni 1944 traf die Panzer-Lehr-Division ein. Auch ihr Angriff lief sich fest, obwohl sie - im Unterschied zu den gewöhnlichen Panzerdivisionen - besonders reichlich mit gepanzerten Fahrzeugen ausgerüstet war. Ein Herauslösen der 3 Panzerdivisionen, um sie für einen gemeinsamen Schlag zusammenzufassen, war infolge des Feinddrucks nicht möglich. Am 8. Juni 1944 setzte Hitler die 2. Panzerdivision, die 2. SS-Panzerdivision und die 116. Panzerdivision in Marsch. Rommel forderte vergeblich bei Hitler die Freigabe der 319. Infanteriedivision nebst einer Flak-Brigade von den Kanal-Inseln, der 4 Infanteriedivisionen auf der Halbinsel Cotentin, der Infanteriedivisionen in der Bretagne sowie von Teilen der 15. Armee. Hitler wollte die U-Boot- bzw. Marinebasen an der bretonischen Küste sichern (Brest, St. Nazaire, Lorient), obwohl der U-Bootkrieg aussichtslos geworden war. Teile der 15. Armee gab Hitler deshalb nicht frei, weil er noch mit einer feindlichen Landung am Pas de Calais rechnete. Die vier Infanteriedivisionen auf der Halbinsel Cotentin (77., 91., 709., 243.) sollten nach Hitlers Meinung den Alliierten den Zugriff auf den Hafen Cherbourg verwehren. Die Festung Cherbourg kapitulierte am 25. Juni

1944 nach Zerstörung der Hafenanlagen, die längere Zeit von den Alliierten nicht benutzt werden konnten.

An der Normandiefront trafen ein:

2. SS-Panzerdivision am 12. Juni 1944 (aus Südfrankreich)

17. SS-Panzergrenadierdivision am 13. Juni 1944 (aus Südfrankreich)

2. Panzerdivision am 13. Juni 1944

116. Panzerdivision am 13. Juni 1944

3. Fallschirmjägerdivision am 13. Juni 1944

1. SS-Panzerdivision am 18. Juni 1944 (aus Belgien)

9. und 10. SS-Panzerdivision Ende Juni 1944 (aus Russland)

9. Panzerdivision am 8. August 1944 (aus Südfrankreich).

Der verspätete und zum Teil sukzessiv erfolgende Einsatz dieser Verbände wirkte sich auf deutscher Seite ungünstig aus.

Die 11. Panzerdivision hatte Hitler in Südfrankreich belassen. Für eine eventuelle Invasion am Pas de Calais standen seit Ende Juni 1944 keine Panzerreserven mehr zur Verfügung. Erst Mitte Juli 1944 hielt die deutsche Führung eine zweite Landung der Alliierten für unwahrscheinlich und gab deshalb einige Divisionen der 15., 1. und 19. Armee frei für die Normandiefront. Die 276. Infanteriedivision braucht z. B. 22 Tage für den Marsch von Bayonne zur Seine-Bucht (650 km).

Das Ganze stand unter dem Motto: "Kleckern statt klotzen."

Die nach und nach an die Normandiefront geschafften Truppen wurden überhastet in den Kampf geworfen und von den überlegenen Feindkräften unlösbar festgehalten. Es kam zum Stellungskrieg. Das war ganz nach Hitlers Geschmack. Er tönte: *"Hier gibt es kein Ausweichen und Operieren. Hier gilt es zu stehen und zu halten."* Bevor das Ende der Kämpfe im Invasionsraum beschrieben wird, noch eine Feststellung. Es bleibt völlig unverständlich, warum Hitler und Rundstedt solange mit einer zweiten Landung am Pas de Calais rechneten. Eigentlich hätte man bereits am 7. Juni 1944 aufgrund der gewaltigen Anstrengungen der Anglo-Amerikaner an der Seine-Bucht sagen können, dass eine Invasionsdoublette bei Calais selbst die Kraft der an materiellen und personellen Ressourcen reichen Westalliierten übersteigen würde. Warum sollte der Feind nach einer geglückten Invasion noch einmal an anderer Stelle eine solch komplizierte und risikoreiche Operation wiederholen? Nur um die Deutschen zu verwirren? Doch davon konnte man auf deutscher Seite nicht ausgehen. Am 6. Juni 1944 erbeutete Feindpapier gaben keine Hinweise auf eine zweite Landung. Deshalb hätte sich Hitler spätestens am 10. Juni 1944 zur Freigabe von wesentlichen Teilen der 15. Armee entschließen müssen, um sie beschleunigt an die Seine-Bucht zu werfen. Entgegen seiner Gewohnheit überschätzte Hitler den Feind in diesem Falle. Im übrigen muss ein Stratege bereit sein, in kritischen Lagen ein erhöhtes Risiko an anderen Fronten einzugehen. Doch das lag Hitler nicht. Er wollte immer sichergehen und alles schützen, sich nirgendwo eine Blöße geben.

Nun zurück zur Normandiefront. Ende Juli 1944 gelang den Amerikanern bei Avranches der Ausbruch aus dem Landekopf. Hitler fasste seine Panzerkräfte zusammen, die im Angriff die Durchbruchstelle verschließen sollten. Das Vorhaben misslang jedoch.

Bei Falaise zeichnete sich die Einkesselung von Teilen der 7. Armee und der 5. Panzerarmee ab. Hitler konnte sich nicht zu einer rechtzeitigen Rücknahme seiner Truppen entschließen, sondern träumte von einem neuen Stoß auf Avranches. Der Diktator hatte aus den vielen und verlustreichen Einschließungen seiner Verbände im Osten nichts gelernt. Von den ca. 80 000 deutschen Soldaten, die bei Falaise eingekesselt wurden, gelang am 20. August 1944 etwa 20 0000 der Ausbruch. Wertvolles Kriegsgerät musste zurückgelassen werden. Über 200 deutsche Panzer gingen verloren. Die Schlacht in der Normandie fand damit ihr Ende.

u) Die Reste der 7. Armee und der 5. Panzerarmee versuchten, sich durch Rückzug hinter die Seine in Sicherheit zu bringen. Doch die meisten Seine-Übergänge waren zerstört. Hitler hatte nichts vorbereiten lassen, um den abgekämpften und ständig von feindlichen Jagdbombern bedrohten Truppen das Absetzen vom Feind zu erleichtern. Das Fehlen von Übersetzmitteln (Fähren, Pontons usw.) machte sich nachteilig bemerkbar. Hitler hätte Teile der 15. Armee hernehmen müssen, um sie in Aufnahmestellungen an der Seine einzusetzen zum Schutze der zurückflutenden Truppen aus der Normandie. Der Ausgang der dortigen Schlacht war vorhersehbar gewesen und man hätte Zeit gehabt, um einen geordneten Rückzug vorzubereiten. Doch es war Hitler nicht gegeben, den Kulminationspunkt einer Schlacht rechtzeitig zu erkennen. Hitler zeigte sich nicht als fürsorglicher Kriegsherr. Das gilt auch im Hinblick auf die unterlassene Vorbereitung von Auffangstellungen in Nordfrankreich. General Kitzinger sollte an der Somme eine Widerstandslinie anlegen (Kitzinger-Linie), doch das Projekt kam über die Planung nicht hinaus. Hitler war kein Freund rückwärtiger Stellungen, angeblich wegen der die Kampfmoral herabsetzenden Anziehungskraft auf die Truppe.

Am 15. August 1944 waren alliierte Truppen an der französischen Mittelmeerküste gelandet und drängten die hinhaltend kämpfenden deutschen Truppen durch das Rhônetal bis an die Reichsgrenze.

v) Angesichts der bevorstehenden Vertreibung der deutschen Truppen aus Frankreich wollte Hitler verhindern, dass den Anglo-Amerikanern die Häfen an der französischen Küste in die Hand fallen, die sie für Nachschubzwecke verwenden konnten. Er ließ die Städte La Rochelle, Lorient, St. Nazaire, Brest, St. Malo, Cherbourg, Le Havre, Boulogne, Calais, Dünkirchen, Marseille und Toulon zu Festungen erklären. Jeder dieser Plätze erhielt eine deutsche Garnison etwa in Divisionsstärke. Bei den meisten der genannten Häfen handelte es sich tatsächlich um Seefestungen. Diese hatten jedoch den Nachteil, dass ihre Verteidigungsanlagen für die Abwehr eines von See her kommenden Feindes gebaut worden waren, während bei den alliierten Truppen mit einer Annäherung von der Landseite gerechnet werden musste. Die Festungskommandanten hatten einen besonderen Eid auf Hitler abzulegen des Inhalts, den Platz bis zum letzten Atemzug zu verteidigen. Hitler wollte die Alliierten zum Kampf um diese Festungen zwingen. Dadurch sollten Feindkräfte gebunden werden, die dann für den Kampf gegen die Masse des Westheeres nicht mehr verfügbar waren. Doch das Konzept ging nur im geringen Maße auf. Es lag nämlich in der Hand des Feindes, ob er sich binden lässt oder nicht.

Bis zum 1. Oktober 1944 waren folgende, zum Teil nicht mit dem letzten Nachruck verteidigten Festungen gefallen:

Cherbourg, St. Malo, Brest, Boulogne, Calais, Marseille und Toulon. Den Festen Plätzen La Rochelle, St. Nazaire, Lorient und Dünkirchen schenkten die Alliierten kaum Beachtung. Auch die auf den Kanal-Inseln liegende 319. Infanteriedivision ließ der Feind unbehelligt. Dieser Verband und die Festungsbesatzungen fehlten auf jeden Fall beim Entscheidungskampf um das Reich. Es handelte sich immerhin um mehr als 10 Divisionen.

Besser wäre es gewesen, die fraglichen Häfen vorher rechtzeitig unbrauchbar zu machen, ohne sich dort mit Truppen zu engagieren.

w) Zusammenfassung

Der Stratege Adolf Hitler hatte kein überzeugendes Konzept für den Abwehrkampf an der Invasionsfront gefunden. Seine Schlachtordnung erwies sich als falsch.

Bei der Zusammenziehung aller in Europa entbehrlichen Heeresteile und deren Konzentration an den beiden landungsgefährdeten Küstenabschnitten am Kanal hätte Hitler eine beachtliche Verteidigungsmacht entfalten können. An der Calvados-Küste wäre der Aufmarsch von ca. 30 Infanteriedivisionen möglich gewesen mit 7 Panzerdivisionen in zweiter Linie. Am Pas de Calais hätten ca. 25 Infanteriedivisionen aufgeboten werden können mit 4 Panzerdivisionen dahinter.

Bei der Aufstellung der Divisionen dicht an der Küste wäre das sofortige Eingreifen im Falle der Invasion ohne große Bewegungen möglich gewesen, denn Märsche ließen sich wegen der feindlichen Luftherrschaft nur schwer durchführen. Die Entbehrlichkeit von Truppenverlegungen hätte auch die knappen Treibstoffbestände geschont.

Es muss einen großen Unterschied ausmachen, ob am ersten Tage der Invasion 4 bis 5 Infanteriedivisionen an der Küste der Seine-Bucht stehen oder 30 mit 7 Panzerdivisionen dicht dahinter in Lauerstellung. Die Alternative näherte sich unter den gegebenen Umständen dem Optimum.

Hätte Hitler innerhalb weniger Tage erkannt, dass eine zweite Landung der Alliierten am Pas de Calais nicht stattfindet, so wäre es möglich gewesen, von dort ca. 10 - 15 Infanteriedivisionen und 3 Panzerdivisionen an die Seine-Bucht zu werfen, wenn auch mit einer gewissen zeitlichen Verzögerung.

Wenn man sich eine ca. 100 km lange Front vorstellt, die von 40 Infanteriedivisionen und 10 Panzerdivisionen verteidigt wird, so kann man von einen Abwehrkampf unter nicht ganz ungünstigen Umständen sprechen. Auf jeden Fall wäre ein solches Konzept der Hitlerschen Flickschusterei vorzuziehen gewesen.

Jeder der 5 Landungsabschnitte der Angloamerikaner wies zunächst eine Breite von ca. 10 Kilometern auf, so dass sich die deutschen Divisionen anfangs nur auf etwa 50 Kilometer konzentrieren brauchten.

Für die deutschen Truppen wäre es bei der Abwehr der Invasion insbesondere darauf angekommen

a) sofort die Nähe des gelandeten Feindes zu suchen und sich möglichst eng mit ihm zu verzahnen, was Feuerschläge der Schiffsartillerie und Luftangriffe der Westalliierten eingeschränkt hätte wegen der Gefahr, auch die eigenen Truppen zu treffen;

b) die noch seekranken Landungskräfte durch besonders im Nachtkampf geschulte Sturm-Bataillone pausenlos anzugreifen, um sie nicht zur Ruhe kommen zu lassen;

c) für die Bekämpfung von feindlichen Luftlandekräften besonders bewegliche Jagdkommandos aufzustellen, um die Fronttruppen von dieser Aufgabe zu entlasten (die 21. Panzerdivision bekämpfte z. B. am 6. Juni 1944 feindliche Fallschirmjäger, anstatt die alliierten Landungstruppen mit aller Kraft anzufallen);

d) durch vorgeschobene Befehls- und Beobachtungsstellen der höheren Kommandobehörden dafür zu sorgen, dass auf die Invasion entsprechend schnell reagiert werden kann, um nicht allein auf die Meldungen der Fronttruppen angewiesen zu sein, die gerne auf Skepsis stoßen;

e) die Beobachtungen der alliierten Truppen in England zu gewährleisten durch ein Aufklärungsflugzeug speziell entwickelt für den Einsatz in ganz großen Höhen außerhalb der Reichweite feindlicher Jäger. Die deutsche

Luftfahrtindustrie wäre zum Bau eines solchen Aufklärers in der Lage gewesen.

An der Invasionsfront bestätigte sich die Erfahrung des Ersten Weltkriegs, dass die Verteidigungsanlagen trotz stundenlangen Bombardements nur teilweise zerstört werden konnten. Die Wirkung selbst schwerster Schiffsartillerie darf demnach nicht überschätzt werden.

Die 352. Infanteriedivision, die am 6. Juni 1944 bei "Omaha-Beach" zufällig eine Übung abhielt, hätte die alliierten Landungstruppen in diesem Abschnitt fast ins Meer geworfen. Beim möglichen Soforteinsatz von über 30 Divisionen in der Normandie anstelle der von Hitler vorgesehenen 5 Divisionen wäre die Ausgangslage für die deutschen Truppen wesentlich günstiger gewesen.

31. Der Putschversuch vom 20. Juli 1944

Nach dem Untergang der 6. Armee in Stalingrad am 1. Februar 1943 zeichnete sich auf deutscher Seite eine dramatische Wende ab. Die Wehrmacht verlor endgültig den Nimbus der Unbesiegbarkeit. Die Schuld daran trug eindeutig Adolf Hitler. Er hatte als militärischer Führer vollkommen versagt. In der Wehrmacht brach eine Vertrauenskrise aus. Auch das Volk begann zu zweifeln. Die in Zeiten der Siege unbedeutende Opposition erhielt auf einmal regen Zulauf. Hitler schickte sich erkennbar an, den deutschen Nationalstaat unter Einschluss des Sudetenlandes und Österreichs aufs Spiel zu setzen, dessen Erhaltung auch ein wichtiges Anliegen der Militärkaste war. Einem solchen Frevel des Diktators wollten kritische Zivilisten und Offiziere nicht tatenlos zusehen. Der Widerstand nahm schärfere Konturen an, zumal Hitlers Unrechtsregime immer unerträglicher geworden war, weshalb er entmachtet werden sollte.

Um den ehemaligen Generalstabschef Beck in Berlin scharten sich u. a. Botschafter a. D. von Hassel, Ex-Finanzminister Popitz, Oberbürgermeister a. D. Goerdeler (Leipzig), vom Oberkommando des Heeres die Generäle Olbricht, Stieff, Fritz Lindemann, E. Wagner, die Obristen Graf Stauffenberg und Mertz von Quirnheim, sowie die Widerstandszelle des Militärischen Abwehrdienstes unter Oberst Oster. Feldmarschall von Witzleben, seit 1942 dienstunfähig, und der von Hitler aus dem Amt gejagte Generaloberst Hoepner gehörten ebenfalls der Gruppe "Beck" an. Diese arbeitete eng zusammen mit dem Kreisauer Kreis, dessen Kopf Helmut James Graf von Moltke war. Auch bei der Heeresgruppe Mitte in Russland leitete Oberst von Tresckow einen Widerstandszirkel. Ferner gab es Oppositionsgruppen im deutschen Westheer in Frankreich, denen u. a. angehörten: General Karl Heinrich von Stülpnagel, Oberst von Linstow, Oberst Finkh, Generalleutnant Speidel. Feldmarschall Rommel wurde später in die Putschpläne eingeweiht. Die studentische Oppositionsgruppe "Weiße Rose" in München warf dem Weltkriegsgefreiten Adolf Hitler im Februar 1943 in einem Flugblatt vor, durch seine "geniale" Strategie in Stalingrad 330 000 deutsche Männer sinn- und verantwortungslos in Tod und Verderben gehetzt zu haben. Schließlich wurde die Frage aufgeworfen, ob man einem solchen Dilettanten weiterhin das Schicksal der deutschen Armee anvertrauen könne. Einige von der militärischen Seite geplanten Attentate auf Hitler im Jahr 1943 schlugen fehl.

Goerdeler, das Haupt der Zivilopposition, gab am 26. März 1943 in einer Denkschrift folgende Stellungnahme ab:

"Das Reich hat eine unfähige militärische Oberleitung und eine abenteuerliche politische Führung.
Die deutschen Kräfte sind verbraucht, während der Feind seine Kräfte noch erheblich steigern kann.
Der Nationalsozialismus hat die moralischen und sittlichen Grundlagen des deutschen Volkes zerstört.

Es besteht eine verhängnisvolle und sinnlose Doppelherr-
schaft von Partei und Staat.
Die laufenden Übergriffe in die unerlässliche Selbständig-
keit der Truppenführer und in die Tätigkeit des Generalsta-
bes wirken sich schädlich aus.
Undurchführbare Befehle werden ungefiltert nach unten
gegeben.
Die Zerstörungen durch feindliche Luftangriffe nehmen sehr
stark zu.
Auf einen Zerfall der Koalition zwischen den Westmächten
und Russland zu setzen ist illusionär angesichts des schwin-
denden deutschen Kriegsglücks.
Deutschland muss wieder zum Rechts- und Verfassungsstaat
zurückkehren."

Mit diesen Thesen wollte Goerdeler die Notwendigkeit eines
Staatsstreiches begründen.

Die Masse der hohen Militärs versagte sich dem Widerstand
unter Berufung auf die Unverbrüchlichkeit des auf Hitler in
Person geleisteten Fahneneides.

Als sich die militärische Lage 1944 für Deutschland immer
mehr verschlechterte, entschloss sich die Opposition zum
Handeln. Am 20. Juli 1944 zündete Oberst von Stauffenberg
im Führerhauptquartier in Rastenburg/Ostpreußen eine Bom-
be, doch Hitler wurde nur leicht verletzt und konnte Maßnahmen gegen die Putschisten ergreifen. Deren Machtübernahme in Berlin scheiterte deshalb.

In dem fehlgeschlagenen Putsch sah Hitler ein Zeichen des
Himmels, seine Mission für Deutschland als Werkzeug der
Vorsehung fortzusetzen.

32. Der südöstliche Kriegsschauplatz 1944

Ende 1943 trat die Rote Armee im Südabschnitt vom Dnjepr aus zur Offensive an. Im April 1944 standen die Russen in der Linie Odessa - Kischinew - Czernowitz - Tarnopol. Die Entfernung zu den rumänischen Erdölfeldern von Plösti betrug knapp 300 km. Bei der nächsten russischen Offensive in wenigen Monaten musste mit der Eroberung der für die deutsche Wehrwirtschaft so wichtigen Ressourcen gerechnet werden. Außerdem bestand in diesem Fall die begründete Befürchtung des Abfalls der mit Deutschland verbündeten Staaten Ungarn, Rumänien und Bulgarien. Am 18. März 1944 ließ Hitler jedoch nur in Ungarn deutsche Truppen einrücken (Unternehmen "Margarethe"), um den Reichsverweser Horthy bei der Stange zu halten. Gegen die ebenfalls absprungbereiten Rumänen unternahm Hitler nichts, da er auf Antonescu vertraute. Bulgarien befand sich nicht im Kriegszustand mit Russland. Für die Besetzung dieser beiden Länder wären wohl auch nicht genügend deutsche Truppen verfügbar gewesen. Aufgrund der russischen Erfolge im Südabschnitt hätte Hitler bereits im Mai 1944 beginnen müssen, seine Truppen aus Griechenland (8 Divisionen) und vom Balkan (9 Divisionen) hinter die Save zurückzuziehen. Hitler zögerte jedoch damit im Hinblick auf die Türkei, um dieser keinen Anlass zu geben für ein Überlaufen zu den Alliierten. Der Räumungsbeginn im Mai 1944 hätte den Vorteil gehabt, den Rückzug durch den Balkan noch in den relativ günstigen Sommermonaten durchführen zu können, ohne Bedrohung durch die noch auf deutscher Seite stehenden Rumänen und Bulgaren. Doch Hitler musste erst zum Handeln gezwungen werden, wenn es um die Preisgabe von besetzten Gebieten ging.

Am 20. August 1944 brach die russische Offensive gegen die Heeresgruppe Südukraine los, die von Generaloberst Frießner geführt wurde. Die verbündeten rumänischen Truppen liefen sofort zur Roten Armee über. Damit hatten die Deutschen merkwürdigerweise nicht gerechnet trotz ähnlicher Erfahrungen mit den Italienern 1943. Dabei dürfte die sachlich unzutreffende Berichterstattung der deutschen Vertreter in Bukarest eine Rolle gespielt haben, wonach Rumänien fest auf der Seite des Reiches stehe.

Ausnahmsweise erteilte Hitler der bedrängten Heeresgruppe Südukraine sofort die Genehmigung zum Ausweichen. Doch der Rückzug erfolgte nicht schnell genug. Die Rote Armee konnte große Teile der 6. Armee einschließen. 16 deutsche Divisionen gingen verloren, wobei die Unzuverlässigkeit der rumänischen Truppen eine wesentliche Rolle spielte.

Durch den Druck der Ereignisse sah sich Hitler gezwungen, die Räumung Griechenlands Ende August 1944 anzuordnen. Nur mit Hilfe der Luftwaffe und Marine konnten die deutschen Truppen von den griechischen Inseln evakuiert werden. Das Werk gelang aber nicht vollständig, da es Hitler zu spät begonnen hatte. Auf Kreta und den Dodekanes-Inseln blieben Truppen je in Divisionsstärke zurück, die beim Kampf um das Reich fehlten.

Rumänien erklärte Deutschland am 25. August 1944 den Krieg. Entgegen Hitlers Überzeugung schloss sich Bulgarien am 8. September 1944 an. Die Rote Armee fiel in Bulgarien ein und versuchte, die Heeresgruppe E abzuschneiden, die von Griechenland nach Ungarn strebte. Am 3. Oktober 1944 gab Hitler endgültig den Befehl zur Aufgabe von Griechenland, Albanien und Mazedonien. Die deutschen Truppen kämpften sich durch Partisanengebiete noch Norden durch. Südlich von Belgrad wurde die 1. Gebirgsdivision über Gebühr lange festgehalten, um die Kupferbergwerke bei Bor zu sichern. Dieser Spleen Hitlers führte zur Einschließung der Division. Sie konnte zwar ausbrechen, verlor dabei aber die Hälfte ihrer Soldaten und alle schweren Waffen. Das war wieder einmal typisch für Hitler, der wegen wehrwirtschaftlich interessanter Rohstoffquellen seine Truppen häufig in militärisch nicht zu vertretenden Weise gefährlichen Risiken aussetzte.

Die Rückzugsbewegungen aus Griechenland und Serbien verliefen krisenreich und unter starken Verlusten in personeller und materieller Hinsicht. Bei einer rechtzeitigen Räumung des südöstlichen Kriegsschauplatzes ab Mai 1944 hätte man sich viele Probleme ersparen können. In diesem Falle wäre es möglich gewesen, alle deutschen Truppen von den griechischen Inseln auf das Festland zu holen und den Rückzug hinter dem Schutzschild von Bulgarien und Rumänien in Richtung Ungarn anzutreten und zwar ohne besonderen Feinddruck, wenn man einmal von der englischen Luftwaffe und den Partisanen absieht.

Hitlers verspäteter Räumungsbefehl hatte zur Folge, dass sich die abziehenden deutschen Truppen nicht nur mit den Partisanen herumschlagen mussten, sondern zusätzlich mit den abgefallenen Rumänen und Bulgaren sowie der Roten Armee. Außerdem erschwerte der im Oktober einsetzende Winter mit Schnee, Eis und Kälte den deutschen Rückzug durch das jugoslawische Bergland.

33. Die Ardennen-Offensive und die Abwehrschlacht an der Weichsel

a) Ende Juli 1944 brachten die Westalliierten nach einem fast zweimonatigen Kampf gegen die sich verbissen wehrenden Deutschen bei Avranches aus ihrem Landekopf in der Normandie und stießen vor in Richtung Paris. Dieser Erfolg wäre schon früher möglich gewesen, wenn die Anglo-Amerikaner ihre Luftangriffe gegen das Reichsgebiet vorübergehend unterbrochen, alle ihre Flugzeuge in Europa auf die Invasionsfront konzentriert hätten, um durch laufende Bombenteppiche die deutschen Linien zu durchlöchern und um den eigenen Erdtruppen den Weg in die Tiefe des französischen Raumes freizumachen. Die Westalliierten verstießen damit gegen den Grundsatz der Kräftekonzentration an der entscheidenden Stelle, ein

Fehler, zu dem auch Hitler neigte. Während des Rückzuges der deutschen Verbände in Frankreich fasste Hitler bereits am 19. August 1944 den Entschluss, nach einer gewissen Konsolidierung auf deutscher Seite eine Gegenoffensive im Westen zu unternehmen. Damit zeigte er Format als militärischer Führer. Man durfte sich nicht vom Feind ständig in die Defensive drängen lassen, sondern musste überraschend zurückschlagen, um den Feind abzuschütteln. Ein zu siegesgewisser Gegner wird im Allgemeinen unvorsichtig sein und sich Blößen geben, die zu einer Riposte einladen. Hitler hoffte, den alliierten Vormarsch zunächst an der Reichsgrenze im Schutze der Westwallbunker aufhalten zu können. Die Anglo-Amerikaner bewegten sich langsam in breiter Front auf Deutschland zu, anstatt die schwachen deutschen Verzögerungslinien an einigen Stellen mit starken Panzerkräften zu durchbrechen, um zur Verfolgung überzugehen. Die westalliierte Luftwaffe hätte dabei in konzentrierter Form den verbrauchten deutschen Verbänden vernichtende Schläge versetzen können, denn deutsche Flugzeuge gab es in dieser Phase kaum noch an der Westfront. Der dort für die Luftwaffe zuständige Feldmarschall Sperrle wurde entlassen und seine Luftflotte 3 (Armeeoberkommando) mangels Masse herabgestuft zur Luftwaffengruppe West.

Hitler bekam unerwartet eine Verschnaufpause durch das schleppende Vorrücken der Anglo-Amerikaner, die gewisse Nachschubprobleme hatten. Dieses "Marnewunder" nutzte Hitler, um die Reichsschutzstellung notdürftig zu besetzen. Auch die Heeresgruppe G profitierte davon, die sich aus Südfrankreich durch das Rhônetal an den Oberrhein zurückziehen konnte. Bei einem schnelleren Vorstoß des Feindes von Westen her auf das Elsass wäre sie abgeschnitten worden.

Anfang September 1944 zählten die 12 abgekämpften schnellen Verbände der Westfront an der Reichsgrenze noch ca. 180 - 200 Panzer und Sturmgeschütze. Vor einer Offensive bedurften diese Divisionen dringend der Auffrischung.

Das misslungene Luftlandeunternehmen der Westalliierten im September 1944 bei Arnheim und der überraschend heftige Widerstand der Deutschen im Aachener Raum, im Hürtgenwald und an der Roer hatten den Angriffsschwung der Anglo-Amerikaner etwas gebremst. Sie brauchten offenbar eine gewisse Zeit, um ihre Kräfte aufzufrischen und neu zu gruppieren. An der Westfront war auf der Feindseite eher mit einer nachlassenden Kampftätigkeit zu rechnen. Die Westalliierten dürften eingesehen haben, dass die Entscheidung 1944 nicht mehr zu erzwingen sei und die Fortsetzung der Offensive erst im Frühjahr wieder in Betracht komme. Der Rhein als starkes Hindernis, das von den Deutschen relativ gut verteidigt werden konnte, stand einem weiteren schnellen Vorstoß des Gegners im Wege. Eine erfolgreiche deutsche Gegenoffensive wäre geeignet gewesen, den Westfeind die Angriffslust für eine gewisse Zeit auszutreiben.

b) Die Entwicklung an der Westfront kann aber nicht isoliert beurteilt werden, sondern nur im Zusammenhang mit der Lage auf den anderen Kriegsschauplätzen.

Am 22. Juni 1944 trat die Rote Armee aus dem Raum Witebsk - Smolensk zum Angriff an gegen die Heeresgruppe Mitte und zertrümmerte sie in einem Sturmlauf ohnegleichen. 28 deutsche Divisionen wurden vernichtet. Im August 1944 standen die Russen vor Warschau. Mühsam gelang es den Deutschen an der ostpreußischen Grenze, am Narew und an der Weichsel eine Auffanglinie einzurichten, die allmählich verstärkt werden konnte.

Am 13. Juli 1944 eröffnete die Rote Armee eine Offensive gegen die Heeresgruppe Nordukraine (später A) und warf sie hinter die Weichsel zurück.

Gegen die Heeresgruppe Südukraine (später Süd) richtete sich der am 20. August 1944 beginnende Angriff der Sowjets. Dabei gingen 16 deutsche Divisionen bei Jassy verloren. Ende November 1944 bedrohten die Russen Budapest.

Am 14. September 1944 erfolgte der russische Großangriff gegen die Heeresgruppe Nord, die nach Kurland gedrängt und im Oktober 1944 von der Heeresgruppe Mitte abgetrennt wurde. Hitler verbot den Truppen in Kurland, sich nach Süden zur Heeresgruppe Mitte durchzuschlagen, was möglich und richtig gewesen wäre. Hitler wollte, dass die fünf schnellen Verbände und 27 Infanteriedivisionen in Kurland starke russische Kräfte binden. Diese Rechnung konnte aufgehen, die Rote Armee musste aber nicht mitspielen. Insofern war Hitlers Erwartung mit einem Unsicherheitsfaktor behaftet. Gegen Hitlers Lösung sprach ferner, dass die Truppen in Kurland über See versorgt werden mussten, was eine unnötige Komplikation darstellte. Bei Hitler spielten noch andere Gründe eine Rolle für die Belassung deutscher Kräfte in Kurland. Einerseits sollte das neutrale Schweden politisch beeindruckt, andererseits der U-Boot-Übungsbereich in der Danziger Bucht auf dringenden Wunsch der Kriegsmarine gesichert werden. Diese Gründe wirkten wenig überzeugend. Schweden distanzierte sich immer mehr von Deutschland. Das Radar hatte die Bedeutung der U-Boote stark gemindert.

Das mit dem Reich verbündete Finnland schloss am 4. September 1944 mit den Russen einen Waffenstillstandsvertrag, weshalb sich die deutsche Lapplandarmee mit drei Armeekorps nach Norwegen zurückziehen musste.

Auf dem Balkan befand sich die Heeresgruppe F bis zum Herbst 1944 mit neun Divisionen im Kampf gegen Tito-Partisanen in Serbien.

Die Besetzung von Rumänien und Bulgarien durch die Rote Armee im August 1944 erzwang wenig später den Rückzug der Heeresgruppe E aus Griechenland, die sich mühsam und verlustreich durch das von Tito-Partisanen beherrschte Gebiet nach Ungarn durchkämpfen musste.

In Italien zog sich die Heeresgruppe C im Juli 1944 nach Aufgabe der Gustav-Linie (Monte Cassino) in die vorbereitete Grüne Linie zwischen La Spezia und Rimini zurück. Die Aussichten, dort zu überwintern, waren nicht ungünstig, wenn man vom bisherigen Verhalten des Feindes ausging. Dieser war zwar kräftemäßig überlegen, zeichnete sich aber durch ein starres, methodisches, risikofeindliches und schwerfälliges Vorgehen aus, der nach dem Verlust der Schwungkraft einer Offensive längere Zeit für den Aufmarsch und die Vorbereitung einer neuen Operation benötigte. Außerdem lag der Schwerpunkt der westalliierten Anstrengungen nicht mehr in Italien, sondern in Frankreich. Notfalls konnten sich die ca. 30 Divisionen der Heeresgruppe C auf die Alpen zurückziehen, die für den Feind ein nicht leicht zu überwindendes Hindernis darstellten.

An der Weichsel südlich von Warschau und der Linie Warschau - Narew - Wirballen zeichnete sich seit Oktober 1944 eine große Winteroffensive der Roten Armee ab. Der Russe griff gern nach Eintritt des Dauerfrostes an. Damit war ab Mitte Dezember 1944 zu rechnen.

c) Im Westen versammelte Hitler allmählich Angriffstruppen zwischen Monschau und Echternach (12 gepanzerte Verbände, 20 Infanteriedivisionen, davon 11 Volksgrenadierdivisionen). Er wollte die Front der 1. Amerikanischen Armee in den Ardennen durchbrechen, einen Keil zwischen amerikanische und englische Truppen treiben, ca. 30 Feinddivisionen abschneiden und den Westalli-ierten den Nachschubhafen Antwerpen entreißen. Im Falle des Erfolges erwartete Hitler das Auseinanderbre-chen der Feindkoalition. Die Zeit drängte, denn späte-stens Anfang Januar 1945 war mit einer russischen Of-fensive aus der Weichssellinie zu rechnen. Die deutschen Truppen reichten nicht aus, um beide Schlachten gleich-zeitig schlagen zu können. Die Offensive in den Arden-nen sollte daher bis Ende November 1944 abgeschlossen sein, um noch Zeit zu haben für den Abtransport der im Westen frei werdenden Truppen an die Weichselfront. Den genauen Plan für die Ardennen-Offensive legte Jodl am 12. Oktober 1944 vor. Am 3. November 1944 wurde er den Befehlshabern und Kommandeuren der Fronttrup-pen eröffnet (Unternehmen "Wacht am Rhein" bzw. "Herbstnebel"). Der Angriffsbeginn sollte auf den 25. November 1944 fallen, verzögerte sich aber. Jodl hielt die Ardennen-Offensive für einen verzweifelten Versuch in verzweifelter Lage, was bereits Clausewitz als zulässig erachtet habe.

Mit dem in sieben Tagen zu erreichenden Operationsziel Antwerpen (ca. 160 km entfernt) hatte sich Hitler stark übernommen. Er wollte zuviel, wie man es bei ihm ge-wohnt war. Mit den verfügbaren Angriffskräften konnte man keine allzu großen Sprünge machen. Bei den 11 Volksgrenadierdivisionen handelte es sich um kurzfristig ausgebildete Soldaten ohne große Kampferfahrung. Die Treibstoffvorräte auf deutscher Seite waren knapp. Man hoffte, sich aus erbeuteten Benzinlagern des Feindes ver-sorgen zu können. Das konnte glücken, musste aber nicht. Die Bewegung großer gepanzerter und motori-sierter Verbände in den Ardennen stellte im Spätherbst ein besonderes Risiko dar. Es handelte sich dort um enge Straßen durch ein Waldgebiet mit Mittelgebirgscharak-ter, oft ohne Ausweichmöglichkeiten. Mit Nebel, Glätte und sonstigen nachteiligen Witterungserscheinungen musste gerechnet werden. Andererseits bot die Waldregion einen gewissen Schutz gegen Luftangriffe. Für die Offensive sprach das Überraschungsmoment, weil der Feind einen Angriff in einem solch schwierigen Gelände zu dieser Jahreszeit schwerlich erwarten würde. Grundvoraussetzung für die deutsche Operation war eine mehrtägige Wetterlage mit tief hängenden Wolken, die den Einsatz der überlegenen Feindluftwaffe weitgehend ausschloss.

Der Oberbefehlshaber West, von Rundstedt, und der Oberbefehlshaber der Heeresgruppe B, Model, schlugen eine "kleine Lösung" vor, welche auf die Vernichtung von ca. 10 Feinddivisionen im Frontbogen bei Aachen durch eine konzentrische Operation abzielte. Hitler lehnte jedoch diese beachtenswerte Idee ab. Er wollte den großen Wurf. Nach Niederlagen drängte es ihm immer zu gewaltigen Schlägen als eine Art "Überkompensation". Hitler war vergeltungssüchtig.

Guderian brachte Hitler immer wieder die Sorge der Ostfront vor. Die Anträge des Generalstabschefs, Lappland, Norwegen und Kurland zu räumen, um Truppen freizubekommen für die Weichselfront, wies Hitler zurück. Im übrigen hatte er nur noch Augen und Ohren für die Abrechnung mit den Westalliierten. Davon war er fasziniert. Diese Aufgabe ließ ihn richtig aufblühen. Die Ardennen-Offensive sollte das Blatt endlich wenden. Dafür war Hitler bereit, an der Weichselfront ein höheres Risiko einzugehen. Jodl bestärkte ihn darin. Guderians Wünsche nach Truppenverstärkungen lehnte er lakonisch ab mit den Worten: *"Die Ostfront muss sich allein helfen und mit dem auskommen, was sie hat."*

Von der Ostfront interessierte Hitler nur der Kriegsschauplatz in Ungarn. Dort sollten aus wehrwirtschaftlichen Gründen die Ölquellen von Nagykanizsa unbedingt vor dem Zugriff der Roten Armee geschützt werden. Deshalb hatte Hitler im Herbst 1944 die 3., 6. und 8.

151

Panzerdivision von der Weichselfront abgezogen und nach Ungarn verlegt. Guderian konnte damit nicht einverstanden sein. Diese merkwürdige Bevorzugung der Heeresgruppe Süd sollte sich fortsetzen, obwohl die Entscheidungsschlacht eigentlich an der Weichsel zu erwarten stand. Dort konnte man nach Hitlers verblendeter Auffassung noch Gelände preisgeben, nicht aber im Westen. Dieser Vergleich hinkte aber. Die deutschen Truppen standen zwischen Aachen und Saarbrücken ca. 60 - 100 Kilometer westlich des Rheins. Es gab also auch im Westen Räume, aus denen man sich kämpfend hinter den großen Strom zurückziehen konnte.

Die Versammlung der Kräfte für die Ardennen-Offensive konnte sorgfältig getarnt zum Abschluss gebracht werden. Es war eine großartige Leistung der Eisenbahn, die Truppen in die befohlenen Räume zu bringen trotz des durch Luftangriffe beschädigten Streckennetzes. Die Westalliierten bemerkten den Aufmarsch nicht. Sie achteten wohl auch nicht auf irgendwelche Anzeichen, denn nach ihrer Einschätzung waren die Deutschen zu keiner Gegenoffensive mehr fähig.

Kurz vor der Ardennen-Offensive erläuterte Hitler am 12. Dezember 1944 seinen Truppenführern die Bedeutung dieser Operation, indem er u. a. ausführte:

"Es ist noch weiter folgendes zu bedenken, meine Herren. Es gab in der Weltgeschichte niemals Koalitionen, die wie die unserer Gegner aus so heterogenen Elementen mit so völlig auseinander strebenden Zielsetzungen zusammengesetzt sind. Was wir an Gegnern heute besitzen sind die größten Extreme, die überhaupt auf der Erde heute denkbar sind: Ultrakapitalistische Staaten auf den einen Seite und ultramarxistische Staaten auf der anderen Seite; auf der einen Seite ein ab-

sterbendes Weltreich Britannien, auf der anderen Seite eine auf Erbschaft ausgehende Kolonie, die USA. Es sind Staaten, die in ihrer Zielsetzung schon jetzt Tag für Tag aneinander geraten. Und wer so wie eine Spinne, möchte ich sagen, im Netz sitzend diese Entwicklung verfolgt, der kann sehen, wie von Stunde zu Stunde sich diese Gegensätze mehr und mehr entwickeln. Wenn hier noch ein paar ganz schwere Schläge erfolgen, so kann es jeden Augenblick passieren, dass diese künstlich aufrecht erhaltene gemeinsame Front plötzlich mit einem riesigen Donnerschlag zusammenfällt."

Hitler erwartete Ende 1944 die moralische Erschöpfung der Engländer. Den Rest wollte er mit V-Waffen machen. Hitlers Hoffnungen stellten reines Wunschdenken dar.

d) Die operative Führung der Ardennen-Offensive oblag der Heeresgruppe B unter Model. Der Stoß sollte aus der Linie Monschau - Echternach geführt werden. In diesem Abschnitt waren aufmarschiert

im Norden die 6. SS-Panzerarmee
in der Mitte die 5. Panzerarmee
im Süden die 7. Armee.

Der Schwerpunkt des Angriffs lag bei der 6. SS-Panzerarmee. Deren Führer, Sepp Dietrich, hatte die ihm für die Operation angebotenen Generalstabsoffiziere des Heeres abgelehnt, was sich rächen sollte. Die Waffen-SS verfügte aus ihren Reihen kaum über ausgebildete Führungsgehilfen, die für die Tätigkeit in einem Armee-Oberkommando geeignet gewesen wären.

Am 16. Dezember 1944 - viel zu spät - brach die Ardennen-Offensive los. Die Amerikaner waren völlig überrascht. Trotzdem schlugen sie sich wacker in der Verteidigung, was man auf deutscher Seite erstaunt zur Kenntnis nehmen musste, denn von den GI's hatte man keine hohe Meinung. Für eine solche Überheblichkeit bestand seit der erfolgreichen Invasion eigentlich kein Grund.

Die deutschen Panzer hatten große Probleme in dem bergigen Waldgelände. Zum Teil kam es zu chaotischen Verhältnissen auf den Straßen. Nicht wenige Panzer fielen aus technischen Gründen aus und blockierten den Verkehr, was zu langen Stauungen führte. Der Drang nach vorn wurde dadurch erheblich gebremst. Die dringend erforderlichen Anfangserfolge fehlten. Die Offensive kam nicht richtig in Schwung. Der Ort Bastogne bildete z. B. den Knotenpunkt von fünf Straßen. In Bastogne lag die 101. US-Luftlandedivision, die durch ihren heftigen Widerstand den deutschen Vormarsch in diesem wichtigen Bereich zum Stillstand brachte. Den Deutschen gelang es nicht, Bastogne zu nehmen trotz mehrfacher Versuche. In den anderen Angriffsstreifen sah es nicht viel besser aus. Die Offensive lief sich nach wenigen Tagen fest, ohne dass allzu großer Raumgewinn erzielt werden konnte. Die SS-Panzerdivisionen, auf die Hitler seine ganzen Hoffnungen gesetzt hatte, kamen bereits nach ca. 45 Kilometern zum Stehen, während die Panzerkräfte des Heeres fast doppelt soweit vorstoßen konnten (2. und 116. Panzerdivision sowie Panzer-Lehr-Division). Die Spitzen der 2. Panzerdivision wurde von den Briten kurz vor der Maas bei Dinant aufgefangen. Weiter kam die Ardennen-Offensive nicht.

Am 22. Dezember 1944 klarte der Himmel auf und die anglo-amerikanische Luftwaffe konnte in die Schlacht eingreifen. Sie fügte den deutschen Truppen schwere Verluste zu. Die Ausfälle der Deutschen betrugen in dieser Offensive ca. 75 000 Mann.

Hitler erkannte auch hier den Kulminationspunkt der Schlacht nicht rechtzeitig. Anstatt den Kampf so schnell wie möglich abzubrechen, hielt er fanatisch an seinem Konzept fest. Er wollte sich das Scheitern der Offensive nicht eingestehen.

Diese Zäsur im Westen rief am 25. Dezember 1944 Guderian auf den Plan, der die schnelle Beendigung der Ardennen-Offensive und Truppenverlegungen an die Weichselfront forderte, da dort der russische Winterfeldzug unmittelbar bevorstand. Doch Hitler lehnte ab. Er wollte im Westen noch nicht aufgeben. Die von Guderian vorgetragenen Zahlen über die große Menge an russischen Divisionen ließ Hitler nicht gelten, sondern bezeichnete sie als den größten Bluff seit Dschingis Khan. Er ging sogar soweit zu behaupten, dass die russischen Schützenverbände höchstens 7000 Mann stark seien und es den schnellen russischen Verbänden an Panzern gebreche. Damit redete Hitler die Lage schön, um guten Gewissens im Westen weiter operieren zu können. Nach dem Siegeszug der Roten Armee auf der ganzen Linie seit Mitte 1944 hätte Hitler keine solche Auffassung mehr vertreten dürfen.

e) In der Zwischenzeit hatten die Sowjets am 20. Dezember 1944 ihre Offensive gegen die Margarethen-Stellung südwestlich von Budapest aufgenommen. Die Stadt wurde alsbald eingeschlossen. Als Reaktion darauf zog Hitler hinter dem Rücken seines Generalstabschefs Guderian das IV. SS-Panzerkorps (zwei Panzerdivisionen) aus dem Raum Warschau ab und verlegte es nach Ungarn, um Budapest zu entsetzen. Guderian zeigte sich erschüttert über Hitlers Maßnahme. Diesem war offensichtlich die Schlacht um Budapest wichtiger als der Schutz der deutschen Ostprovinzen. Im Falle ihrer Besetzung durch die Rote Armee musste mit grausamen Racheakten an der deutschen Bevölkerung gerechnet werden als Vergeltung für die von Hitler befohlenen Verbrechen in Russland. In Nemmersdorf /Opr. und im Raum Goldap hatten die Russen bereits schauderhafte Massenmorde verübt. Von den westalliierten Truppen ging eine solche

Gefahr nicht aus. Das Hauptaugenmerk musste deshalb auf den Kampf gegen die Rote Armee gerichtet werden.

Die von den Militärbehörden gewünschte Evakuierung der Zivilbevölkerung in den bedrohte Ostgebieten verbot Hitler, weil das als ein Zeichen des Defätismus gedeutet werden konnte.

Hitler hatte den Bolschewismus stets als den größten Feind des deutschen Volkes bezeichnet. Doch plötzlich war ihm der Kampf gegen diese verhasste Weltanschauung zweitrangig, der Schutz der eigenen Bevölkerung im Osten nicht mehr so wichtig. Dieser merkwürdige Sinneswandel hing wohl zusammen mit Hitlers grundloser Unterschätzung der Roten Armee und den übertriebenen Erfolgserwartungen im Westen.

Wenn Hitler Weihnachten 1944 auf Guderian gehört und das Schwergewicht der militärischen Anstrengungen vom Westen auf die Weichselfront verlagert hätte, wären dort die entbehrlichen Westverbände noch rechtzeitig eingetroffen vor der am 12. Januar 1945 beginnenden russischen Winteroffensive. Auf diese Weise hätte man an der Weichsel das Schlimmste verhüten können. Die militärische Gewichtsverlagerung wäre auch deshalb vertretbar gewesen, weil selbst die fehlgeschlagene deutsche Offensive die Westalliierten empfindlich getroffen und verwirrt hatte. Diesen Schock mußte der Feind erst überwinden. Ein Zeitgewinn stand deshalb auf deutscher Seite zu erwarten, den man für den Kampf an der Weichsel nutzen konnte. Doch mit Hitler war das alles nicht zu machen.

Das hinderte die für die Weichselfront zuständigen Militärs nicht, Überlegungen anzustellen, unter welchen Umständen man der russischen Winteroffensive mit gewissen Erfolgsaussichten entgegenwirken könnte.

Generalmajor Gehlen, Chef der Abteilung "Fremde Heere Ost" im Generalstab, vertrat Ende 1944 in seiner "Sylvester-Denkschrift" die Auffassung, dass eine erfolgreiche Verteidigung der Weichselfront durchaus im Bereich des Möglichen liege, wenn durch Kräftezuführungen aus dem Westen und aus Ungarn eine operative Reserve von 20 - 30 Divisionen gebildet werden könne.

Generalleutnant von Xylander, Stabschef der Heeresgruppe A, kam in seiner Beurteilung der Lage zu dem Ergebnis, dass nur ein überraschendes und weitreichendes eigenes Absetzen unmittelbar vor Beginn des russischen Angriffs in Verbindung mit einer darauffolgenden Gegenoffensive aller Panzerverbände der Heeresgruppe auf einem vorher ausgesuchten Schlachtfeld die Chance gebe, die Initiative an sich zu reißen.

Solche Erwägungen durfte man Hitler gar nicht erst unterbreiten. Er hätte beide Konzepte verworfen. Hitler war weit davon entfernt, der Weichselfront eine größere operative Reserve zuzugestehen oder ein weitreichendes eigenes Absetzen kurz vor Beginn der Feindoffensive zu gestatten.

f) Unbeirrt durch Guderians Vorschlag vom 25. Dezember 1944, die Westoffensive einzustellen, ließ Hitler in den Ardennen weiterkämpfen. Die Aussicht, dort zu einem Erfolg zu kommen, schwand immer mehr. Hitler wollte in den Ardennen noch nicht aufgeben, aber den Feind überraschend an einer anderen Stelle angreifen, um ihn nicht zur Ruhe kommen zu lassen. Er folgte damit Jodls Ratschlag, der für eine Offensive an der Oberrheinfront eintrat. Jodl wollte die im Westen ergriffene Initiative auf keinen Fall mehr aus der Hand geben, sondern dem Feind das Gesetz des Handeln diktieren und ihn in Abhängigkeit halten. Diese an sich richtige Auffassung, möglichst in der Vorhand zu bleiben, war aber im Hinblick auf die unmittelbar bevorstehende Winteroffensive der Roten Armee in Polen nicht mehr vertretbar. Der von Jodl geplante Stoß über Zabern auf Straßburg erschien nicht allzu aussichtsreich. Am 1. Januar 1945 begann der Angriff und machte anfänglich auch Fortschritte. Im weiteren Verlauf blieb er jedoch stecken und musste eingestellt werden (13. Januar 1945).

Erst am 8. Januar 1945 gab Hitler seine Sache in den Ardennen verloren und ließ dort zum Rückzug blasen. Die Weichselfront hatte davon keinen Nutzen, denn die im Westen frei werdenden Kräfte waren für den Einsatz in Ungarn vorgesehen. Darunter befand sich auch die relativ kampfkräftige 6. SS-Panzerarmee, die Ende Februar 1945 am Plattensee eintraf. Nach Meinung des empörten Guderians hätte sie an die Weichselfront verlegt werden müssen. Jodl hatte für Guderians Gefühlsausbruch nur ein Achselzucken übrig.

Abschließend muss man die Ardennen-Offensive nach Ort, Zeitpunkt und Ausmaß als einen falschen Schachzug bezeichnen. Der Westoperation hätte man nähertreten können in Form der schneller vorzubereitenden und leichter durchzuführenden "kleinen Lösung" und zwar nicht später als November 1944, um noch rechtzeitig bis Mitte Dezember 1944 Truppen aus dem Westen an die Weichselfront werfen zu können. Eine kräftige und überraschende Zangenbewegung im Aachener Raum wäre wegen der günstigeren Geländeverhältnisse erfolgversprechender gewesen als der Durchbruch in den Ardennen. Nach der Vernichtung von einigen Feinddivisionen auf kurze Entfernung hätte man sich nach einer Woche etwa wieder der Weichselfront zuwenden können. Ein solcher Angriff mit begrenztem Ziel wäre auch wegen der Treibstoffknappheit auf deutscher Seite angezeigt gewesen. Alle diese Gründe stritten für die "kleine Lösung", die einen schnellen Erfolg versprach bei relativ geringem Risiko. Die verblüfften Anglo-Amerikaner wären sicherlich einige Zeit gelähmt gewesen ob eines solchen Streiches. Den von Hitler erwarteten Zerfall der

Feindkoalition hätte es aber auf keinen Fall gegeben. Selbst das Vordringen der Deutschen bis nach Antwerpen und der Verlust einer noch größeren Zahl von Divisionen wäre zwar für die Westalliierten ein herber Rückschlag gewesen, aber angesichts des zum Greifen nahen Sieges hätte das bei ihren unerschöpflichen Hilfsquellen nicht zur Aufgabe ihres Kampfes gegen den Hauptfeind Hitler geführt. Anglo-Amerikaner darf man in ihrer Prinzipientreue und Beharrlichkeit keinesfalls unterschätzen. Hitler wusste im übrigen bestens Bescheid über die Sturheit der Engländer, die er im Ersten Weltkrieg kennengelernt hatte. Außerdem landet man nicht mit gewaltigem Aufwand in der Normandie, kämpft dort nicht zwei Monate verlustreich im Landekopf, marschiert nicht 1000 Kilometer bis zur Reichsgrenze, um dann wegen des Verlustes einiger Divisionen die Fahne einzurollen und aufzugeben. Desweiteren stand noch die russische Winteroffensive unmittelbar bevor, welche die Rote Armee in die Nähe Berlins bringen würde. In einer solchen Situation war nicht gut auf den Zerfall der Feindkoalition zu spekulieren.

Von der Westfront bleibt noch das Debüt von Heinrich Himmler als Heerführer zu berichten. Der Reichsführer-SS hatte nach dem Putschversuch vom 20. Juli 1944 den Befehl über das Ersatzheer im Reich übernommen. Am 25. September 1944 betraute ihn Hitler zusätzlich mit der Aufstellung des Volkssturms (Miliz für den Heimatschutz).

Am 24. November 1944 übertrug Hitler dem Reichsführer-SS die militärische Verantwortung für die Oberrheinfront. Der Politiker Himmler hatte von der Truppenführung keine Ahnung. Einen Stabschef des Heeres lehnte er ab, obwohl er einen solchen dringend benötigt hätte. Himmler nahm dafür lieber einen weniger qualifizierten SS-Offizier (Ostendorf). Auf Antrag Himmlers entzog Hitler dem Oberbefehlshaber West die

Zuständigkeit für die Oberrheinfront. Der Reichsführer-SS durfte also nach eigenem Gusto operieren, obwohl gerade in seinem Falle eine Aufsicht durch den Oberbefehlshaber West bitter notwendig gewesen wäre. Himmler konnte einigen Raumgewinn westlich von Colmar erzielen. Insgesamt gesehen fiel sein Debüt als Heerführer nicht besonders überzeugend aus. Hitler und Keitel fanden jedoch die Führungsmethoden des Reichsführer-SS als sehr beachtlich. General Westphal, der Stabschef des Oberbefehlshabers West, sah dies ein wenig anders. Himmler habe einen Hagel kindlicher Befehle auf die Truppe losgelassen und bei seinem Abtritt am 23. Januar 1945 einen Waschkorb voller unsortierter Befehle und Meldungen hinterlassen.

Abschließend bleibt festzustellen, dass es unverantwortlich war von Hitler, einen militärischen Laien wie Himmler zum Truppenführer einzusetzen. Das spricht gegen Hitler als Kriegsherr.

g) Als Guderian am 9. Januar 1945 die von Gehlen festgestellten Feindverbände an der Weichselfront vortrug, wurde Hitler zornig und bezeichnete die Ausarbeitung als völlig idiotisch. Er verlangte, dass der Urheber sofort in ein Irrenhaus gesperrt werde. Die von Hitler geforderte Ablösung von Gehlen konnte Guderian verhindern. Hitler weigerte sich einfach, die Zahl der Feindverbände anzuerkennen, weil sie nicht in sein Konzept passten. In seinem Wunschdenken wähnte er, dass die Angriffskraft der Roten Armee bereits erlahmt sei. So kann man natürlich keinen Krieg führen.

Kurz vor Beginn der russischen Winteroffensive am 12. Januar 1945 ergab sich in Ostpreußen und an der Weichsel folgende Lage:

Die Heeresgruppe Mitte (Generaloberst Reinhardt) verteidigte mit der 3. Panzerarmee, der 4. und 2. Armee zwischen Tilsit und Warschau. Südlich davon bis Kaschau stand die Heeresgruppe A (Generaloberst Harpe) mit der 9. Armee, der 4. Panzerarmee, der 17. Armee und der 1. Panzerarmee. Jede Heeresgruppe verfügte über 7 schnelle Verbände und 35 Infanteriedivisionen. Gegenüber diesen beiden Heeresgruppen war die Rote Armee mit 71 Panzerdivisionen und 215 Schützenverbänden aufmarschiert.

Wenn man hier einen Vergleich zieht, werden einem die Sorgen des Generalstabschef Guderian nur allzu verständlich. Die Ausgangsposition der Verteidiger war nicht gerade günstig.

h) Am 12. Januar 1945 trat die Rote Armee aus den Weichsel-Brückenköpfen zum Angriff an. Entgegen der Ansicht der Heeresgruppe A hatte Hitler die Panzerreserven zu dicht hinter der Front aufgestellt, weshalb sie im ersten Ansturm überrannt wurden. Solche Reserven müssen relativ weit abgesetzt sein, damit sie nach Erkennen der Hauptstoßrichtung des Feindes mit einem gewissen Anlauf geschlossen und flüssig gegen die feindlichen Stoßkeile eingesetzt werden können, was u. U. erst am zweiten Tag des Feindangriffs oder noch später zweckmäßig ist. Trotz langjähriger Führungstätigkeit an der Spitze der Streitkräfte beherrschte Hitler diesen Grundsatz nicht. Von der Heeresgruppe A war vorgeschlagen worden, ca. 20 Kilometer hinter der Hauptkampflinie eine Ausweichstellung (Großkampflinie) einzurichten, um sich dem mörderischen feindlichen Vernichtungsfeuer kurz vor Angriffsbeginn entziehen zu können. Dieser Plan stammte vom Stabschef der Heeresgruppe, Generalleutnant von Xylander, der ihm die Bezeichnung "Schlittenfahrt" gab. Hitler genehmigte nur ein Ausweichen um zwei bis vier Kilometer, was kaum einen Nutzen bringen konnte. Die Heeresgruppe Mitte wurde von der Roten Armee aus einem Brückenkopf nördlich von Warschau und aus dem Raum Wirballen angegriffen und durch Ost- und Westpreußen in Richtung Ostseeküste zurückgedrängt.

Erst am 15. Januar 1945 verließ Hitler seinen für die Ardennen-Offensive eingerichteten Befehlsstand in Ziegenberg bei Gießen und begab sich nach Berlin, wo er schon längst hingehört hätte, denn an der Weichsel ging es um Sein oder Nichtsein. Hitler schaltete sich von Berlin aus sofort in das Geschehen an der Weichselfront ein. Gegen den Widerspruch von Guderian befahl Hitler am 15. Januar 1945 die Verlegung des Panzerkorps "Großdeutschland" unter General von Saucken von Ostpreußen nach Kielce, um den Russen den Weg nach Posen zu verlegen. Kielce war von Hitler falsch gewählt. Der Ort lag zu nahe am feindlichen Brückenkopf Baranow. Das Korps Saucken musste seine Panzer im russischen Artilleriefeuer ausladen und wurde sofort in Kämpfe verwikkelt. Die Bereitstellung von Panzerreserven hätte auf jeden Fall viel weiter abgesetzt erfolgen müssen. Am 22. Januar 1945 erreichten russische Panzerspitzen die Oder bei Steinau (ca. 60 Kilometer nordwestlich von Breslau).

Die Rote Armee riss mit ihrem Angriff zwischen der Heeresgruppe A und Mitte eine Lücke, die von der neu aufgestellten Heeresgruppe Weichsel übernommen wurde. Zum Oberbefehlshaber ernannte Hitler am 24. Januar 1945 den dafür überhaupt nicht qualifizierten Reichsführer-SS Himmler, der vorher die Truppen am Oberrhein mit wenig Erfolg geführt hatte. Guderian war entsetzt. Ende Januar 1945 ließ Himmler ohne Genehmigung die Weichsellinie zwischen Thorn und Mündung kampflos räumen. Ein starker Abschnitt - breiter Flusslauf mit Festungen - blieb damit für die Verteidigung ungenutzt. Das stellte einen gravierenden Fehler dar. Hitler griff aber nicht ein. Hätte dies ein General getan, wäre der Teufel los gewesen.

Reichsführer-SS Himmler sollte im Februar 1945 in Pommern eine Flankenoperation gegen die Rote Armee führen. Guderian sprach Himmler die Befähigung dazu ab und forderte, dass ein Heeresgeneral als Stabschef bei Himmler den Angriff leiten sollte. Nach zwei Stunden heftigsten Streits stand Hitler zornrot im Gesicht mit erhobenen Fäusten und am ganzen Leibe zitternd vor Guderian. Der Diktator war außer sich vor Wut und völlig fassungslos. Hitler lief hin und her und stellte sich immer wieder dicht vor Guderian auf, um ihm Vorwürfe entgegen zu schleudern. Er überschrie sich dabei, seine Augen quollen aus den Höhlen und die Adern an seinen Schläfen schwollen. Schließlich lenkte Hitler ein und sagte, der Generalstab habe heute eine Schlacht gewonnen.

Keitel war empört über Guderians Verhalten und sagte zu diesem:

"Wie können Sie dem Führer widersprechen. Sehen Sie nicht, wie sehr er sich aufregt? Was soll werden, wenn er bei solchem Anlass vom Schlage getroffen wird?"

Guderian erwiderte:

"Ein Staatsmann muss auch Widerspruch vertragen und die Wahrheit, sonst verdient er diese Bezeichnung nicht."

Die vom Reichsführer-SS im Februar 1945 geleitete Offensive, die von Pommern aus gegen den rechten Flügel der Roten Armee gerichtet war, schlug fehl. Himmlers Führungskünste überzeugten nicht. Der Generalstabschef Guderian erreichte schließlich am 20. März 1945 bei Hitler, dass der Innenminister von Generaloberst Heinrici ersetzt wurde. Am Ende seiner Offensive stand der Russe im März 1945 an Unterlauf der Oder zwischen Stettin und Fürstenberg, an der Lausitzer Neiße, sowie in Schlesien am Fuße des Sudetengebirges. Von Frankfurt an der Oder aus waren es nur noch ca. 75 Kilometer nach Berlin. Am 7. März 1945 konnten die Amerikaner bei Remagen den Rhein überwinden und in das deutsche Kernland hineinstoßen. Militärisch war damit der Krieg für Deutschland endgültig verloren.

Abschließend muss gesagt werden, dass Hitler die Lage an der Weichselfront völlig falsch beurteilt hatte. Die Folgen waren katastrophal. Sie trafen nicht nur die Truppe, sondern auch die flüchtende Bevölkerung, deren Trecks von den russischen Panzern zusammengeschossen und niedergewalzt wurden. Eine rechtzeitig Evakuierung der Zivilisten hatte Hitler abgelehnt.

Die deutschen Truppen an der Weichselfront waren erkennbar zu schwach, um die russische Offensive abwehren zu können. An diesem entscheidenden Abschnitt der Ostfront zeigte Hitler merkwürdigerweise kein Interesse. Lieber legte er wesentliche Kräfte bei Unternehmungen im Westen und in Ungarn fest, die an der Weichsel fehlten.

Das gilt auch für die ca. 30 Divisionen in Kurland. Zwar tat dort die Rote Armee Hitler den "Liebesdienst" und ließ sich durch eine Vielzahl von Divisionen binden, die an der Weichselfront nicht in Erscheinung treten konnten. Trotzdem war Hitlers Kalkül falsch. Die beiden Kurlandarmeen hätten an die Weichselfront verlegt werden müssen, denn dort stand die Entscheidung über Sein oder Nichtsein zu erwarten. Der Nebenkriegsschauplatz in Kurland war nicht mehr wichtig. Die Räumung von Kurland hätte schon deshalb erfolgen müssen, um sich nach einem Durchbruch der Roten Armee an der Weichsel den Vorwurf zu ersparen, mit den Kräften aus Kurland wäre vielleicht diese Katastrophe verhindert worden.

i) Alternativ-Szenario für die Abwehr der russischen Offensive 1945:
(s. Karte auf dem Buchcover)

Für die oberste Priorität erheischende Entscheidungs-schlacht an der Weichsel wäre es darauf angekommen, durch radikale Maßnahmen so viele Kräfte wie möglich an den übrigen Fronten und im Reich freizumachen, um sie rechtzeitig nach Osten zu verlegen. Finnland, Norwegen, Dänemark und Kurland hätten von deutschen Truppen geräumt werden müssen zu Gunsten der Weichselfront. Im Reich wären alle Ersatz- und Ausbildungsverbände, Kriegs- und Waffenschulen, Lehr- und Versuchstruppen, Kräfte des Reichsarbeiterdienstes usw. für den Osteinsatz in Betracht gekommen.

Ende 1944 verfügte das Heer über ca. 300 Divisionen. Diese waren wie folgt verteilt:

Finnland	9 Infanterie-Div.	
Norwegen	9 Infanterie-Div.	
Dänemark	2 Infanterie-Div.	1 schneller Verband
Kurland	27 Infanterie-Div.	5 schnelle Verbände
Heeresgruppe Mitte (Ostfront)	35 Infanterie-Div.	7 schnelle Verbände
Heeresgruppe A (Ostfront)	35 Infanterie-Div.	7 schnelle Verbände
Heeresgruppe Süd (Ungarn)	20 Infanterie-Div.	13 schnelle Verbände
Heeresgruppe F (Serbien)	9 Infanterie-Div.	
Heeresgruppe E (Balkan)	15 Infanterie-Div.	
Heeresgruppe C (Italien)	23 Infanterie-Div.	3 schnelle Verbände
Westfront	50 Infanterie-Div.	15 schnelle Verbände
Ersatzheer	20 Infanterie-Div.	3 schnelle Verbände
	254 Infanterie-Div.	54 schnelle Verbände

Der Weichselfront (Heeresgruppe A und Mitte) hätte man von den anderen Kriegsschauplätzen bzw. aus dem Reich folgende Kräfte zuführen müssen:

Finnland	9 Infanterie-Div.	
Norwegen	9 Infanterie-Div.	
Dänemark	2 Infanterie-Div.	1 schneller Verband
Kurland	27 Infanterie-Div.	5 schnelle Verbände
Heeresgruppe Süd		13 schnelle Verbände
Heeresgruppe C	8 Infanterie-Div.	3 schnelle Verbände
Westfront	10 Infanterie-Div.	15 schnelle Verbände
Ersatzheer	20 Infanterie-Div.	3 schnelle Verbände
(je Wehrkreis 1 Inf.Div.)		
	85 Infanterie-Div.	40 schnelle Verbände

Durch diese Maßnahme wäre die Weichselfront um 85 Infanteriedivisionen und 40 schnelle Verbände verstärkt worden.

Nach den Abgaben für die Weichselfront hätte sich für die übrigen Kriegsschauplätze folgende Kräfteverteilung ergeben:

Heeresgruppe Süd	20 Infanteriedivisionen
Heeresgruppe F	9 Infanteriedivisionen
Heeresgruppe E	15 Infanteriedivisionen
Heeresgruppe C	15 Infanteriedivisionen
Westfront	40 Infanteriedivisionen
	99 Infanteriedivisionen

Die Schwächung dieser Fronten, insbesondere ihre Entblößung von schnellen Verbänden, hätte in Kauf genommen werden müssen, um mit möglichst starken Kräften in die entscheidende Schlacht an der Weichsel ziehen zu können.

Es wäre zweckmäßig gewesen, der Heeresgruppe Süd in Ungarn einige Sturmgeschützabteilungen zuzuführen als Ausgleich für die abgegebenen schnellen Verbänden.

Der Westfront hätte man einige der dort aufgestellten kleinen Panzerbrigaden (eine Panzerabteilung, ein Panzergrenadierbataillon, eine Panzerpionierkompanie) belassen sollen.

Es wäre sinnvoll gewesen, die Verstärkungen für die Weichselfront unter besonderer Berücksichtigung der näher am Herzen des Reiches fechtenden, Berlin und Schlesien (Industriegebiet) deckenden Heeresgruppe A wie folgt zu verteilen:

a) von den 85 Infanteriedivisionen

  Heeresgruppe A   55

  Heeresgruppe Mitte   30

b) von den 40 schnellen Verbänden

  Heeresgruppe A   23

  Heeresgruppe Mitte   17

Danach hätte sich folgende Stärkenübersicht ergeben:

Heeresgruppe A
90 Infanteriedivisionen (ursprünglich 35)
30 schnelle Verbände (ursprünglich 7)
Heeresgruppe Mitte
65 Infanteriedivisionen (ursprünglich 35)
24 schnelle Verbände (ursprünglich 7)

Eine solche Verstärkung der Weichselfront hätte deren Kampfkraft beachtlich steigern können.

Nach der Räumung des Kurlandes wären die dort eingesetzten 96 Schützenverbände und 38 schnellen Verbände des Feindes frei geworden für eine Verwendung an der Weichselfront. In der nachfolgenden Kräfteübersicht wird die hälftige Verteilung dieser Feindkräfte vor der Heeresgruppe A und Mitte angenommen. Bei den russischen Schützen-Divisionen ist anzumerken, dass sie eine geringere Stärke hatten als die deutschen. Jede russische Panzerbrigade verfügte über 70 Kampfwagen.

Vergleich der eigenen Kräfte an der Weichselfront mit denen des Feindes:

	Heeresgruppe A	Feind
Infanteriedivisionen	90	102
		+ 48 aus Kurland
		150
Schnelle Verbände	30	51
		+ 19 aus Kurland
		70

	Heeresgruppe Mitte	Feind
Infanteriedivisionen	65	113
		+ 48 aus Kurland
		161
Schnelle Verbände	24	42
		+ 19 aus Kurland
		61

	Beide Heeresgruppen	Feind
Infanteriedivisionen	155	311
Schnelle Verbände	54	131

Bei der Heeresgruppe A hätte sich folgende organisatorische Verbesserung aufgedrängt:

Den rechten Flügel der Heeresgruppe A bildete die 1. Panzerarmee, die südlich der Beskiden kämpfte. Dieser Gebirgszug trennte die Armee von der Masse der Heeresgruppe A, was deren Führung unnötig erschweren musste. Die 1. Panzerarmee hätte man besser der Heeresgruppe Süd unterstellt, um beiderseits der Beskiden klar abgegrenzte Befehlsbereiche zu schaffen, angepaßt an die geographischen Gegebenheiten.

Für die zwischen Modlin und den Waldkarpaten fechtende Heeresgruppe A ergaben sich nach der hier vertretenen Ansicht folgende Erwägungen:

Eine Verteidigung der Weichsellinie erschien nicht erfolgversprechend bei der starken russischen Überlegenheit an den Brückenköpfen. Zur Erhaltung ihrer Kampfkraft durften die deutschen Stellungsdivisionen keinesfalls dem der Feindoffensive vorangehenden Trommelfeuer der Artillerie ausgesetzt werden, das Verluste von 30 bis 50 % bringen konnte. Für die in erster Linie ausharrenden Verteidiger bestand die Gefahr, von der Angriffswucht der Roten Armee gleich am Anfang zermalmt zu werden. Die deutschen Stellungsdivisionen mussten daher unmittelbar vor Beginn des Vernichtungsfeuers der Feindartillerie in einem großen Sprung zurückgenommen werden in vorbereitete Abwehrlinien beiderseits der russischen Angriffsschneise, um den Feindstrom in eine bestimmte Richtung zu lenken durch Sperren und Riegel. Erfahrungsgemäß kümmern sich durchbrechende Panzerkräfte nicht um rechts und links stehende Infanterieverbände des Gegners, sondern fahren so schnell wie möglich ihrem Operationsziel entgegen, das in diesem Fall wohl nur Berlin sein konnte. Es kam darauf an, die russischen Panzer weit in das Land hineinzulassen, um sie durch Bewegung abzunützen. Nach 200 Kilometern fallen in der Regel 20 bis 30 % der gepanzerten Fahrzeuge aufgrund technischen Versagens aus. Die übrigen Panzerkräfte werden durch lange Märsche angestrengt und in ihrem Kampfwert beeinträchtigt. Diese Umstände mussten sich die deutsche Führung zunutze machen. Der ca. 250 Kilometer von der Weichsel entfernte Raum von Kalisch bot sich an, die russischen Panzerkräfte gegen eine etwa 100 Kilometer breite und von ca. 40 Infanteriedivisionen verteidigte Abwehrfront auflaufen zu lassen, um den Feind anschließend mit den dort bereitgestellten 30 gepanzerten Divisionen der Heeresgruppe A in die Zange zu nehmen. Es konnte davon ausgegangen werden, dass von den 70 schnellen Verbänden der Roten Armee nur etwa 47 den Raum von Kalisch erreichen, während der Rest unterwegs wegen technischer Mängel liegenbleibt. In die Abwehrfront hätte man mehrere Flak-Divisionen aus dem Heimatkriegsgebiet, dessen Schutz nachrangig war, eingliedern können, deren 8,8-cm-Geschütze besonders gut geeignet waren für die Bekämpfung von Panzern. Hinzu kamen noch die panzerbrechenden Waffen der ca. 40 in der Abwehrfront eingesetzten Infanteriedivisionen (Pak-Riegel, Jagdpanzer, Sturmgeschütze, Panzerfäuste, Panzerminen usw.). Auf diese Weise konnte in Zusammenarbeit mit der Artillerie ein starkes panzerabweisendes Bollwerk entstehen. Rechnet man mit dem Verlust von ca. 10 schnellen Verbänden der Roten Armee vor dieser Feuerfront, so wären die restlichen 37 bei einem überraschenden, beidseitig umfassenden Angriff der 30 deutschen Panzerdivisionen in eine nicht ganz einfache Lage gekommen. Als Voraussetzung für ein solches Szenario hätte man die russischen Angriffskräfte im Norden und Süden durch einen sich nach Westen verstärkenden Truppencordon in einem zur Abwehrfront bei Kalisch führenden Korridor halten müssen. Für den Cordon im Norden wären 20 Infanteriedivisionen in der Linie Bzura-Mündung - Kutno - Warthbrücken (Kolo) in Betracht gekommen (ca. 150 Kilometer) und im Süden 30 Infanteriedivisionen in der etwa 250 Kilometer langen Linie Tarnow - Tschenstochau - Kempen (Kepno). Diese Kräfte hätten ausgereicht, Seitwärtsbewegungen des Feindes abzuweisen, mit denen aber weniger zu rechnen war, denn der durchgebrochene Feind will in der Regel nach vorwärts Raum gewinnen, ohne sich auf zeitraubende Gefechte an seinen Flanken einzulassen. Ein Beleg für diese These sind die nach Beginn der russischen Winteroffensive 1945 eingeschlossenen Panzerkorps "Saucken" und "Nehring", die als wandernde Kessel mit den Angreifern nach Westen zogen, weil sie von diesen nicht entscheidend attackiert wurden. Die Russen wollten sich nicht aufhalten lassen durch die Bekämpfung größerer Widerstandsinseln. Auch die deutsche Führungsvorschriften sehen vor, dass im Verfolgungsgefecht an stärkerem feindlichen Widerstand vorbeizustoßen und seine Beseitigung rückwärtigen Teilen zu überlassen ist (TF Nr. 418). Alle verfügbaren Truppen werden in der entscheidenden Verfolgungsrichtung in Bewegung gesetzt (TF Nr. 413).

Die eine Art Trichter bildenden Cordontruppen hätten im Falle der Abrechnung mit dem Feind bei Kalisch von Norden und Süden flankierend über die Russen herfallen können.

b) Das oben geschilderte Szenario für die Abwehr der russischen Winteroffensive ist nicht ganz ohne geschichtliches Vorbild. Im russisch-polnischen Krieg wurden 1920 die polnischen Armeen unter Marschall Pilsudski von den russischen Truppen Tuchatschewskis in Richtung Warschau zurückgeworfen. Die Polen kamen ostwärts der Weichsel zum Stehen. In der Nacht ließ Pilsudski seine Truppen unbemerkt vom Feind nach Norden und Süden ausweichen und machte die Bahn scheinbar frei für die Russen. Tuchatschewski glaubte am nächsten Tag an einen Rückzug der Polen hinter die Weichsel und ging nach Westen vor, ohne andere Möglichkeiten der Polen in Erwägung zu ziehen, weshalb wohl die Kavallerieaufklärung in den Flanken unterlassen wurde. Pilsudski überfiel mit seinen Truppen die Russen überraschend von beiden Seiten und fügte ihnen eine Niederlage zu.

c) Eine solche retour offensif hätte im Ersten Weltkrieg in Frankreich den Übergang von dem verpönten Stellungskampf zum Bewegungsgefecht ermöglichen können, doch keine Seite wagte diesen erfolgversprechenden Schritt. Dafür wäre nur erforderlich gewesen, dem Feind das Durchstoßen der eigenen Linien durch gedrosselten Widerstand zu erleichtern, ihn durch längere Vorwärtsbewegungen zu ermatten, um ihn schließlich in einem Sack einzufangen und durch frische eigene Truppen aus einem Hinterhalt heraus zu vernichten.

d) Abschließend muss noch ein Blick auf die Heeresgruppe Mitte geworfen werden. Für diese kam es darauf an, der ersten Wucht des russischen Angriffs auszuweichen, um unnötige Verluste zu meiden. In der Tiefe des rückwärtigen Raumes musste die Verteidigung aufgenommen werden. Dabei war es wichtig, den Weg offenzuhalten für einen eventuellen Rückzug hinter die Weichsel, deren breiter Unterlauf mit einigen Festungen ein beachtliches Hindernis für den Feind darstellte. Unter keinen Umständen durfte man sich von der Roten Armee gegen die Ostseeküste werfen lassen, weil das zu einer Falle ohne Ausweg nach Westen werden konnte.

Die Verteidiger Ostpreußens mussten bestrebt sein, den Zusammenhalt ihrer Abwehrfront zu bewahren.
Ein deutscher Erfolg in der Schlacht von Kalisch hätte die Lage der Heeresgruppe Mitte günstig beeinflussen können.

Selbst wenn man das hier vorgeschlagene Verfahren im Bereich der Heeresgruppe A nicht angewendet hätte, wäre man auch im Falle einer konventionellen Verteidigung allein schon durch die massiven Verstärkungen nach dem Alternativ-Szenario mit deutlich besseren Erfolgsaussichten in den Abwehrkampf eingetreten.

34. Das Führerhauptquartier

Die relativ kurzen Feldzüge in den ersten Kriegsjahren erforderten kein Großes Hauptquartier als ständige Einrichtung. Hitler entfaltete in dieser Phase keine allzu großen Aktivitäten auf dem Gebiete der militärischen Führung, sondern ließ seinen Befehlshabern weitgehend freie Hand. In Polen und Frankreich folgte Hitler seinen Truppen zum Teil mit einem Sonderzug der Reichsbahn, von dem aus er Verbindung aufnehmen konnte zu den leitenden Militärs. Erst seit dem Russlandfeldzug gab es das Führerhauptquartier "Wolfsschanze" bei Rastenburg in Ostpreußen als dauerhafte Institution. 1942 bezog Hitler für kurze Zeit eine vorgeschobene

Befehlsstelle in Winniza in der Ukraine. Gelegentlich verließ Hitler sein Hauptquartier und begab sich nach Berlin oder auf den Berghof bei Berchtesgaden. Doch überwiegend leitete Hitler die militärischen Operationen von Rastenburg aus. Zu seiner ständigen Umgebung gehörten insbesondere Keitel, Chef des Oberkommandos der Wehrmacht, Jodl, Chef des Wehrmachtsführungsstabes, Warlimont, Stellvertreter von Jodl, Schmundt, Chefadjutant, die Adjutanten und Verbindungsoffiziere der Wehrmachtsteile und der Waffen-SS, der Generalstabschef des Heeres nebst Mitarbeitern, Scherff, der Beauftragte des Führers für die militärische Geschichtsschreibung.

Als Guderian am 20. Dezember 1941 Hitler in seinem Hauptquartier besuchte, empfahl er ihm, seine militärischen Berater auszutauschen gegen fronterfahrene Offiziere. Tatsächlich waren Keitel, Jodl, Warlimont, Schmundt, Halder und Heusinger reine Schreibtischkrieger ohne Truppenerfahrung im Zweiten Weltkrieg. Hitler reagierte auf Guderians Vorschlag entrüstet: *"Ich kann mich jetzt von meiner Umgebung nicht trennen."*

Hitler hätte gut daran getan, Guderians Vorschlag aufzugreifen. Wer die Verhältnisse an der Front kennt, wird die Leistungsfähigkeit, Stimmung und Nöte der Truppe besser einschätzen können, um bei der Befehlsgebung darauf Bedacht zu nehmen. Den Anordnungen aus dem Führerhauptquartier fehlte häufig der Bezug zu den tatsächlichen Verhältnissen an der Front, was regelmäßig zu einer Überforderung der Truppe führte. Doch Hitler wollte nur bekannte Gesichter um sich sehen. Aus diesem Grunde unterließ er auch die 1942 geplante Auswechslung von Keitel und Jodl durch Kesselring und Paulus. Hitler wollte bequeme Untergebene. Selbständige Persönlichkeiten waren bei ihm nicht gefragt. Manstein, der einmal als Berater des Diktators in Rede stand, lehnte Hitler als zu eigenwillig ab. Zum Schluss befanden sich in seinem Dunstkreis fast nur noch kritiklose Bewunderer und Jasager auf der einen Seite und Resignierte auf der anderen Seite.

Hitlers autoritärer Stil ließ weder das Oberkommando der Wehrmacht noch den Generalstab des Heeres eigenes Profil gewinnen. Alle wesentlichen Entscheidungen traf Hitler selbst. Manstein sah daher im Wehrmachtsführungsstab unter Jodl nur ein militärisches Sekretariat.

Während des Krieges verkroch sich Hitler immer mehr im Bunker seines Hauptquartiers, das Jodl halb als Kloster und halb als Konzentrationslager bezeichnete. An die Front ging Hitler kaum noch. Wegen seiner verstärkt auftretenden Schüttellähmung zeigte sich Hitler seit 1943/44 nurmehr wenig in der Öffentlichkeit. In dieser Isolation verlor er allmählich den Kontakt nach außen und lebte immer stärker in seiner Schein- und Wahnwelt, aus der ihn seine Mitarbeiter nicht herausreißen konnten oder wollten.

35. Hitler im Umgang mit seinen Generälen

Im Russlandfeldzug betrat Hitler die Bühne des Kriegstheaters als Stratege im eigentlichen Sinne. Er bestimmte selbstherrlich in allen Führungsfragen. Mit dem selbständigen Operieren der Generäle war es weitgehend vorbei. Hitler gab allein den Ton an. Er brauchte keinen großen Widerstand zu überwinden, denn seine befehlsgewohnten Generäle gehorchten. Hitlers beherrschende Rolle zeigt folgender Auszug aus dem Kriegstagebuch des Oberkommandos der Wehrmacht vom 14. Mai 1942:

"Der Generalstabschef erörterte die Frage ...
Der Führer begrüßt eine solche Möglichkeit, jedoch nur unter der Voraussetzung ...
Generaloberst Halder trägt den Wunsch der Heeresgruppe Süd vor ...
Der Führer lehnt diesen Vorschlag scharf ab und ...
Hierzu ordnet der Führer an ...

13.30 Uhr Anruf von Feldmarschall von Bock, Heeresgruppe Süd, beim Führer und Meldung ...
Der Führer hält an seinem Entschluss fest und gibt dem Feldmarschall entsprechenden Befehl. Er fordert ...
Generaloberst Halder wird vom Führer angewiesen ..."
Hitler hatte offenbar keine besonders hohe Meinung von seinen Generälen, die fast wie Subalternoffiziere behandelt werden. Dem Chef des Oberkommandos der Wehrmacht, Keitel, warf Hitler einmal im Zorn die Akten vor die Füße. Der Feldmarschall hob sie wieder auf. Keitel erwog seinen Rücktritt wegen der laufenden Kränkungen durch Hitler. Auch von Brauchitsch und Halder hatten darunter zu leiden. Hitler verletzte mit seiner aufbrausenden Art immer mehr die Gebote des Anstands. Widerspruch duldete er kaum noch.

Diese Art der Menschenbehandlung gereicht einem Kriegsherrn nicht zur Ehre. Damit kann man seine Mitarbeiter nicht motivieren. Hitler war zu einer vertrauensvollen Zusammenarbeit nicht fähig. Diese hätte Achtung vor seinen Beratern und ihrem Wissen vorausgesetzt, die dem von seiner Unfehlbarkeit überzeugten Hitler völlig abging. Hitlers Misstrauen gegenüber seinen Generälen und ihre Geringschätzung führten zu einem enormen Verschleiß an Heerführern. Von Hitler verstoßen wurden alle 3 Oberbefehlshaber des Heeres, 4 Generalstabschefs, 14 von 18 Feldmarschällen des Heeres und 15 von 34 Generalobristen des Heeres.
Generäle, die nach Hitlers Ansicht nicht straff und resolut genug führten, verloren sehr schnell ihre Posten. Dabei ging Hitler in der Regel ausgesprochen subjektiv und ungerecht vor. Bei Misserfolgen zog er sofort und unnachsichtig personelle Konsequenzen, ohne lange nach den Ursachen zu forschen.
Wer als Kriegsherr im Umgang mit seinen Untergebenen eine derartig niedrige Frustrationstoleranz zeigt, spricht sich selbst sein Urteil. Der oberste Befehlshaber muss auch in der Personalpolitik einen ruhenden Pol bilden und darf auf diesem

Gebiet keine Hektik und Unberechenbarkeit aufkommen lassen.

Die Zusammenarbeit zwischen Hitler und seinem Generalstabschef Halder stand von Anfang an unter einem nicht besonders guten Stern. Halder spielte sein überlegenes Fachwissen aus und wies dem noch um die Erlernung der Kriegskunst bemühten Hitler schonungslos alle Fehler auf dem militärischen Sektor nach. Diese geringschätzige und herablassende Art missgefiel Hitler sehr. Da traf es sich gut, dass Halder die Bedeutung des Manstein-Planes für den siegreichen Ausgang des Westfeldzuges nicht richtig erkannt hatte (s. IV/2) im Gegensatz zu Hitler. Nach dem Erfolg des "Sichelschnittes" konnte Hitler triumphieren über seinen Generalstabschef, der ihn ständig belehren wollte in militärischen Fragen. Genau das vertrug der rechthaberische Hitler überhaupt nicht. Er machte sich hinter dem Rücken seines Generalstabschef über diesen lustig wegen seines Kneifers (Klemmbrille) und nannte ihn einen "bezwickelten Affen", der wie ein Schullehrer aussehe. Im Rußlandfeldzug steigerten sich die heftigen Auseinandersetzungen zwischen Hitler und Halder. Als dieser am 2. Januar 1942 einen Antrag Kluges auf Rücknahme der Heeresgruppe Mitte unterstützte, warf Hitler seinem Generalstabschef und dem Oberkommando des Heeres vor, die Armee parlamentarisiert zu haben und nicht straff genug zu führen. In seinem Ärger konnte Hitler sehr unsachlich werden.

Im August 1942 provozierte Halder seinen Obersten Kriegsherrn mit dem Hinweis, dass der Russe mindestens 11,5 Millionen Soldaten ausheben und ca. 1200 Panzer im Monat herstellen könne. Hitler ging mit geballten Fäusten auf seinen Generalstabschef los, weil er diese Angaben für total unglaubwürdig hielt. Hitler hatte offenbar seine eigenen Erkenntnisse vergessen über die ungeheuren Menschenreserven Russlands, festgehalten in seinem Buch *"Mein Kampf"* auf Seite 215 (s. IV/6). Auf jeden Fall wirft das ein grelles Licht auf Hitlers Schwäche, nur das Wünschenswerte zu glauben.

Die Behandlung Halders durch seinen Obersten Kriegsherrn zeigt, zu welch indiskutablen Verhalten Hitler gegenüber seinen Mitarbeitern fähig war.

Im Führerhauptquartier "Werwolf" bei Winniza/Ukraine nahm Halder einmal die Truppe in Schutz vor Hitlers Kritik. Der Diktator tobte, dass er als Infanterist des Ersten Weltkrieges im Schützengraben gekämpft habe und das besser beurteilen könne als Halder, der als Absolvent der Kriegsakademie nur in Stäben tätig gewesen sei.

Halder wollte am 24. August 1942 bei Hitler die Aufhebung eines Befehls erreichen, dessen Ausführung durch die Truppe mit hohen Verlusten verbunden gewesen wäre. Hitler lehnte ab und verlangte von der Führung die gleiche Härte wie an der Front. Darauf antwortete Halder:

"Ich habe sie, mein Führer. Aber da draußen fallen die braven Musketiere und Leutnants zu Tausenden, nur weil die Führung nicht den einzig möglichen Entschluss durchführen darf und ihr die Hände gebunden werden."

Hitler maß Halder mit einem hasserfüllten Blick und stieß dann heiser hervor:

"Generaloberst Halder, was erlauben Sie sich mir gegenüber für einen Ton. Sie wollen mir klar machen, wie es dem Mann an der Front zumute ist? Wo waren Sie im Ersten Weltkrieg? Und Sie wollen mir vorwerfen, ich verstünde die Front nicht. Ich verbitte mir das! Das ist unerhört!"

Im Kriege verschliss Hitler seine Generalstabschefs in immer kürzeren Zeitabständen. Halder konnte sich bis zum 24. September 1942 halten. Sein Nachfolger Zeitzler wurde am 21. Juli 1944 seines Amtes enthoben. Hitler rächte sich an dem widerspenstigen Zeitzler, indem er ihm die Erlaubnis zum Tragen der Uniform versagte.

Von Guderian trennte sich Hitler am 28. März 1945. Der letzte Generalstabschef war Krebs. Er ging bereitwillig auf alle Ideen des Diktators ein, weshalb er lobend hervorgehoben wurde von Hitler. Über die Vorgänger dachte Hitler anders. Halder sei ein Besserwisser, Zeitzler ein Hohlkopf und Guderian ein Dickkopf gewesen.

Auf die Idee kam der rechthaberische Hitler aber nicht, dass sein militärisches Unvermögen als Stratege etwas damit zu tun haben könnte, warum eine gedeihliche Zusammenarbeit mit militärischen Fachleuten wie Halder, Zeitzler und Guderian nicht möglich war. Merkwürdigerweise ließ sich Hitler immer wieder mit ihnen auf heftige Streitgespräche ein. Als Oberster Kriegsherr hätte er auf Grund seiner Kommandogewalt einfach befehlen können, dass ihm niemand widersprechen dürfe. Irgendwie war Hitler aber doch an den Auffassungen der Generäle interessiert, auch wenn er sie in der Regel verwarf.

Bei den Lagebesprechungen nervte Hitler seine militärischen Berater in der Regel mit schier endlosen Monologen zu einzelnen Fragen. Dabei durfte er nicht unterbrochen werden. Auf diese Weise wurden die Generalstabsoffiziere unnötig lange festgehalten. Die auf Grund der Lagebesprechung erforderlichen Maßnahmen konnten deshalb nicht rasch genug ergriffen werden. Der für die Ostfront zuständige Generalstabschef Guderian beklagte sich darüber, dass er nach Behandlung seines Ressorts bei der Lagebesprechung nicht sofort an seine Arbeit gehen konnte, sondern sich auf Anordnung Hitlers auch noch den umfangreichen Vortrag Jodls über die OKW-Kriegsschauplätze anhören musste. Dadurch kam Guderian mit der Erfüllung seiner eigenen Pflichten in Verzug.

1943 beklagte sich Hitler bei Guderian, dass in den letzten beiden Jahren auf deutscher Seite alles schiefgelaufen sei. Dieser empfahl ihm, doch das Verfahren zu ändern. Aber dazu war Hitler nicht fähig. Er hätte sich nur an die siegreichen Feldzüge am Anfang des Krieges erinnern müssen, als die Generäle den Krieg noch nach ihren bewährten Grundsätzen führen konnten ohne Einmischung von oben. Trotz des offensichtlichen Erfolges dieser Methode wollte Hitler seinen Generälen keine Handlungsfreiheit mehr einräumen.

Guderian trat im Februar 1945 für die beschleunigte Räumung des Balkans, Italiens, Norwegen und Kurlands ein. Damit erzeugte er einen Wutausbruch Hitlers, der schließlich mit erhobenen Fäusten vor seinem Generalstabschef stand. General Thomale zog Guderian weg, um das drohende Handgemenge zu vermeiden.

Ein Kommentar zu Hitlers Verhalten erübrigt sich.

36. Hitler und die Generalstabsoffiziere

Der sich viel auf seine Intuition zugute haltende Hitler hatte ein gestörtes Verhältnis zu den Generalstabsoffizieren. Deren nüchterne, sorgfältige und abwägende Arbeitsweise lehnte er ab. Hitler sprach abschätzig von einem Objektivitätsfimmel der Generalstabsoffiziere. Den Generalstab bezeichnete Hitler als schwunglos. Der Generalstabsoffizier tarne seine Feigheit hinter einer Maske der Nüchternheit. Die Elite des Heeres bezichtigte Hitler des geistigen Hochmuts, der Unbelehrbarkeit sowie der Unfähigkeit, das Wesentliche zu erkennen. Hass erfüllt betrachtete er die Generalstabsoffiziere als eine Sonderkaste hochnäsiger, junkerlicher Hohlköpfe und Nationalschädlinge voll steriler Ideenlosigkeit und Feigheit. Wörtlich äußerte er sich über die Generalstäbler:

"Die Herrschaften mit den Purpurstreifen an den Hosen sind mir manchmal widerlicher als die Juden. Diese wollen nämlich niemals Soldaten sein, was jene unausgesetzt für sich in Anspruch nehmen. Beim Generalstab handelt es sich um den letzten Freimaurerorden, den ich versäumt habe, aufzulösen. Ich habe schon oft bitter bereut, mein Offizierskorps nicht so gesäubert zu haben wie Stalin. Aber ich muss und werde es nachholen."

Hitler gab zu, dass er den Generalstab anfangs für einen gefährlichen Fleischerhund gehalten habe. In der Praxis sei der

Generalstab gegen alle seine riskanten Schritte gewesen. Er habe ihn deshalb immer wieder antreiben müssen.

Die sachlichen Einwendungen der Generalstabsoffiziere pflegte der aufbrausende Hitler wie folgt zurückzuweisen:

"Sie brauchen mich nicht zu belehren. Ich führe seit Jahren die deutschen Heere im Felde und habe in dieser Zeit so viele praktische Erfahrungen gesammelt, wie die Herren des Generalstabs sie niemals sammeln können. Ich habe Clausewitz und Moltke studiert und alle Aufmarschpläne Schlieffens gelesen. Ich bin besser im Bilde als Sie."

Der Versuch Hitlers, den Generalstabsoffizieren ihre karmesinroten Hosenstreifen und ihre besonderen Kragenspiegel zu nehmen, scheiterte an dem Widerstand des Generalstabschefs Zeitzler.

Als sich dessen Nachfolger Guderian für seine 3 Generalstabsoffiziere der Operationsabteilung einsetzte, die wegen der von Hitler nicht genehmigten Räumung Warschaus am 17. Januar 1945 verhaftet worden waren, und auf seine eigene Verantwortung als Generalstabschef hinwies, schrie Hitler:

"Nein, ich will nicht Sie treffen, sondern den Generalstab. Mir ist unerträglich, dass eine Gruppe von Intellektuellen sich anmaßt, ihre Ansichten ihrem Vorgesetzten aufzureden. Das ist das System des Generalstabs, und mit diesem System will ich aufräumen."

Der selbst aus dem Generalstab hervorgegangene Chef des Wehrmachtsführungsstabes, Jodl, sprach sich 1944 für die Auflösung des Generalstabs aus. Im Frühjahr 1945 rückte Jodl von der als falsch erkannten Idee wieder ab.

Hitlers Einstellung zu den Generalstabsoffizieren erscheint völlig unverständlich. Diese Fachleute wollten Hitler ihr Spezialwissen und ihre Erfahrungen zur Verfügung stellen zur sachgerechten Lösung der militärischen Probleme, doch Hitler wies sie zu seinem Schaden immer wieder brüsk zurück.

37. Hitlers Misstrauen

Der wahre Feldherr zeichnet sich aus durch eine vertrauensvolle Zusammenarbeit mit seinen Unterführern und Beratern. Nur auf diese Weise kann man erfolgreich Krieg führen. Vertrauen setzt Offenheit voraus. Doch dazu war Hitler nicht fähig. Er verlangte zwar von seinen Generälen unbedingtes Vertrauen. Er selbst brachte aber den Militärs ein fast krankhaftes Misstrauen entgegen. Dazu hatte Hitler überhaupt keinen Anlass, denn die Generäle standen loyal zu ihrem Kriegsherrn. Sie suchten sein Vertrauen. Er ließ sie jedoch nicht an sich heran.

Die schwieriger werdende Kriegslage führte zu immer heftigeren Auseinandersetzungen zwischen Hitler und den Generälen. Schließlich kam es zum Streit darüber, wer was gesagt hatte. Hitler war wütend auf seine Generäle, die er der Lüge zieh und beschuldigte, ihm das Wort im Munde herumzudrehen. Er ordnete daher Ende 1942 an, die Verhandlungen im Führerhauptquartier stenographisch festhalten zu lassen. Im Bezug auf seine Äußerungen sollte sich niemand mehr auf Unklarheiten und Missverständnisse berufen können. Hitlers erklärtes Ziel war es, den Generälen die Möglichkeit zu nehmen, seinen Worten nachträglich einen anderen Sinn zu geben. Natürlich wollte Hitler seine Äußerungen auch der Nachwelt erhalten. Die Protokollierung beweist, dass Hitler seinen Heerführern äußerst misstrauisch gegenüberstand. Es gab nur wenige Generäle, die offen mit dem Diktator redeten, so Rundstedt, Reichenau, Zeitzler, Manstein, Model, Guderian, Schörner, Richthofen, Rommel und Milch.

Hitlers Ablehnung der Generäle und des Generalstabes wandelte sich im Laufe des Krieges zu einem abgrundtiefen Hass. Doch er brauchte diese Fachleute, da die Waffen-SS noch nicht so weit war, um die Heeresoffiziere zu ersetzen. In seinem Tagebuch hielt Goebbels am 9. März 1943 (S. 255) zu diesem Punkt folgendes fest:

"Über die Generäle fällt der Führer nur noch negative Urteile. Sie beschwindeln ihn, wo sie nur können und verstehen nicht einmal ihr eigenes Kriegshandwerk, was man doch zum mindesten erwarten könne. Ihre Erziehung sei seit Generationen falsch gewesen."

Die Gauleiter und andere hohe Parteifunktionäre versuchten gern, Hitlers fast krankhaftes Misstrauen auszunutzen, um ihnen missliebige Militärs anzuschwärzen mit dem Ziel der Amtsenthebung.

Was konnte die Ursache sein von Hitlers Misstrauen? Möglicherweise war das ein allgemeiner Charakterzug von ihm. Misstrauen kann auch entstehen aufgrund von Minderwertigkeitsgefühlen. Hitler hatte keine abgeschlossene Realschulausbildung. Die bürgerliche Welt der damaligen Zeit neigte dazu, auf solche Halbgebildete verächtlich herab zu schauen. Hitler war als Kriegsherr in der Regel von Mitarbeitern und Beratern umgeben, die ihn bildungsmäßig überragten. Das Gefühl nicht ebenbürtig zu sein, kann misstrauisch machen.

Hitlers Vision, der von der Vorsehung bestimmte alleinige Heilsbringer Deutschlands zu sein, dürfte als Quelle seines Misstrauens ebenfalls eine Rolle spielen. Er lebte in der ständigen Furcht, seine Generäle könnten ihn aus Überheblichkeit, Ignoranz, Dummheit oder Böswilligkeit an der Erfüllung seiner "geschichtlichen Mission" hindern.

Als Ursache für Misstrauen kommt auch ein Überlegenheitsgefühl in Betracht, beruhend auf dem Glauben an die eigene Unfehlbarkeit. Davon war bei Hitler auszugehen. Wer überzeugt ist, alles besser zu wissen und zu können, traut natürlich seinen Untergebenen nicht viel oder gar nichts zu. Hitler hätte deshalb am liebsten alles allein getan. Zu seinem Leidwesen war Hitler aber auf seine Generäle angewiesen, denn ein Krieg ist eine Massenveranstaltung und keine one-man-show.

Hitlers Misstrauen kann auch auf dem Zusammenwirken von einigen oder allen der oben genannten Faktoren beruhen.

38. Das Anciennitätsprinzip

Traditionsgemäß erfolgten die Beförderungen in der deutschen Armee grundsätzlich nach dem Anciennitätsprinzip. Maßgebend war also das Dienstalter. Das hatte zur Folge, dass die höheren Führungsstellen von älteren Offizieren besetzt wurden, denen oft der rechte Schwung fehlte. Im Kriege machte sich dies besonders nachteilig bemerkbar. Jüngeren Offizieren blieben Posten verwehrt, auf die sie wegen herausragender Leistungen hingehört hätten. Hitler lehnte daher das Anciennitätsprinzip ab. Für die Beförderung sollte allein die Leistung entscheidend sein. Hitler favorisierte jüngere und dynamische Offiziere, die bedingungslos gehorchten, fanatisch kämpften und bei Friktionen hart und energisch durchgriffen. Die Offiziere der alten Schule mit ihrem überholten Ethos und ihren ständigen Einwänden auf dem fachlichen Gebiet waren Hitler gründlich zuwider. Am 31. Juli 1944 äußerte er sich zu diesem Problem wie folgt:

"Mich interessiert diese verfluchte Rangordnung überhaupt nicht. Hier handelt es sich um Männer, um sonst nichts. Wenn ich mir vorstelle, was wir für Männer haben, etwa dieser kleine Major (Remer) in Berlin, der einen so schweren Entschluss gefasst hat. Wenn ich so einen Mann anstelle von einem Generalleutnant oder einem Kommandierenden General hinein setze, ist der zehnmal soviel wert. Es hängt eben von einem Mann ab, und die anderen sind Scheißkerle, sind bei uns so erzogen, dass sie so etwas als selbstverständlich auffassen, dass andere sich aufopfern, aber selber denken sie nicht daran, weil sie schon mit einem Auge hinüber schielen: "Was kann uns schon passieren. Wir gehen in Gefangenschaft, werden da standesgemäß behandelt, kommen nicht einmal mehr mit dem ganzen eigenen Plebejertum zusammen."

Hitler spielte damit an auf die schnelle Kapitulation von Cherbourg durch Generalleutnant von Schlieben am 26. Juni 1944.

Im übrigen beweist Hitler mit seinen Worten ein feines Gespür für soziale Zusammenhänge.

Hitler konnte seine militärische Umgebung vom Leistungsprinzip nicht begeistern. Das gilt insbesondere für Keitel. Hitler zeigte sich wieder einmal fortschrittlicher als seine Generäle. Ganz neu waren seine Erkenntnisse nicht, denn die Weimarer Verfassung hatte bereits 1919 das Leistungsprinzip im Öffentlichen Dienst festgeschrieben (Art. 128, Absatz 1). Ähnlich steht es im Grundgesetz (Art. 33, Absatz 2).

39. Die Kommandostruktur

Wichtige Voraussetzung für die Ausübung der Kriegskunst ist die Schaffung einer effektiven Kommandostruktur. Der Stratege muss also für eine reibungslos funktionierende Befehlshierarchie sorgen. Hitler maß diesem Gesichtspunkt aber keine große Bedeutung zu. Klare und überschaubare Kompetenzbereiche zersplitterte Hitler gern durch Sonderzuständigkeiten, was zu unnötigen Reibungen führten musste.

Als Konkurrenz zu den Heeresverbänden duldete Hitler die Aufstellung von SS-Divisionen und Luftwaffenfelddivisionen. Damit sprengte er die aus organisatorischen Gründen gebotene Einheitlichkeit der Landstreitkräfte. Für diese hätte allein das Heer zuständig sein müssen. Einsichtige SS-Führer traten für die Eingliederung der Waffen-SS in das Heer ein. Selbst der überzeugte SS-Mann "Panzer-Meyer", zuletzt Kommandeur der 12. SS-Panzerdivision "Hitlerjugend", bezeichnete nach dem Krieg die Selbständigkeit der Waffen-SS als Fehler.

Hitler versäumte es, die Kompetenzen zwischen dem Oberkommando der Wehrmacht und dem Oberkommando des Heeres im Kriege klar voneinander abzugrenzen.

Beim Oberkommando der Wehrmacht handelte es sich um ein Zwittergebilde. Es übte im Auftrag Hitlers die routinemäßigen Geschäfte des früheren Reichskriegsministerium aus und war insofern eine vorgesetzte Dienststelle gegenüber den Oberkommandos von Heer, Marine und Luftwaffe. Grundsätzliche Entscheidungen auf diesem Gebiet traf Hitler selbst. Ferner diente das Oberkommando der Wehrmacht als Hitlers militärischer Stab, der grundsätzlich keine Befehlsgewalt hatte. Nur mit Hitlers Ermächtigung konnte das Oberkommando der Wehrmacht Regelungen treffen auf dem Gebiet der militärischen Führung.

Nach dem Einfall in die Sowjetunion 1941 wurde die Zuständigkeit des Oberkommandos des Heeres beschränkt auf die Ostfront zwischen Leningrad und Schwarzes Meer. Alle übrigen Kriegsschauplätze unterstanden führungsmäßig dem Oberkommando der Wehrmacht. Es handelte sich um Finnland, Norwegen, Dänemark, Westfront, Italien, Nordafrika, Balkan und Griechenland. Man nannte sie die OKW-Kriegsschauplätze. Durch diese Aufgabenverteilung stand das Oberkommando der Wehrmacht führungsmäßig auf gleicher Stufe neben dem Oberkommando des Heeres, was eine Systemwidrigkeit bedeutete. Eigentlich hätte das Oberkommando der Wehrmacht eindeutiger das Dach über den drei Wehrmachtsteilen bilden müssen, mit einem eigenen Generalstab wie in den anderen führenden Militärstaaten. Im strategischen und operativen Bereich wäre die Beschränkung des Oberkommandos der Wehrmacht im Allgemeinen auf Weisungen angezeigt gewesen, deren Durchführung von den betroffenen Wehrmachtsteilen hätte erfolgen müssen. Doch bei Hitler spielte diese Frage offenbar keine so große Rolle, da er Oberster Befehlshaber der Wehrmacht, Kriegsminister und Oberbefehlshaber des Heeres in einer Person war.

Mit dem grundsätzlich auch von oben nach unten geltenden Dienstweg nahm es Hitler nicht sehr genau. Wenn es ihm paßte, wandte er sich direkt an eine Division unter systemwidriger Umgehung von Heeresgruppe, Armeeoberkommando und Armeekorps. Von einem krassen Fall der unzulässigen Einmischung in die Belange eines kleinen Verbandes zeugt der Bericht des Oberst i. G. von Gersdorff, Ic der Heeresgruppe Mitte. Danach wollte Hitler im Jahre 1942 von dem Oberbefehlshaber von Kluge bei einem Telefongespräch wissen, wie viele Maschinengewehre ein bestimmtes Bataillon eingesetzt habe. Kluge wußte das natürlich nicht und ließ das von seinem Stab feststellen. Kluge teilte Hitler mit, dass von diesem Bataillon vier Maschinengewehre in Stellung gebracht worden seien. Hitler befahl Kluge, für den Einsatz von sechs Maschinengewehren zu sorgen. Hitlers Verhalten kann nur als grotesk bezeichnet werden, eines Strategen unwürdig. Um solche kleinkarierte Dinge darf sich der Mann an der Spitze der Wehrmacht wirklich nicht kümmern.

Man spottete seiner, dass er am liebsten für jeden einzelnen Soldaten das Schützenloch selbst ausgesucht hätte.

Besonders unübersichtlich waren die Befehlsverhältnisse 1944 an der Westfront. Es wäre naheliegend gewesen, dem Oberbefehlshaber West alle für seinen Kampfauftrag wichtigen Verbände und Behörden zu unterstellen. Das tat Hitler jedoch nicht. Seiner Art entsprechend ließ er es auch dort zu einem Kompetenzwirrwarr kommen (s. IV/30 s).

In Organisationsfragen war Hitler ein Mann der Halbheiten und des Provisorischen. Als Stratege stellte er sich damit ein schlechtes Zeugnis aus.

40. Rückwärtige Stellungen

Im Stellungskrieg lassen vorsorgliche Feldherren für den Fall einer erfolgreichen Feindoffensive im Hinterland Ausweich- und Aufnahmestellungen vorbereiten, die nach Möglichkeit versehen sind mit Sicherheitsbesatzungen (s. III/1, TF Nr. 451).

Doch davon hielt Hitler nichts. Er hatte im Ersten Weltkrieg 1917 das Zurückgehen des deutschen Westheeres auf die Siegfried-Linie erlebt. Das war schneller vor sich gegangen als von der Obersten Heeresleitung erwartet, da sich die Soldaten im Zwischenfeld beim hinhaltenden Widerstand nicht mit letzter Anstrengung geschlagen hatten. Daher vertrat Hitler die Meinung, rückwärtige Stellungen zögen die Truppen magnetisch an, weshalb er sich stets gegen einen vorzeitigen Stellungsausbau im Hinterland aussprach. Hitler war im Gedächtnis haften geblieben, wie leicht eine Truppe ins "Rutschen" kommen konnte, wenn sie der Feind aus dem Graben hinaus gedrückt hatte, denn das Halten im freien Feld stellte eine schwierige Aufgabe dar. Deswegen gab Hitler dem Ausharren auch in ungünstiger Stellung den Vorzug gegenüber Ausweichbewegungen, bei denen Hitler immer den Übergang zur Flucht befürchtete. In diese Richtung gingen auch Hitlers Haltebefehl (s. IV/8, IV/42) und seine Wellenbrecherdoktrin mit Festen Plätzen und Festungen (s. IV/28). Aus psychologischer Sicht steckt in Hitlers Argumentation ein Körnchen Wahrheit. Seine Auffassung vermag jedoch letztlich nicht zu überzeugen. Sie verrät wenig Gefühl und Herz für die Truppe, von Fürsorge ganz zu schweigen (s. Teil I). Bei ihm schimmert das Prinzip der hinter sich abgebrochenen Brükken durch: Wer nicht mehr zurück kann, kämpft fanatischer. Es war auch ein Schuss Götterdämmerung dabei mit darwinistischem Einschlag, entweder erfolgreich halten oder untergehen. Einen Mittelweg wollte Hitler seiner Art gemäß nicht gehen (alles oder nichts). Wenn Hitlers Ansicht richtig wäre, hätte man es auf deutscher Seite im Ersten Weltkrieg und auch in anderen Armeen lange falsch gemacht. Davon kann man aber nicht ausgehen.

Wenn eine feindliche Übermacht die eigene Truppe aus ihrem Grabensystem hinauswirft, dann darf man sie nicht schutzlos im freien Felde fechten lassen, sondern muss ihr Anklammerungsmöglichkeiten bieten in Form von rückwärtigen Auffangstellungen. Diese wirken auch der von Hitler in einem solchen Falle befürchteten Fluchtneigung entgegen, denn der zurückgehende Soldat wird sich lieber in den Schutz einer rückwärtigen Stellung fallen lassen, als sich auf der Flucht vor dem nacheilenden Feind über die freie Plaine jagen lassen. Feindliche Durchbrüche sind nie auszuschließen. Diese können von den Reserven besonders gut aufgehalten werden aus vorbereiteten Stellung im Hinterland, die der Truppe Schutz und Deckung geben.

In der Frage der rückwärtigen Stellungen konnte Hitler seinen Standpunkt nicht ganz durchhalten. 1944 erlaubte er in Rußland den Bau der Panther-Stellung, die sich etwa entlang des Dnjeprs hinzog. Auch in Nordfrankreich war der Bau der "Kitzinger-Linie" geplant zur Aufnahme der 1944 aus der Normandie vertriebenen deutschen Truppen.

41. Frontverkürzungen

Das wiederholte Drängen seiner Oberbefehlshaber im Osten nach Frontverkürzungen und Frontbegradigungen lehnte Hitler stets mit dem vordergründig als richtig erscheinenden Argument ab, dass in solchen Fällen nichts gewonnen werde, da auch der Feind seine vorhandene Kräfte auf einer kürzeren Frontlinie verdichten könne, was nur zu einer Massierung auf beiden Seiten führe.

Hitler wollte damit jede Ausweich- und Absetzbewegung verhindern. Ihm kam es auf das Halten um jeden Preis an. Er nahm dabei maßlos überdehnte Abschnittsbreiten und das Fehlen ausreichender Reserven der Divisionen in Kauf.

Die Heerführer hätten gegen Hitlers Ansicht folgende Erwägungen ins Feld führen können:

Eine Frontverkürzung bietet die Möglichkeit, auf starke Abschnitte auszuweichen, um so dem Gegner das für ihn ungünstige Gelände vorzuschreiben. Bei der Auswahl der eigenen

188

Stellungen kann auf Panzersicherheit, gute Feuerwirkung und günstige Beobachtungsmöglichkeiten Bedacht genommen werden. Eine Frontverkürzung führt zu einer stärkeren Besetzung der Hauptkampflinie und zu einer tieferen Staffelung im Hauptkampffeld, wodurch selbst kraftvollere Feindstöße leichter und elastischer aufgefangen werden können. Eine kompakte Front wirkt auf die Truppe in psychologischer Hinsicht beruhigend und schafft Zuversicht. Frontverkürzungen ermöglichen auch eher das Ausscheiden starker Reserven, wobei zusätzlich Sicherheit und Vertrauen entsteht. In diesem Fall können die Reserven auf kürzeren Wegen an die Brennpunkte geworfen werden. Durch Frontverkürzungen hätte Hitler sein erklärtes Ziel, die Abnützung und entscheidende Schwächung der Roten Armee, am ehesten erreicht. Im Zuge der Operation "Zitadelle" 1943 lernten die deutschen Angriffsarmeen den Wert einer tief gestaffelten Verteidigungszone kennen, in der sich die deutschen Panzer fest rannten. Von den hohen Verlusten sollte sich die deutschen Panzerwaffe nicht mehr erholen. Eine Frontbegradigung hat auch den Vorteil von kürzeren Versorgungslinien. Es gibt nichts Schlimmeres, als sich in einer ungünstigen Frontlinie festhalten zu lassen, die man nur dünn besetzen kann, eventuell unter Inkaufnahme von Lücken. Das lädt den Gegner förmlich dazu ein, an einer Stelle kraftvoll durchzustoßen. Dem Russen gelang das immer wieder, insbesondere an Nahtstellen. Derartige Durchbrüche schafften bedrohliche Situationen und große Unsicherheit. Frontbegradigungen hätten das Herausziehen der einen oder anderen Division zur Auffrischung ermöglicht. Es war ein schwerer Nachteil für die deutschen Verbände, dass sie auf Grund des Haltebefehls laufend an einer überdehnten Front kämpfen mussten. Der ununterbrochene Abwehrkampf unter solchen Bedingungen ließ die deutschen Divisionen buchstäblich ausbrennen.

Im Gegensatz zu seinen Generälen liebte Hitler Frontvorsprünge auf deutscher Seite, um die der Feind verlustreich kämpfen sollte. Das hätte jedoch starke eigene Kräfte im

"Balkon" vorausgesetzt, die der Gegner nicht so ohne Weiteres abschnüren kann und die in der Lage sind, den Feindtruppen einen kompakten Abwehrkampf zu liefern. Bei den dank Hitlers "Feldherrnkunst" entstandenen Frontvorsprüngen konnte davon keine Rede sein, da die Hauptkampflinie nur dünn besetzt war, weshalb das Aufgeben des Frontbogens und der Rückzug auf die wesentlich kürzere Sehnenstellung in der Regel vernünftig gewesen wäre.

42. Hitlers Haltebefehl - beweglicher Abwehrkampf

Im deutschen Heer stand seit jeher die Ausbildung für den Bewegungskrieg stark im Vordergrund. Aus dem Marsch heraus wollten die Deutschen den entgegenkommenden Feind überraschend an einer schwachen Stelle (Flanke, Flügel, Rücken) mit Übermacht fassen und schlagen, um ihm das Gesetz des Handelns aufzuzwingen. Die sich ständig ändernden Situationen im Bewegungskrieg mögen zögernde und unentschlossene Truppenführer belasten, aber für kühne und zupackende Führerpersönlichkeiten eröffnen sie ein reiches und erfolgversprechendes Betätigungsfeld (coup d'oeil). Die besonders in dieser Form des Krieges vorherrschenden Ungewissheit der Lage führte im Befehlswesen zur Entwicklung der sogenannten Auftragstaktik. Die Unvorhersehbarkeit des Gefechtsverlaufes ließ detaillierte Befehle als unzweckmäßig erscheinen, da die Durchführung eines solchen Befehls von zu vielen Unwägbarkeiten abhängig war. Dem eigenen Willen begegnete der unabhängige Wille des Feindes. Den Truppenführern an der Front musste daher weitgehend die Freiheit des Handelns überlassen werden, um auf schnell wechselnde Lagen reagieren zu können. Nur allgemein gehaltene Aufträge durften den Truppenführern erteilt werden (z. B. Kampfaufgabe, Angriffsziel), um jede unnötige Einengung zu vermeiden. Die Art und Weise der Durchführung des Auftrages war grundsätzlich Sache des Truppenführers.

Innerhalb seines weiten Spielraums durfte er nur nicht die ihm von oben befohlenen Richtlinien für die Kampfführung aus den Augen verlieren, sondern musste stets in ihrem Sinne handeln. Widrigenfalls hatte er mit Eingriffen seiner Vorgesetzten zu rechnen.

Die Anwendung der Auftragstaktik setzt ein gut geschultes und entscheidungsfreudiges Offizierskorps voraus.

Das deutsche Offizierskorps entsprach diesen Anforderungen seit jeher in besonderer Weise. Die großen Erfolge in den ersten Jahren des Zweiten Weltkrieges geben davon Zeugnis (z. B. Polen, Frankreich, Balkan, Nordafrika). Gerade in der ersten Phase des Russlandkrieges bewiesen die schnell und wendig geführten deutschen Verbände die Überlegenheit der Auftragstaktik im Bewegungskrieg gegenüber der in der Roten Armee herrschenden Befehlstaktik, die dem Truppenführer keine Handlungsfreiheit ließ, sondern ihm seine Maßnahmen für alle möglichen Fälle im Einzelnen vorzuschreiben suchte. Bei wesentlicher Änderung der Lage musste der Truppenführer neue Anweisungen beantragen. Die Schwerfälligkeit einer solchen Taktik liegt auf der Hand.

Anfang Dezember 1941 lief sich die deutsche Offensive vor Moskau an dem sich versteifenden Widerstand der Roten Armee fest, die ihrerseits zum Angriff überging. Am 18. Dezember 1941 erließ Hitler daher zum Entsetzen der Militärs seinen berüchtigten Haltebefehl. Die Truppe musste sich dort verteidigen, wo sie gerade stand. Ein Zurückgehen auf leichter zu haltende Abschnitte war strikt untersagt. Hitler wollte keinen Fußbreit des Bodens kampflos aufgeben. Der in die Defensive gedrängte Diktator machte aus seinem Haltebefehl die Maxime der Zukunft. Der ständig gegen die deutschen Verteidigungsstellungen anrennende Russe sollte verbluten. Doch diese Rechnung konnte angesichts des riesigen Menschenpotentials der Sowjetunion nicht so ohne weiteres aufgehen. Es bestand auf lange Sicht eher die Gefahr eines wesentlichen Kräfteverzehrs auf deutscher Seite. Außerdem hatte Hitler nicht genügend Zeit für seine Ausblutetaktik, denn 1943/44 musste mit der Invasion im Westen gerechnet werden. Für Hitler wäre es darauf angekommen, bis zu diesem Zeitpunkt die Kampfkraft der Roten Armee durch geeignete Maßnahmen entscheidend zu schwächen, um mehr Handlungsfreiheit im Westen zu bekommen. Hitler hätte rechtzeitig von der starren Verteidigung abrücken und zu einer flexiblen Abwehr übergehen müssen, um die Überlegenheit des deutschen Offizierskorps in der beweglichen Kampfführung stärker zur Geltung zu bringen. Nur auf diese Weise konnte man von den Vorzügen der Auftragstaktik profitieren, die in der reinen Verteidigung nicht die gleiche Rolle spielt wie im Bewegungsgefecht. Die flexible Abwehr musste nicht an der ganzen Ostfront praktiziert werden. Man hätte sie zunächst in bestimmten Abschnitten ausprobieren können. Das hinhaltende Gefecht - Wechsel zwischen Abwehr und Angriff (s. III/1 und TF Nr. 531 ff.) - in tiefen Abwehrzonen oder Abwehrräumen wäre geeignet gewesen, die Rote Armee stärker und schneller zu schwächen als in der reinen Verteidigung. Eine Armee, die immer nur verteidigt, neigt zur Passivität und verliert den Schwung für den Angriff. Doch Erfolge im Angriff sind wichtig für die Moral der Truppe.

Manstein bat Hitler immer wieder um Handlungsfreiheit für das Ostheer zumindest für Operationen aus der Rückhand. Der Feldmarschall wollte wesentliche Teile der Roten Armee durchbrechen lassen, um sie in einem vorbereiteten großen Sack aufzufangen. Mit dem Nachlassen der Schwungkraft der Feindoffensive sollte der Sack zugebunden und der eingekesselte Feind durch bereitgestellte Reserven im Gegenschlag von drei Seiten vernichtet werden. Mit dieser erfolgversprechenden Methode hätte man nach und nach große Teile der Roten Armee ausschalten und den Kriegsverlauf im Osten offener gestalten können. Die Wehrmacht war weit genug nach Osten vorgedrungen, so dass sie sich in räumlicher Hinsicht ein solches Verfahren trotz gewisser Rückwärtsbewegungen lange Zeit hätte erlauben können, ohne den Russen zu nahe an die Reichsgrenzen vorzulassen. Außerdem wäre bei einer solchen retour offensif die Auftragstaktik als besondere Stärke der deutschen Armee entscheidend zum Tragen gekommen. In seiner Weisung Nr. 51 vom 3. November 1943 (OKW Nr. 662656/43) räumte Hitler auch ein, dass im Osten die Größe des Raumes äußerstenfalls einen Bodenverlust auch größeren Ausmaßes zuläßt, ohne den deutschen Lebensnerv tödlich zu treffen. Trotzdem erteilte er Mansteins Plänen eine Absage, obwohl er dessen operative Fähigkeiten gut kannte. Es war schließlich Mansteins "Sichelschnitt", dem Hitler den überraschenden Sieg in Frankreich zu verdanken hatte. Der Diktator hielt stur an seinem Haltebefehl fest. Er schimpfte über Manstein, der immer nur operieren wolle, obwohl die Zeit dafür vorbei sei und in der Abwehr nur noch "Steher" gebraucht würden, wobei Hitler an Leute wie Model dachte.

Goebbels spottete über Manstein und nannte ihn einen "Marschall Rückwärts" in Anspielung auf Blücher als "Marschall Vorwärts".

Feldmarschall von Richthofen, bei Hitler nicht unbeliebt und außerdem von der Luftwaffe, bat den Diktator 1943 vergeblich, zur flexiblen Kampfführung überzugehen und den Befehlshabern Handlungsfreiheit zu lassen. Richthofen schrieb einmal verbittert in sein Tagebuch: *"So wie jetzt, ist man - operativ gesehen - hoch bezahlter Unteroffizier."*

Hitler war offenbar unfähig, die herausragende Bedeutung der Auftragstaktik zu erkennen. Er hatte sie 1941 quasi abgeschafft.

Nur bei Angriffsoperationen durften sich die deutschen Truppen dieses Verfahrens bedienen und hatten damit auch in der Regel großen Erfolg. Hitler vertrat die unzutreffende Auffassung, dass es in der Abwehr keinen Raum für die Auftragstaktik gebe. Natürlich spielt die Auftragstaktik beim Angriff eine größere Rolle als in der Abwehr, aber auch dort geht es nicht ganz ohne sie, insbesondere, wenn es sich um eine bewegliche Abwehr handelt.

43. Marine- und Heeresflieger

Im Dritten Reich hatte Göring als Oberbefehlshaber der Luftwaffe das Monopol in der Militärfliegerei. Heer und Marine verfügten im Allgemeinen nicht über eigene Flugzeuge. Großadmiral Raeder, der Oberbefehlshaber der Marine, stellte am 31. Dezember 1940 und am 18. Mai 1942 bei Hitler den Antrag, der Marine die Aufstellung eines Seefliegergeschwaders zu bewilligen. Göring wandte sich aus Ressortegoismus heftig dagegen. Der Altparteigenosse Göring hatte natürlich bessere Karten als der Großadmiral. Hitler entschied zu Gunsten von Göring und seiner Eitelkeit. Dieses Gefälligkeitsurteil Hitlers lag jedoch völlig neben der Sache. Im Grunde genommen hätten Marine und Heer dringend über eigene Fliegerverbände verfügen müssen zur effektiveren Erfüllung ihrer Aufgaben. Diese Erkenntnis ist heute unbestritten. Man vergleiche nur die Organisation der Bundeswehr, bei der Heeres- und Marineflieger neben der Luftwaffe selbstverständlich sind. Im Dritten Reich blieben der Marine und dem Heer Bittgänge um Unterstützung durch die Luftwaffe nicht erspart. In der Sache konnte das nicht befriedigen. Der Einsatz einer Panzerdivision des Heeres z. B. kann nur dann als optimal bezeichnet werden, wenn sie über eigene Aufklärungsflugzeuge verfügt.
Doch der Kriegsherr Hitler war trotz seiner Vorliebe für die Panzerwaffe zu dieser Einsicht nicht fähig.

44. Hitler und Mussolini

Hitler hatte ein eigenartiges Verhältnis zu Mussolini und Italien. Für den jungen Politiker Adolf Hitler wurde der Duce zum Vorbild. Schon in den frühen 20-er Jahren konnte sich Hitler eine Achse Berlin - Rom vorstellen. Um dieser Verbindung willen war Hitler bereit, Südtirol zu opfern, obwohl das Programm der Nazipartei den Zusammenschluss aller

Deutschen zu einem Großdeutschen Reich forderte. Hitler, der Verfechter des Herrschaftsanspruches der germanischen Völker, ergriff auf einmal Partei für das romanische Italien.

Nach der Machtergreifung suchte Hitler die Verbindung zum Duce. Dieser erteilte dem neugebackenen Reichskanzler herablassend seine Ratschläge. Hitler spielte zunächst die Rolle des Juniorpartners. Als Italien wegen des Abessinienkrieges vom Völkerbund mit Sanktionen belegt wurde, stützte Hitler den Duce. Dieser duldete deshalb aus Dankbarkeit die Annexion Österreichs durch Deutschland, wenn auch mit gemischten Gefühlen.

Italien und Deutschland verstärkten ihre Zusammenarbeit und schlossen sich enger zusammen. Der Duce musste 1937/38 zu seinem Leidwesen erkennen, dass ihn Hitler militärisch und wirtschaftlich überflügelt hatte. Dieser glaubte damals, der Duce habe aus den Italienern gute Soldaten gemacht. Auch Rommel war 1937 dieser Auffassung, die er aber im Afrikafeldzug revidieren musste. In der militärischen Fachliteratur schrieben viele deutsche Offiziere vor dem Krieg Positives über die italienische Wehrmacht, weil das politisch opportun war und auch gut für die Karriere. Das Oberkommando des Heeres stand den italienischen Streitkräften stets skeptisch gegenüber und sprach sich gegen eine Waffenbrüderschaft mit Italien aus. Hitler sah die Dinge insofern viel optimistischer. Er schloss 1939 mit dem Duce den Stahlpakt, der gegenseitige Beistandspflicht für den Kriegsfall vorsah. Die militärische und wirtschaftliche Schwäche Italiens sowie die politische Sprunghaftigkeit des Duce sprachen eigentlich gegen ein solches Bündnis. Als Frankreich im Juni 1940 auf Grund der deutschen Westoffensive schon fast besiegt war, trat der Duce an der Seite Deutschlands in den Krieg ein und zwar auch gegen England. Die Italiener hofften, sich ohne größere Anstrengungen auf Kosten der Franzosen bereichern zu können, was aber nicht gelang.

In einem Geheimabkommen mit Italien sprach Hitler 1940 den Verzicht des Reiches auf Südtirol aus. Die deutsche Bevölkerung sollte umgesiedelt werden. Diese Vertragsklausel wurde zum Teil realisiert.

Ohne vorherige Konsultation der Deutschen ließ der Duce im Oktober 1940 von Albanien aus, das er 1939 annektiert hatte, seine Truppen in Griechenland einfallen, um sich gegenüber dem erfolgreichen Bündnispartner zu profilieren. Der italienische Angriff blieb aber stecken. Dem Duce drohte eine Niederlage. Im April 1941 besetzte Hitler im Laufe des Balkanfeldzuges Jugoslawien und Griechenland, wodurch er Mussolini von seinen Sorgen befreite. Auch in Libyen kam Hitler den von englischen Streitkräften bedrängten Italienern Anfang 1941 mit Truppen zu Hilfe.

Am Russlandfeldzug beteiligte sich der Duce mit einer Expeditionsarmee, die Hitler 1942/43 bei Stalingrad auf Grund seiner Fehlentscheidungen erbarmungslos untergehen ließ. Den Rat des Duce, im Osten Schluss zu machen, schlug Hitler in den Wind.

Nordafrika ging im Mai 1943 unter großen Verlusten für die Achsenmächte verloren. Die Anglo-Amerikaner eroberten im Sommer 1943 Sizilien und landeten anschließend in Süditalien.

Deutsche Truppen mussten die Verteidigung des italienischen Mutterlandes übernehmen. Italien war kriegsmüde.

Der Duce wurde im Juli 1943 abgesetzt und verhaftet. Hitler scheute keine Mühe, Mussolini auf dem Grand Sasso im Apennin aufzuspüren und durch ein Luftlandekommando zu befreien. Zeit seines Lebens hatte Hitler eine Schwäche für den Duce. Dieser durfte als Marionette Hitlers bis zum Kriegsende in Norditalien regieren (Republik von Salò).

Zusammenfassend muss gesagt werden, dass Italien für das Reich eine schwere Bürde war, sowohl in militärischer wie in wirtschaftlicher Hinsicht (Lieferung von Kohle und sonstigen Wirtschaftsgütern). Es wäre besser gewesen, sich der Freundschaft der Italiener zu vergewissern, sie aber aus dem Krieg heraus zu halten. Die Frage bleibt, ob eine solche Politik mit dem ehrgeizigen und eifersüchtigen Mussolini möglich gewesen wäre. Auf jeden Fall belastet die Fehleinschätzung Italiens den Politiker und Strategen Adolf Hitler. Bei einer Neutralität des faschistischen Staates wäre Deutschland im Süden geschützt gewesen und hätte sich stärker auf wichtigeren Kriegsschauplätze engagieren können.

45. Hitler und die Kriegswirtschaft

Hitler besaß ein nicht unbeachtliches Verständnis für waffentechnische Fragen und Probleme. Seine Fantasie war auf diesem Gebiet ausgeprägter als die vieler Generäle. Hitler interessierte sich sehr für Panzer, Kraftfahrzeuge, Kanonen, Flieger, Schiffe usw.. Auf diese Weise kam er zwanglos in Berührung mit der Rüstungsindustrie und deren Rohstoffbedürfnisse. Nach einer gewissen Zeit fühlte sich Hitler als Fachmann auf diesem Sektor. Er beklagte sich immer darüber, dass seine Generäle von Kriegswirtschaft nichts verstehen. Hitler hatte früh die entscheidende Bedeutung des Motors für die Kriegsführung erkannt.

Bis 1942 produzierte die deutsche Kriegswirtschaft auf relativ niedrigem Niveau fast wie in Friedenszeiten. Der immer härter werdende Krieg erzwang aber ein rasches Umdenken. Rüstungsminister Speer, seit 8. Februar 1942 Nachfolger des tödlich verunglückten Todt, konnte die Kriegsproduktion gewaltig steigern.

Das hätte Hitler schon zwei Jahre früher haben können. Doch von ihm war die kriegswirtschaftliche Lage von Anfang an falsch eingeschätzt worden. Aufgrund der bisherigen Blitzkriegerfolge in Polen, Frankreich und auf dem Balkan maß Hitler diesen Fragen nicht die notwendige Bedeutung zu in der Hoffnung, Russland auch noch ohne gesteigerte kriegswirtschaftliche Anstrengung schlagen zu können. Mit den

Ressourcen der besiegten Sowjetunion konnte man rüstungspolitisch eine neue Rechnung aufmachen.

Nach dem Rückschlag vor Moskau musste Hitler erkennen, dass der Krieg länger dauern würde. Um so unverständlicher erscheint es, dass Hitler nach dem japanischen Überfall auf Pearl Harbor 1941 den Vereinigten Staaten den Krieg erklärte, ohne den Japanern gegenüber dazu verpflichtet zu sein. Er glaubte wohl, dass die USA erst in einigen Jahren in den europäischen Konflikt eingreifen können. Bis dahin wollte Hitler den russischen Bären und den britischen Leu erlegt haben. Dabei unterschätzte er in sträflicher Weise das ungeheure Menschen- und Industriepotential der Amerikaner, die außerdem eine Seemacht erster Ordnung darstellten. Hitler, ein begieriger Leser von Flottenkalendern, hätte das wissen müssen.

Ein knappes Jahr später landeten bereits die ersten US-Truppen in Nordafrika, die im Mai 1943 im Verein mit den Engländern die Achsentruppen in Tunis zur Kapitulation zwangen.

Seit dem Russlandfeldzug pflegte Hitler seine operativen Entscheidungen verstärkt mit kriegswirtschaftlichen Zielen zu verbinden. Die Eroberung des Donez-Beckens (Kohle, Industrie) war für Hitler wichtiger als der Angriff auf Moskau.

Der Stoß in den Kaukasus 1942 sollte Deutschland in den Besitz der dortigen Ölquellen bringen, um die insofern gegebene Abhängigkeit von Rumänien zu mindern. Hitler verstieg sich zu dem Ausspruch, dass er den Krieg ohne das Öl des Kaukasus nicht mehr lange führen könne. Hier täuschte sich der "Wirtschaftsfachmann" Hitler beträchtlich, denn er musste seinen Krieg auch ohne das russische Erdöl noch drei Jahre führen. Hitler ließ sich bei der Kaukasusoperation zu stark von kriegswirtschaftlichen Zielen leiten, was ihm den Blick für die militärische Sinnlosigkeit dieses Projekts verstellte. Der Feldzug der Heeresgruppe A erwies sich als ein Fehlschlag.

Ähnlich lag es bei dem Vorstoß auf Stalingrad, wo Hitler den Schiffsverkehr auf der Wolga unterbinden wollte, um die Sowjetunion wirtschaftlich abzuschnüren. Für diese Zielsetzung opferte Hitler eine ganze Armee, ohne auch nur den geringsten Erfolg zu erzielen. Hitler verlegte kurz vor dem Untergang der 6. Armee in Stalingrad die 22. Luftlandedivision nach Kreta zum Schutz der rumänischen Ölfelder vor den Briten. Viel wichtiger wäre es gewesen, diese Division für den Entsatz der 6. Armee zu verwenden. Schon bei der Besetzung Griechenlands 1941 spielte bei Hitler der Gedanke eine große Rolle, die Briten vom rumänischen Öl fernzuhalten. Diesem Zweck diente wohl auch die verlustreiche Eroberung der Insel Kreta im Mai 1941 durch deutsche Luftlandetruppen. Die auf der Krim stehende 17. Armee wurde 1944 zum Teil der Vernichtung preisgegeben, weil Hitler die Bedrohung der rumänischen Ölfelder durch die russische Luftwaffe von der Krim aus so lange wie möglich hintanhalten wollte. Hitler kam es auch darauf an, durch langes Halten der Krim zu verhindern, dass die Türkei in das alliierte Lager wechselt.

Nikopol wollte Hitler 1944 unbedingt gegen die Rote Armee verteidigen, weil die dortigen Manganvorkommen angeblich von kriegsentscheidender Bedeutung waren für die deutsche Rüstungsindustrie. Trotz des schließlichen Verlustes von Nikopol konnte das Reich den Krieg noch über ein Jahr fortsetzen.

Hitlers kriegswirtschaftliche Argumente dienten wohl in erster Linie dazu, die Preisgabe feindlichen Raumes zu vermeiden, denn in Gebietseinbußen sah Hitler einen starken Prestigeverlust.

Die Betonung der wehrwirtschaftlichen Argumente durch Hitler hatte den Vorteil, dass sie von den Militärs nicht angegriffen werden konnten, da ihnen Hitler auf diesem Gebiet jegliche Kompetenz absprach. Hitler konnte auf diese Weise seine operativen Absichten leichter gegenüber seinen Generälen durchsetzen.

In Verfolg dieser Wirtschaftsinteressen ließ Hitler seine Verbände oft an der falschen Stelle kämpfen, was die militärische Gesamtlage ungünstig beeinflußte.

Anfang 1945 waren 12 Panzerdivisionen in Ungarn eingesetzt zum Schutz der dortigen Bauxitgruben und Ölvorkommen am Plattensee und in Österreich, obwohl die Masse dieser Panzerdivisionen an der Weichselfront dringend gebraucht worden wären, weil dort die Entscheidung fallen musste.

Wehrwirtschaftliche Fragen können bei militärischen Operationen eine wichtige Rolle spielen. Wer erfolgreich Krieg führen will, muss das in erster Linie nach militärischen Grundsätzen versuchen.

Hitler pflegte auch den politischen und psychologischen Fragen Vorrang zu geben vor den militärischen Notwendigkeiten.

Zusammenfassend muss gesagt werden, dass Hitler unfähig war, zwischen den militärischen, wehrwirtschaftlichen, politischen und psychologischen Gerichtspunkten eine vernünftige Güterabwägung vorzunehmen.

Am Anfang des Krieges war Deutschland mit einer 30 %-igen Auslastung seiner Rüstungsindustrie allen Feinden überlegen. Speer konnte die Kriegsproduktion von 1942 bis Mitte 1944 verdreifachen, doch die Alliierten erreichten in dieser Zeit eine vier- bis fünffache Überlegenheit. Man kann von einer Ironie des Schicksals sprechen.

Hitler wurde 1942 das produktionsreife Sturmgewehr vorgestellt. Es handelte sich dabei um ein automatisches Gewehr (Rückstoßlader) für Einzelfeuer und kurze Feuerstöße. Das Magazin fasste 35 Patronen. Das Sturmgewehr sollte die Einheitswaffe der Wehrmacht, den Karabiner 98 k, ablösen, bei dem man nach jedem Schuss mit der Hand nachladen musste (Magazin fünf Patronen). Doch Hitler lehnte die Einführung des Sturmgewehrs ab, weil er einen zu großen Munitionsverbrauch befürchtete, was nicht ganz unbegründet erschien. Das war aber ein Fehler. Die Vorteile des Sturmgewehrs lagen auf der Hand. Wer im Krieg Erfolg haben will, muss in technischer Hinsicht mit der Zeit gehen. Der Karabiner 98 k war 1942 bereits veraltet. Gerade an der Ostfront hätte das Sturmgewehr gegen die massenhaft anstürmenden Rotarmisten gute Dienste getan. Ein gesteigerter Munitionsverbrauch wäre hinzunehmen gewesen. Erst Ende 1944 genehmigte Hitler die Einführung des Sturmgewehrs. Doch da war es schon zu spät.

Merkwürdigerweise hatte Hitler bei der Einführung des Maschinengewehrs 42 weniger Bedenken wegen des überaus hohen Munitionsverbrauchs (25 Schuss pro Sekunde bzw. 1500 Schuss pro Minute).

1939 verfügte die Wehrmacht über die modernste Bewaffnung und war damit allen anderen Armeen überlegen. Hitler beging jedoch den Fehler, die deutschen Waffensysteme nicht weiter zu entwickeln. Insofern kam es zu einem mehrjährigen Stillstand. Das gilt insbesondere für Panzer und Flugzeuge. Hitler glaubte wohl, seine Kriegsziele in Europa bis Ende 1941 noch mit den alten Beständen erreichen zu können.
Ende September 1943 nahmen die Westalliierten den Flugplatz Foggia in Unteritalien in Besitz. Von dort aus konnten sie in relativ kurzer Zeit mit ihren Flugzeugen die rumänischen Ölraffinerien erreichen und bombardieren.

46. Generäle über Hitler

Guderian, der Schöpfer der deutschen Panzerwaffe, kam in dieser Eigenschaft in den 30-ger Jahren öfter mit Hitler zusammen, der sich sehr für die Panzertruppen interessierte und sie auch förderte. Als Truppenführer in Polen, Frankreich und Russland (bis Ende 1941) hatte Guderian immer wieder Aussprachen mit Hitler. Später als Generalinspekteur der Panzertruppen (ab Februar 1943) und als Generalstabschef des Heeres (Juli 1944 bis März 1945) war die Zusammenarbeit zwischen Guderian und Hitler besonders eng. Guderian muss als profunder Kenner Hitlers angesehen werden. Hier sein Urteil:

"Hitler entstammte kleinen Verhältnissen. Seine Schulbildung und Erziehung waren mangelhaft. Rauh zeigte er sich in der Sprache und den Sitten. Seine hervorstechendste Eigenschaft war seine Willenskraft, die stark suggestiv bis hypnotisch wirkte. Hinzu kamen seine außergewöhnliche Rednergabe und die Kunst, seine Gedanken in leicht fassbare Formeln zu kleiden. Er war ein überragend kluger Kopf (?) mit einem ungewöhnlichen Gedächtnis. Hitler zeichnete sich durch große Rücksichtslosigkeit aus (z. B. Röhm-Putsch). Im Laufe seiner Amtszeit wurde er immer unduldsamer. Es stellte sich eine zunehmende Ablehnung von Adel, Gelehrten, Beamten und Offizieren ein. Hitler besaß einen hoch entwickelten politischen Instinkt. Er ließ neben sich nichts und niemanden gelten. Hitler war kühn im Planen, aber ängstlich in der Ausführung seiner militärischen Absichten. Seine Fehler bei der Beurteilung der Sowjetunion, die sich bald nachteilig bemerkbar machten, wollte Hitler ausgleichen durch das Vortreiben seiner Truppen mit rücksichtsloser Härte. Seine Missachtung anderer Rassen und Völker erwies sich als verhängnisvoll. Hitlers Vorbilder waren Friedrich II. und Bismarck. Doch deren Weisheit und Mäßigung fehlten ihm. Im Laufe des Krieges nahm seine Erregbarkeit zu. Er verlor leicht jede Haltung in seinem Jähzorn und war dann unberechenbar in seinen Worten und Entschlüssen. Sein Geist blieb rege bis zum Schluß, aber diese Regsamkeit hatte etwas Unheimliches, denn sie war diktiert vom Misstrauen in die Menschheit. Mit der Zähigkeit eines Fanatikers klammerte er sich an den letzten Strohhalm, um sich und sein Werk doch noch vor dem Untergang

zu retten. Er glaubte, sein Schicksal decke sich mit dem der Nation. Hitlers Credo war: "Niemals nachgeben und nie kapitulieren." Als Mensch blieb Hitler ein Sonderling ohne Freunde und Familie. Er vertraute sich niemandem an. Einsam ging er durch die Welt, erfüllt von seinen gigantischen Plänen. Letztlich siegte bei ihm der Dämon über den Genius."

Manstein hatte von 1942 bis 1944 als Oberbefehlshaber einer Heeresgruppe in dem besonders umkämpften Südabschnitt in Russland laufend Gelegenheit, Hitler als Strategen kennenzulernen. Er attestierte ihm einen gewissen Instinkt für operative Fragen, doch habe Hitler die Durchbildung des militärischen Führers gefehlt. Hitler sei mit einigen wesentlichen Eigenschaften eines Feldherrn ausgestattet gewesen, nämlich Verstandesschärfe, Nerven- und Willensstärke. Trotz seiner Gabe, operative Chancen schnell zu erfassen, habe es Hitler am Urteil über Vorbedingungen gemangelt. Eine klare Beurteilung der Lage und daraus abgeleitet ein kühner Entschluss seien als wesentliche Elemente der Kriegskunst bei Hitler nicht durchsetzbar gewesen. Immer habe er die Stärke des Feindes bagatellisiert und die Macht des Willens auf der eigenen Seite überschätzt. Hitler habe ein mangelndes Verständnis für den Zeit- und Kräftebedarf gehabt, was auch für Nachschubfragen gelte. Von Hitler sei stets übersehen worden, dass jede Operation über die Zahl der für den ersten Angriff erforderlichen Kräfte hinaus der ständigen Nährung durch weitere Verbände bedarf. Vorausdenken auf längere Sicht im operativen Bereich habe Hitler nicht gelegen. Unangenehme Entscheidungen habe Hitler solange aufgeschoben, bis es zu spät gewesen sei. Dies habe viel mit Hitlers Abneigung zu tun gehabt, Terrain aufzugeben. Verbände für bedrohte Abschnitte seien von Hitler in der Regel zu spät und in ungenügender Zahl freigegeben worden. Der von Natur aus angriffsfreudige Hitler habe sich in Russland merkwürdigerweise an seinen unsinnigen Haltebefehl geklammert und sich stets gegen das allein erfolgversprechende Schlagen aus der Nachhand ausgesprochen. Hitlers Berufung auf Clausewitz, dass die Verteidigung die stärkste Kampfform sei, hätte nur dann gestimmt, wenn die deutschen Kräfte stark genug gewesen wären, um den Gegner verbluten zu lassen. Über diese Kraft habe das Ostheer jedoch nicht verfügt.

Hitler habe das Maß für das Erreichbar gefehlt. Zu viele Ziele seien von ihm zugleich verfolgt worden, womit er gegen die militärische Regel verstoßen habe, dass man an entscheidender Stelle nie stark genug sein könne. Für den Entscheidungskampf im Osten hätte Hitler auf anderen Kriegsschauplätzen ein höheres Risiko eingehen müssen.

Aber auch an der Ostfront habe Hitler in fehlerhafter Weise zu lange Fronten in Kauf genommen bei völlig unzureichenden Kräften.

Hitlers Wissen über Waffen- und Rüstungsprobleme sei erstaunlich gewesen, doch habe er zu einer Überschätzung der Technik geneigt. An Produktionsziffern habe sich Hitler berauschen können.

Vertrauen sei nicht Hitlers Stärke gewesen. Er habe sich als unfähig erwiesen, die Ratschläge seiner engsten militärischen Berater zu nutzen. Den Oberbefehlshabern an der Front sei Hitler ebenfalls misstrauisch gegenüber gestanden.

Kluge, Oberbefehlshaber der Heeresgruppe Mitte, habe z. B. vor jedem Unternehmen von Bataillonstärke aufwärts bei Hitler anfragen müssen. Bei Besprechungen habe Hitler seinen Standpunkt oft stundenlang mit Zähigkeit verteidigt. Seine militärischen Argumente seien nicht ohne weiteres von der Hand zu weisen gewesen.

Hitler habe die Gabe besessen, sich psychologisch ausgezeichnet auf die Eigenart des jeweiligen Gesprächspartners einzustellen. Dem Diktator sei es auch gut gelungen, seine Zuversicht auf andere zu übertragen.

Hitler sei zwar nie an die Front gegangen, doch habe er sich von Frontoffizieren in seinem Hauptquartier berichten lassen, weshalb ihm die dauernde Überbeanspruchung der deutschen Verbände bekannt gewesen sei.

Klare Befehlsverhältnisse seien nicht Hitlers Stärke gewesen. So habe er als Oberster Befehlshaber der Wehrmacht und Oberbefehlshaber des Heeres nach der Ablösung von List im September 1942 auch noch vorübergehend die Führung der Heeresgruppe A im Kaukasus übernommen.

Der Heeresgruppe B seien von Hitler zeitweilig sieben Armeen, davon vier der Verbündeten, unterstellt worden, obwohl eine Heeresgruppe bestenfalls drei bis vier Armeen führen könne.

Der auf Befehl Hitlers von der Heeresgruppe A gebildete Kuban-Brückenkopf sei ein Fehler gewesen, da dies zu einem Brachliegen von ca. 400 000 Mann geführt habe. Diese hätten zwar gewisse Feindkräfte gebunden, doch habe der Feind das Ausmaß der Bindung weitgehend selbst bestimmen können.

Westphal schilderte Hitler als einen ungeheuer beredsamen Mann mit einem unfehlbaren Gedächtnis, insbesondere auf technischem Gebiet. Hitler habe sich ein umfangreiches militärisches Wissen angeeignet. Charakteristisch für ihn sei die Unterschätzung von Gegner, Zeit und Raum gewesen. Unangenehme Konsequenzen habe Hitler nicht rechtzeitig zu ziehen vermocht, weshalb ihm vom Feind das Gesetz des Handelns aufgezwungen worden sei, was zu unersetzlichen Verlusten geführt habe. Hitlers Haltebefehl unter Aufgabe der bewährten Auftragstaktik und das Verbot einer flexiblen Abwehr, die bei der Tiefe des russischen Raumes möglich gewesen wäre, seien entscheidend gewesen für Deutschlands Niederlage. Der Bewegungskrieg, eine Stärke des deutschen Heeres, hätte im Osten die feindliche Überlegenheit in einem gewissen Umfang ausgleichen können. Westphal gibt ferner zu Protokoll, dass er Hitler bei einer Besprechung am 6. März 1944 darauf hingewiesen habe, dass die Truppe in Italien überanstrengt sei und nicht mehr angriffsfähig. Hitler habe erwidert, dass ihm die Kriegsmüdigkeit des Volkes und der Wehrmacht bekannt sei. Er müsse bald zu einem Ende kommen. Doch vorher sei noch ein Erfolg erforderlich. Einen solchen könne er aber an der Ostfront wegen Kräftemangels nicht erreichen.

Konsequenzen zog der Diktator jedoch nicht aus dieser Erkenntnis, sondern setzte den Krieg fort bis zum bitteren Ende.

Halder bezeichnete die oft überraschenden Feldherrn-Entschlüsse Hitlers als Ausflüsse einer Augenblickseingebung folgenden Gewaltnatur, die keine Grenzen des Möglichen anerkannte und ihre Wunschträume zum Gesetz des Handeln machte. Halder sah in Hitler einen Mann der dunklen Intuition, der nicht ausgezeichnet gewesen sei durch kühnen Wagemut oder fröhliche Unbekümmertheit im Sinne von Schlieffen, sondern durch einen hemmungslosen Wegelagererinstinkt. Diesem seien Hitlers Entschlüsse entsprungen und nicht einer vorausschauenden Planung. Zukunftsweisende Anordnungen habe Hitler immer wieder verschoben oder kurz nach dem Erlass widerrufen. Ein schwerer Fehler sei Hitlers mangelndes Interesse für operative Reserven gewesen. Trotz Förderung der militärischen Technik habe er deren Grenzen nicht erkannt. Hitler sei voller Ungeduld gewesen und habe keine Entwicklung in Ruhe abwarten können. Hitler sei der Mann uferloser Hoffnungen gewesen. Er habe das Wünschenswerte an die Stelle des Möglichen gesetzt. Ein Hauptfehler sei von ihm die krankhafte Überschätzung der eigenen und verbrecherische Unterbewertung der feindlichen Kräfte gewesen. Die Rote Armee habe Hitler immer wieder fälschlich für tot gehalten und sich in der Rolle desjenigen gesehen, der das Fallende nur noch zu stoßen brauche.

Halder lastete Hitler nach dem Krieg den Russlandfeldzug als Hasardspiel an. Hitler sei unbeeindruckt gewesen durch den Hinweis auf das unerschöpfliche Menschenreservoir und die 10 000 Panzer der Sowjetunion. Den Russen habe Hitler in unzutreffender Weise jede technische Begabung abgesprochen.

Dieser nachträglichen Einsicht von Halder steht dessen Tagebucheintrag vom 3. Juli 1941 entgegen, in dem er den Russlandfeldzug bereits nach 14 Tagen als gewonnen ansah.

Heusinger, Chef der Operationsabteilung im Generalstab des Heeres, berichtet von Hitlers erheblichem militärtechnischen Wissen. Der Diktator habe operativ oft richtige Ideen gehabt, deren Durchführung aber mangels eines entsprechenden Grundwissens nicht beherrscht, insbesondere im Hinblick auf Zeit und Raum. Hitler sei daher von Halder immer wieder belehrt worden, was sich psychologisch ungünstig ausgewirkt habe.

47. Hitler als Gerichtsherr

Bald nach der Machtübernahme beglückte Hitler am 12. Mai 1933 die Reichswehr mit der Wiedereinführung der 1919 weitgehend abgeschafften Militärgerichtsbarkeit, um die vom Nationalsozialismus noch etwas reserviert gegenüberstehenden Generäle für sich zu gewinnen.

Als die maßgeblich an der Machtergreifung beteiligten paramilitärische SA unter Röhm auf der Suche nach einer angemessenen Rolle im Dritten Reich im Frühjahr 1934 die Übernahme der Landesverteidigung forderte, sah Hitler seinen absoluten Herrschaftsanspruch bedroht. Er wollte sich nicht unter Druck setzen lassen. Wahrheitswidrig behauptete Hitler, dass Röhm einen Putsch plane, und ließ ihn mitsamt den höheren SA-Führern ohne Gerichtsverfahren erschießen (30. Juni - 2. Juli 1934). Die Reichswehrgeneräle von Schleicher und von Bredow sowie einige den Nazis missliebige Zivilpersonen fanden dabei ebenfalls den Tod. Hitler verdächtigte die beiden Militärs hinterher des Landesverrats, ohne Beweise dafür vorlegen zu können.

Hitler sprach von Staatsnotwehr und ließ sich das vom Reichstag per Gesetz vom 3. Juli 1934 (RGBl. I, S. 529) bestätigen. Tatsächlich handelte es sich um Morde. Am 13. Juli 1934 verteidigte sich Hitler im Reichstag wie folgt:

"... Meutereien bricht man nach ewig gleichem ehernen Gesetz. Wenn mir jemand einen Vorwurf entgegenhält, weshalb wir nicht die ordentlichen Gerichte zur Aburteilung herangezogen hätten, dann kann ich ihm nur sagen: In dieser Stunde war ich verantwortlich für das Schicksal der deutschen Nation und damit des deutschen Volkes Oberster Gerichtsherr. ..."

Der Reichstag billigte die Erklärung der Reichsregierung und dankte dem Reichskanzler für seine tatkräftige und entschlossene Rettung des Vaterlandes vor Bürgerkrieg und Chaos.

Der bekannte Rechtslehrer Carl Schmitt fand Hitlers Vorgehen ganz in Ordnung und schrieb dazu:

"Der wahre Führer ist immer auch *Richter. Aus dem Führertum fließt das Richtertum"* (DJZ 34, 946).

Hitlers brutales Vorgehen versetzte das deutsche Bürgertum in Furcht und Schrecken. Dieser Nebeneffekt war wohl von Hitler mit beabsichtigt, um jegliche Opposition von vornherein zu ersticken. Man tröstete sich im bürgerlichen Lager damit, dass es sich beim Röhm-Putsch primär um eine parteiinterne Auseinandersetzung gehandelt habe und dabei überwiegend abartige und gewalttätige SA-Führer beseitigt worden seien. Hitler erschien insofern wie der Befreier von einem bedrückenden Übel, das er allerdings lange Zeit selbst geduldet hatte. Man hielt diese Säuberungsaktion für eine vorübergehende Erscheinung der NS-Revolution. Ähnlich dachten auch die Reichswehrgeneräle, die durch die Enthauptung der SA keine Konkurrenz mehr von dieser Seite befürchten mussten.

Nach dem Tode Hindenburgs am 2. August 1934 übernahm Hitler dessen Amt zusätzlich und wurde auf diese Weise Oberbefehlshaber der Wehrmacht. Als solcher war Hitler Gerichtsherr im Sinne des Militärstrafrechts. In dieser Eigenschaft ließ er Anfang 1938 das Verfahren gegen den abgesetzten Oberbefehlshaber des Heeres von Fritsch durchführen (s. II/3).

Als militärischer Gerichtsherr war Hitler insbesondere zuständig für Verfahren gegen Generäle. Er ordnete die Einleitung des Verfahrens an, überprüfte das Urteil (Bestätigung oder Aufhebung), und entschied über Vollstreckung oder Begnadigung.

Im Dezember 1941 verstießen die Generäle Förster, Guderian und Hoepner in der Schlacht vor Moskau gegen Hitlers strikten Haltebefehl und wichen mit ihren Truppen auf günstigere Abschnitte zurück. Der erzürnte Diktator enthob sie sofort ihrer Posten (s. IV/8).

Das gegen General Förster eingeleitete Kriegsgerichtsverfahren musste eingestellt werden mangels eines Schuldnachweises.

General Guderian blieb unbehelligt von kriegsgerichtlichen Schritten.

General Hoepner wurde am 2. Januar 1942 von Hitler aus der Wehrmacht ausgestoßen unter Aberkennung seiner Bezüge. Hoepner rief dagegen das Reichsverwaltungsgericht an, das die Entscheidung Hitlers als rechtswidrig aufhob. Dieser schäumte vor Wut. Eine solche Belehrung durch die von Hitler verachteten Juristen durfte nicht noch einmal vorkommen. Er hatte von Haus aus ein gestörtes Verhältnis zur Justiz. Ihr stand er mit Unverständnis und Misstrauen gegenüber. Hitler berief den Reichstag für den 26. April 1942 zu seiner letzten Sitzung ein. Er tadelte die Justiz mit heftigen Worten.

Der Reichstag billigte Hitler außergewöhnliche Vollmachten zu im Kampf um Sein oder Nichtsein des deutschen Volkes. Danach konnte der Führer als Oberster Richter der Nation ohne Bindung an Rechtsvorschriften jeden zur Erfüllung seiner Pflichten anhalten, bei Pflichtverletzungen dem Säumigen Sühne auferlegen und ihn aus Am tund Stellung entfernen ohne Einleitung vorgeschriebener Verfahren. Nach Gesetzgebung und Verwaltung unterwarf Hitler auch die Rechtsprechung seinem diktatorischen Willen. Er meinte in diesem Zusammenhang, dass während seiner Regierungszeit von den Juristen keine Gefahr drohe, da er sich notfalls unbedenklich über ihre Auffassungen hinwegsetzen werde.

Im Jahre 1942 ließ Hitler den General von Sponeck vor ein Kriegsgericht stellen, weil er Ende 1941 als Kommandierender General des XXXXII. Armeekorps befehlswidrig die Halbinsel Kertsch geräumt hatte. Das Gericht unter dem Vorsitz von Göring verurteilte Sponeck zum Tode. Der zuständige Oberbefehlshaber der 11. Armee, von Manstein, war vorher gar nicht gehört worden. Hitler begnadigte General Sponeck zu Festungshaft. Nach dem Putschversuch vom 20. Juli 1944 fragte Himmler bei Hitler an, ob man im Zuge der allgemeinen Reinigung des Militärapparates nicht auch Sponeck "liquidieren" könne. Hitler erklärte sich damit einverstanden. Die Geheime Staatspolizei holte Sponeck von der Festung Germersheim ab und erschoss ihn im nächsten Konzentrationslager. Auf die Gnadenerweise des Gerichtsherrn Hitler konnte man sich nicht verlassen. Bei ihm gab es keine Rechtssicherheit.

In der Schlacht um Stalingrad sollte das XXXXVIII. Panzerkorps unter General Heim zur Entlastung der eingeschlossenen 6. Armee angreifen. Doch das Korps war von überlegenen Kräften der Roten Armee in die Abwehr gedrängt worden und konnte den Auftrag nicht erfüllen. Hitler tobte und verlangte die sofortige Erschießung von Heim, die Keitel nur mit Mühe verhindern konnte. Ein Kriegsgericht mit Göring an der Spitze untersuchte den Fall und verhängte gegen Heim die Todesstrafe. Diesem gelang schließlich die Rehabilitierung. In solchen Fällen musste bei Hitler auf Zeit gespielt werden, bis sein Zorn verraucht war. Einem solchen Gerichtsherrn konnte man schwerlich Vertrauen entgegenbringen.

Das Afrika-Korps wurde Ende Oktober 1942 von überlegenen Feindkräften bei El Alamein angegriffen, weshalb Rommel entgegen einem Führungsbefehl in die Fuka-Stellung ausweichen wolle. Er teilte diese Absicht dem Oberkommando der Wehrmacht rechtzeitig mit. Anfang November 1942 meldete er die Einleitung des Rückzuges. Das Fernschreiben ging beim Oberkommando der Wehrmacht am 3. November 1942 ein und zwar gegen 6 Uhr. Major der Reserve Dr. Borner, der Offizier vom Dienst im Wehrmachtsführungsstab, legte das Fernschreiben nicht sofort vor, sondern erst gegen 9 Uhr mit den übrigen Morgenmeldungen, da es sich bei Rommels Mitteilung nur um den Vollzug einer angekündigten Maßnahme handelte. Auf Grund der verspäteten Vorlage des Fernschreibens konnte Hitler den Rückzug Rommels nicht mehr verhindern. Der darüber auf das äußerste empörte Hitler herrschte Borner an:

"Wenn Sie nicht sofort die volle Wahrheit sagen, sind Sie in 10 Minuten ein toter Mann."

Hitler degradierte Borner auf der Stelle zum einfachen Soldaten. Später erhielt Borner wieder seinen früheren Rang und wurde verabschiedet. Hitlers Verhalten als Oberster Richter der Nation hatte nicht mehr viel mit dem Recht gemein. Es erinnerte eher an die Zustände am Hofe eines asiatischen Großmoguls des Mittelalters. Im Zusammenhang mit der Borner-Affäre durfte General Warlimont auf Befehl Hitlers sein Amt als stellvertretender Chef des Wehrmachtführungsstabes vorübergehend nicht ausüben. Sein Vorgesetzter Jodl rührte dabei keinen Finger für ihn. Jodl vertrat die Auffassung, dass der Wille des Führers immer maßgebend sein müsse.

Auf militärische Rückschläge reagierte Hitler immer empfindlicher. Er suchte dann sofort nach Schuldigen und Opfern. Auf Grund seines fast krankhaften Misstrauens witterte er überall Lüge, Sabotage und Verrat.

Vor dem 20. Juli 1944 schreckte Hitler bei den wenigen Todesurteilen gegen Generäle im Allgemeinen vor dem Äußersten zurück und begnadigte die Betroffenen.

Nach dem Putschversuch ging er, frühere Rücksichten vergessend, grausam und rachsüchtig gegen alle Verschwörer vor, die ihn an der Erfüllung seiner von der Vorsehung bestimmten geschichtlichen Mission hindern wollten.

Nach dem gescheiterten Attentat tobte Hitler:

"Diesmal werde ich kurzen Prozess machen. Diese Verbrecher sollen nicht vor ein Kriegsgericht. Die kommen vor den Volksgerichtshof. Sie dürften gar nicht groß zu Wort kommen. Und innerhalb von zwei Stunden nach der Verkündigung des Urteils muss es sofort vollstreckt werden. Die müssen sofort hängen wie Schlachtvieh, ohne Erbarmen."

Die Hinrichtungen ließ Hitler filmen, um sich anschließend an dem Anblick seiner gehenkten Widersacher zu ergötzen. Ein solches Staatsoberhaupt war einmalig in der Geschichte des Deutschen Reiches. Hitler kam nicht mehr in den Sinn, dass er selbst 1924 als Hochverräter vor Gericht gestanden war.

Nach dem Putschversuch wurde Rommels Verbindung zur Opposition ruchbar. Hitler ließ den Feldmarschall vor die Wahl stellen: Volksgerichtshof und Tod durch den Strang oder Selbstmord mittels Gift und Staatsbegräbnis. Offiziell sollte im zweiten Fall seine am 17. Juli 1944 erlittene schwere Verwundung als Todesursache hingestellt werden. Rommel nahm am 14. Oktober 1944 in Herrlingen das von den Generälen Burgdorf und Maisel überbrachte Gift und wurde mit allen militärischen Ehren beigesetzt. Für den abwesenden Diktator hielt der ahnungslose Feldmarschall von Rundstedt die Trauerrede.

Im Zusammenhang mit dem Putschversuch muss der Fall des Generals Heistermann von Zielberg als besonders tragisch erwähnt werden. Dieser Divisionskommandeur hätte Major Kuhn, seinen Ersten Generalstabsoffizier, als Verschwörer verhaften sollen, gab diesem jedoch die Gelegenheit, um sich zu erschießen. Das tat Kuhn aber nicht, sondern lief zu den Russen über. Das Kriegsgericht verurteilte den General zu einer relativ milden Strafe. Der darob ergrimmte Hitler strengte ein neues Verfahren an mit dem Ziel der Todesstrafe. Er fand willfährige Kriegsrichter. Der General wurde im Februar 1945 erschossen.

Das gleiche Schicksal teilte General Gothsche, dessen Verbrechen darin bestand, nicht mehr an den Endsieg zu glauben. Als sich 1944/45 an der Westfront die Fälle von Fahnenflucht häuften, setzte Hitler das "Fliegende Sonderstandgericht West" unter Generalleutnant Hübner ein, das mutlos gewordene Soldaten nach kurzem Prozess aufhängen ließ.

Die Rheinbrücke von Remagen fiel den Amerikanern am 7. März 1945 unversehrt in die Hände, weil den deutschen Pionieren die rechtzeitige Sprengung misslungen war. Hitler tobte vor Wut und ließ fünf Offiziere hinrichten. Auf Gerechtigkeit kam es ihm nicht mehr an. Nach Misserfolgen wollte er Blut sehen.

General Lasch, der Kampfkommandant der Festung Königsberg, hatte 1945 nach Hitlers Ansicht zu früh kapituliert, weshalb er den General in Abwesenheit zum Tode durch den Strang verurteilte.

Die nicht zuletzt auf Hitlers Fehlern beruhende Verschlechterung der Kriegslage führte zu einer Überbeanspruchung der Truppe, weshalb der Durchhaltewille nachzulassen begann. Die Kriegsgerichte versuchten dem entgegenzuwirken durch möglichst viele Todesurteile. Davon wurden im Kriege ca. 30 000 verhängt und etwa 20 000 vollstreckt. Vergleicht man diese Zahlen mit den 48 Hinrichtungen deutscher Soldaten im Ersten Weltkrieg, dann sieht man, zu welch perverser Rechtsanwendung die Militärjustiz in der Lage war, wenn ein grausamer Gerichtsherr immer schärferes Durchgreifen forderte. Unter Hitler war die Militärjustiz auf einen absoluten Tiefpunkt gesunken und zu einem primitiven Rache- und Repressionsinstrument verkommen.

48. Hitlers Ausstrahlung und Suggestivkraft

Hitler hatte auf Grund seiner nach außen hin deutlich spürbaren Willenskraft, Energie und Entschlossenheit einen starken Einfluss auf viele Mitmenschen. Ein übriges tat seine psychologisch einfühlsame Beredsamkeit, mit der er zu überzeugen wusste. Im persönlichen Gespräch konnte Hitler auch einen gewissen Charme entwickeln. Man spürte in Hitler eine ungewöhnliche Spannung, eine starke Leidenschaft, eine Besessenheit, einen missionarischen Eifer und ein Sendungsbewusstsein. Das drückte sich auch in seinem Blick aus. Unterschwellig spielte bei alledem etwas Dämonisches mit, das im Laufe seiner Amtszeit immer stärker hervortrat. Viele Menschen faszinierte auch Hitlers Rücksichtslosigkeit und Gewaltbereitschaft. Von großer Wichtigkeit waren in diesem Zusammenhang Hitlers außergewöhnliche Erfolge in der ersten Hälfte seiner Regierungszeit. Er rettete Deutschland aus tiefster Not und führte es zu ungeahnter Macht und Größe empor. Wer Erfolg hat, wird bewundert, verehrt, manchmal vergöttert und idealisiert. So erging es Hitler.

Als begabter Redner in Großveranstaltungen konnte Hitler geschickt die geheimen Wünsche und Sehnsüchte der Masse artikulieren. Er tat dies oft in derber und aggressiver Weise. Komplizierte Vorgänge vereinfachte er in einer Form, die jedem begreiflich war. Hitler verstand es, die meisten Zuhörer völlig in seinen Bann zu schlagen. Besonders auf Frauen hinterließ er einen starken Eindruck.

Die Aufbauerfolge der von Hitler geführten Regierung wurden bis 1938 auf dem jährlich stattfindenden Reichsparteitag in Nürnberg pompös gefeiert. Das Volk fasste blindes Vertrauen zu seinem Wohltäter Hitler und verehrte ihn gläubig und kritiklos als den "geliebten Führer". Hitler galt als der von Gott und der Vorsehung gesandte Retter. An dieser Einstellung änderten auch die vielen Rückschläge nichts, die Deutschland im Kriege einstecken musste. Das Volk klammerte sich immer stärker an Hitler und glaubte, dass nur er allein in der Lage sei, den Krieg zu einem guten Ende zu bringen.

Während der schwierigen Phasen des Krieges vermochte es Hitler immer wieder, zagende Besucher des Führerhauptquartiers mit Hoffnung und Zuversicht zu erfüllen. Die Feldmarschälle von Kluge, Kesselring, Großadmiral Dönitz und Reichspropagandaminister Goebbels fühlten sich nach jeder Besprechung mit Hitler wundersam gestärkt. So erging es auch anderen.

Hitlers starke Suggestivkraft hielt trotz körperlichen Verfalls bis zu seinem Ende an. Am 26. April 1945 wurde Greim in Berlin zum Feldmarschall und Oberbefehlshaber der Luftwaffe ernannt. Danach sagte Greim zu seinem Generalstabschef Koller:

"Das Zusammensein mit dem Führer und seine überzeugenden Worte haben mich außerordentlich gestärkt; das ist für mich wie ein Jungbrunnen."

Greim war einer von vielen, die Hitlers Faszination und Ausstrahlung unterlagen.

49. Hitlers Gesundheitszustand

Als Hitler 1933 an die Macht kam, war er 44 Jahre alt und im Vollbesitz seiner Kräfte. Er stürzte sich voller Elan auf die neuen Aufgaben. In kürzer werdenden Abständen eilte er von Erfolg zu Erfolg. Die ersten Feldzüge von 1939 bis 1941 zeigten Hitler im Triumph. . Er konnte glänzende Siege vorweisen. Doch seit dem Rückschlag vor Moskau gab es für Hitler nur noch Niederlagen. Sein Gesundheitszustand verschlechterte sich auf Grund der starken nervlichen Belastungen. Hitler schlief relativ wenig. Von seinem Leibarzt Dr. Morell (seit 1936) soll er Aufbauspritzen und Aufputschmittel (Pervitin?) bekommen haben. Als Folge sei bei Hitler eine Persönlichkeitsveränderung eingetreten. Dies habe sich insbesondere geäußert in einer Zunahme des Starrsinns und der Unbelehrbarkeit sowie in einem Rückgang der geistigen Leistungsfähigkeit und der Risikobereitschaft.

Guderian, ein enger Mitarbeiter und Kenner Hitlers, gibt zu diesem Thema folgende Schilderung:

"Als ich ihn nach der Stalingrad-Katastrophe zum ersten Mal nach 14 Monaten der Trennung wiedersah, bemerkte ich die Veränderung seines Zustandes. Die linke Hand zitterte, die Haltung war gebeugt, der Blick starr, die Augen quollen leicht hervor, sie waren glanzlos; die Wangen zeigten rote Flecken. Seine Erregbarkeit hatte zugenommen. Er verlor leicht jede Haltung in seinem Jähzorn und war dann unberechenbar in seinen Worten und Entschlüssen. Die äußeren Anzeichen einer Erkrankung steigerten sich immer mehr, der täglichen Umgebung infolge Gewöhnung kaum wahrnehmbar. Schließlich, nach dem Attentat vom 20. Juli 1944, zitterte nicht nur die linke Hand, sondern die ganze linke Körperhälfte. Er musste die rechte Hand auf die linke, das rechte Bein über das linke legen, um im Sitzen das Zittern weniger sichtbar zu machen. Sein Gang wurde schleppend, seine Haltung gebückt, seine Bewegungen zeitlupenartig langsam. Er musste sich den Stuhl unterschieben lassen, wenn er sich setzen wollte. Sein Geist allerdings blieb rege; aber diese Regsamkeit hatte oft etwas Unheimliches, denn sie war diktiert vom Misstrauen in die Menschheit. Mit der Zähigkeit des Fanatikers klammerte er sich an den letzten Strohhalm, den er zu erblicken wähnte, um sich und sein Werk dennoch vor dem Untergang zu retten. Seine ganze, gewaltige Willenskraft setzte er an diesen Gedanken, der ihn vollständig beherrschte: 'Niemals nachgeben und nie kapitulieren'."

Hitlers Krankheitsbild deutet auf Morbus Parkinson hin, doch es bleiben Unklarheiten.

Was die Behauptung angeht, bei Hitler habe sich seit 1941 eine nachlassende Risikobereitschaft gezeigt, so sind Zweifel angebracht. Die Sommeroffensive 1942 war mit einem großen Risiko behaftet. Gleichwohl führte sie Hitler durch. Ähnlich verhält es sich mit der Operation "Zitadelle" 1943 und der Ardennen-Offensive 1944.

Hitler war ein Mensch, der Niederlagen nicht akzeptieren konnte. Dadurch fühlte er sich persönlich gedemütigt. Aus gekränktem Stolz und verletzter Eitelkeit erwuchsen Trotz, Verbissenheit, Rach- und Vergeltungssucht. Auch damit lassen sich Hitlers Starrheit und Sturheit teilweise erklären, die nicht krankheitsbedingt sein mussten. Es kam ihm entscheidend darauf an, jeden erhaltenen Schlag zu erwidern, nach Möglichkeit doppelt.

Der vor Moskau in die Defensive gezwungene Hitler wollte aus Verärgerung und Trotz zumindest den eroberten Raum halten. Die Nöte des Ostheeres, das auf günstige Verteidigungsabschnitte zurückgehen wollte, interessierten ihn nicht.

Die viel zu weit gesteckten Ziele seiner Sommeroffensive 1942 waren wohl als Überkompensation für das Moskau-Debakel gedacht.

Bei den Rückzugskämpfen in Russland glaubte Hitler anscheinend, dass man nur hartnäckig und verbissen genug verteidigen müsse, dann falle einem der Erfolg schon zu. Durch fanatische Willensanstrengung und den Glauben an die eigene Überlegenheit sollte der Sieg erzwungen werden und die Rote Armee verblutend auf der Strecke bleiben. Deshalb kam für Hitler ein Abweichen von seinem Haltebefehl nicht in Frage. Außerdem vertraute er fest auf die Vorsehung, die ihn nicht scheitern lassen werde mit seiner geschichtlichen Mission. Doch damit befand er sich bereits auf dem Gebiet des Irrationalen. Das gilt auch für die Überschätzung des Willens. Hitler dachte in anderen Kategorien als seine Generäle.

Hitlers Starrsinn mag in den Zeiten der Rückschläge stärker aufgefallen sein, doch diese Eigenschaft war bei ihm keineswegs persönlichkeitsfremd. Sein Denkgebäude stand schon relativ früh fest. Eine geistige Weiterentwicklung gab es bei ihm nicht. Man kann von einer mentalen Früherstarrung in allgemeiner Form sprechen. Seine rigiden Grundsätze "Alles oder nichts", sowie "Niemals nachgeben und nie kapitulieren" schlossen ein flexibles und differenziertes Denken und Handeln weitgehend aus. Hitler war ein Gefangener seiner selbst. Seine Unbelehrbarkeit ergab sich zwangsläufig aus der Überzeugung, alles besser zu wissen als seine Berater und Truppenführer.

Abschließend wird man sagen können, dass Hitlers Verhalten zum Teil psychisch auffällig war, aber wohl noch im Normbereich lag.

50. Die Verdammung des deutschen Volkes durch Hitler

Am 19. März 1945 erließ Hitler den sogenannten Nero-Befehl, der die Selbstzerstörung von Brücken und kriegswichtigen Industrieanlagen im Reich vorsah, um sie nicht in Feindeshand fallen zu lassen. Dem protestierenden Speer erläuterte Hitler die Maßnahme wie folgt:
"Wenn der Krieg verloren geht, wird auch das deutsche Volk verloren sein. Es ist nicht notwendig, auf die Grundlagen, die das deutsche Volk zu seinem primitiven Weiterleben braucht, Rücksicht zu nehmen. Im Gegenteil, es ist besser, diese Dinge selbst zu zerstören. Denn das deutsche Volk hat sich als das schwächere erwiesen, und dem stärkeren Ostvolk gehört ausschließlich die Zukunft. Was nach dem Kampf übrig bleibt, sind ohnehin nur die Minderwertigen, denn die Guten sind gefallen."

Hitler sagte am 18. April 1945 zu Generaloberst Hilpert:

"Wenn das deutsche Volk den Krieg verliert, hat es sich meiner als nicht würdig erwiesen."

Auf die Idee kam Hitler nicht, dass die Niederlage in erster Linie auf seinen gravierenden Fehlern als Stratege und Politiker beruhen könnte.
Hitler war nicht berechtigt, ein solch aufopferungswilliges und tapferes Volk wie das deutsche in dieser Weise zu beschimpfen.

Teil V

Zusammenfassende Würdigung

Zusammenfassende Würdigung

Bei der Beantwortung der Frage, ob Hitler ein Feldherr war oder nicht, könnte man es sich leicht machen und aus der totalen Niederlagen den Schluss ziehen, Hitler müsse als militärischer Führer versagt haben. Diese pauschale Folgerung wäre jedoch zu einfach. Der Ausgang eines Krieges oder Feldzuges hängt oft nicht allein vom Geschick und Können des Oberkommandierenden ab, sondern wird häufig von Umständen außerhalb seines Einflussbereiches bestimmt. Diese können z. B. politischer, wirtschaftlicher, klimatischer Natur sein. In der Kriegsgeschichte gibt es Situationen, in denen selbst der größte Feldherr erfolglos gewesen wäre. Der Oberbefehlshaber der polnischen Streitkräfte, Rydz Smigly, hatte z. B. 1939 kaum Chancen, den Überfall der stark überlegenen deutschen Wehrmacht mit ihren modernen Waffen abzuwehren. Für ihn konnte es nur darum gehen, sich in dieser unglücklichen Lage achtbar zu schlagen.

In den obigen Kapiteln sind Hitlers Siege und Niederlagen ausführlich behandelt. Die dabei gewonnenen Erkenntnisse ergeben eine breite Beurteilungsgrundlage, um Hitlers Befähigung als Feldherr zu prüfen.

Als Maßstab soll zunächst der Katalog der Feldherren-Tugenden herangezogen werden. Welche davon besaß Hitler?

Urteilsfähigkeit	ja
Selbständigkeit im Denken und Handeln	ja
Selbstvertrauen	ja
Geistige Beweglichkeit und Frische	ja
Schnelles Erfassen des Wesentlichen	ja
Rasches Erkennen und Nützen günstiger Lagen (coup d'oeil)	ja
Unbestechliche Nüchternheit in der Bewertung der Fakten	nein

(kein Wunschdenken)	
Vorausdenken, Phantasie	
(Weiterentwicklung der Lage)	ja
Wagemut und Kühnheit	ja
Entschluss-, Tat- und Willenskraft	ja
Härte in der Durchsetzung des Notwendigen	ja
Siegeswillen und Ehrgeiz	ja
Beharrlichkeit in der Verfolgung der Ziele	ja
Sinn für das Mögliche	nein
Verantwortungsgefühl	nein
Improvisationsfähigkeit (Aushilfen in der Not)	ja
Ausstrahlung von Ruhe und Gelassenheit	nein
Unempfindlichkeit gegenüber den Schwankungen des Kriegsglücks	ja
Organisationsvermögen	nein
Fähigkeit zur vertrauensvollen Zusammenarbeit	nein
Gerechtigkeitssinn	nein
Gefühl und Herz für die Truppe, Fürsorge	nein
Gabe der motivierenden Menschenführung	ja

Einige der positiven Eigenschaften besaß Hitler nicht im vollen Ausmaß.

Eine der vornehmsten Feldherrntugenden ist die unbestechliche Nüchternheit in der Bewertung von Fakten. Wer von unzutreffenden Einschätzungen ausgeht, der wird eingeschränkt sein in puncto Urteilsfähigkeit sowie Selbständigkeit im Denken und Handeln. Fehlerhafte Beurteilungen der Lage führen zu falschen Entschlüssen. Die Trübung des Realitätssinnes kann auch das schnelle Erfassen des Wesentlichen, den Coup d'oeil, das Vorausdenken bei der Weiterentwicklung der Lage, den Sinn für das Mögliche und das Verantwortungsgefühl negativ beeinflussen. Nur auf der Grundlage richtig bewerteter Tatsachen können Urteils-, Willens-, Entschluss- und Tatkraft, Wagemut, Kühnheit, Improvisationsfähigkeit zum Erfolg führen.

Die unbestechliche Nüchternheit in der Bewertung von Fakten fehlte Hitler weitgehend. In wesentlichen Punkten weigerte er sich immer wieder, die Wirklichkeit anzuerkennen. Vor unangenehmen Tatsachen flüchtete er sich gern in sein ausgeprägtes Wunschdenken.

Für Hitler stand z. B. die Rote Armee seit 1942 vor dem Ausbluten, was ganz und gar nicht der Realität entsprach, wie der russische Siegeszug nach Berlin zeigte.

Nach dem Ergebnis der obigen Befragung erscheint Hitlers Qualifikation als Feldherr zunächst fraglich.

Hitler, der Autodidakt auf dem Gebiete der militärischen Führung, brachte einige Eigenschaften mit, die auch einem Feldherrn gut anstehen. In diesem Zusammenhang sind bei Hitler positiv zu nennen:

- Zäher Wille
- Rastlose Energie und Aktivität
- Drang zur Offensive
- Anfangs ausgeprägte Risikobereitschaft
- Technisches Verständnis für Panzer, Flugzeuge, Waffen, Rüstungsindustrie
- Sinne für moderne Kriegsführung (Panzeroperationen, Luftlandeunternehmen, usw.) und für unorthodoxe Kampfformen (Lastensegler, Hafthohlladungen usw.)
- Feines Gefühl für die Gunst der Stunde zum überraschenden Zuschlagen (z. B. Besetzung von Norwegen 1940 und des abfallbereiten Italien 1943, Ardennen-Offensive 1944)
- Starke persönliche Ausstrahlung
- Große Überredungskunst
- Geschickte psychologische Beeinflussung, Stärkung und Motivierung anderer
- Hervorragendes Gedächtnis.

Hitler konnte eine gewisse operative Begabung nicht abgesprochen werden. Es war sein Verdienst, die im Westen 1940 feldzugsentscheidende Bedeutung des Manstein-Planes (Sichelschnitt) vor seinen militärischen Beratern erkannt zu haben.

Die Einführung der Panzerkanonen mit langem Rohr und der 7,5-cm Pak (als Ersatz für die unzulänglichen Kaliber 3,7- und 5-cm) zur wirksamen Bekämpfung des russischen Panzers T 34 war 1942 einem raschen Entschluss Hitlers zu danken.

Der seit Ende 1941 überwiegend in der Defensive kämpfende Hitler versuchte immer wieder, seine Lage durch Angriffsoperationen zu verbessern. Alle Jahre führte er einen größeren Schlag (Sommeroffensive 1942, Unternehmen "Zitadelle" 1943, Ardennen-Offensive 1944, Pommern-Offensive Februar 1945), wenn auch ohne Erfolg.

Hitlers nie erlahmende Bereitschaft zu angriffsweisem Vorgehen ist positiv zu würdigen. Das gilt auch für die Ersetzung des Anciennitätsprinzips im Personalwesen durch das Leistungsprinzip.

Doch nun zu den negativen Kriterien Hitlers, die der Feldherrnkunst entgegenstehen:

- Laufende Zuwiderhandlungen gegen unumstößliche Regeln der Kriegskunst
- Mangelndes Grundwissen in der Truppenführung
- Fehlender Sinn für Raum und Zeit, Reservenbildung, Logistik, Frontverkürzungen, sowie den Ausbau rückwärtiger Stellungen
- Unfähigkeit, alle verfügbaren Kräfte an der entscheidenden Stelle zu konzentrieren
- Mangelnder Realitätssinn, Wunschdenken, Glaube an die eigene Intuition

- Laufende Unterschätzung des Gegners
- Überbewertung der eigenen Kräfte und Möglichkeiten
- Haltebefehl statt flexibler Abwehr
- Zunehmende Scheu vor unangenehmen Entscheidungen, die in der Regel zu spät, nicht in dem erforderlichen Ausmaße oder gar nicht getroffen wurden
- Mangel an Fürsorge gegenüber Truppe und Bevölkerung
- Fast krankhaftes Misstrauen
- Maßlose Selbstüberschätzung
- Rechthaberei, Eigensinn, Sturheit, Unbelehrbarkeit, mangelnde Selbstkritik
- Unfähigkeit, aus eigenen Fehlern zu lernen
- Menschenverachtung, Intoleranz, Grausamkeit (verbrecherische Befehle).

In den ersten Feldzügen des Zweiten Weltkrieges vollbrachten die gut ausgebildeten und hoch motivierten deutschen Truppen hervorragende Leistungen, wobei auch günstige Umstände eine Rolle spielten (Überraschung des Feindes, modernere Waffen usw.). Aus der Tatsache, dass seine Verbände die gesteckten Ziele weit übertrafen, zog Hitler den falschen Schluss, dass man den deutschen Soldaten noch stärkere Belastungen zumuten könne. Die Folge davon war, dass Hitler seit Beginn des Russlandfeldzuges seine Truppen mit Befehlen traktierte, die Unmögliches verlangten.
Den höheren Militärs erging es nicht viel anders. Auch sie überschätzten häufig die Leistungsfähigkeit ihrer Verbände. Für die Truppe war es der Fluch der guten Tat. Man maß die Soldaten an ihren früheren Erfolgen und wollte diese noch steigern. Das in der Truppe auf Grund der siegreichen Blitzkriege erzeugte starke Überlegenheitsgefühl kam dieser Tendenz entgegen. Die obere Führung glaubte eine Zeit lang irrig, dass es das Wort "unmöglich" in der deutschen Armee nicht gebe. Rücksichtslos wurden daher immer wieder Be-

fehle erlassen oder weitergeleitet, die unerfüllbare Forderungen stellten. Diese bereiteten den Frontkommandeuren die größten Schwierigkeiten, weil sie ihre Soldaten nicht sinnlos "verheizen" wollten. Remonstrationen bei den Vorgesetzten erwiesen sich in der Regel als zwecklos. Nicht selten erfolgte von oben die Drohung mit dem Kriegsgericht. Auf diese Weise musste das Vertrauen der Truppe zu ihrer Führung Schaden nehmen. Doch was konnte man in einer Armee erwarten, an deren Spitze Hitler in ähnlicher Form mit seinen Generälen verfuhr. Der Diktator hatte die Furcht zum Prinzip seiner Menschenbehandlung erhoben.

Selbst ein überzeugter Nazi wie "Panzer-Meyer", Kommandeur der 12. SS-Division 1944, räumte ein, dass er es sich im Kriege abgewöhnt habe, über unmöglich erscheinende Befehle zu debattieren. So sei der SS-Division "Leibstandarte Adolf Hitler" einmal zugemutet worden, einen Abschnitt von 90 km zu verteidigen, obwohl die Divisionsbreite ca. 10 km im Normalfall betragen habe.

Hitler besaß zwar ein überdurchschnittliches technisches Verständnis, doch die Grenzen der Technik wurden von ihm nicht richtig erkannt.

Hitler hatte manchmal operativ richtige Ideen, aber er beherrschte ihre Durchführung nicht mangels eines entsprechenden militärischen Grundwissens, denn Raum und Zeit waren für ihn vage Begriffe, die aber nach seiner Auffassung einem starken Willen nicht entgegenstehen durften.

Statt der Konzentration der Kräfte an der entscheidenden Stelle wollte Hitler seine Truppen am liebsten gleichmäßig verteilen, um sich nirgendwo eine Blöße zu geben. Damit verzettelte er seine Kräfte unzulässigerweise in Nebenaufgaben.

Zu seinen Heerführern hatte Hitler kein Vertrauen. Er ließ ihnen im Allgemeinen keine Handlungsfreiheit. Ausweichbewegungen ab Bataillonstärke unterlagen Hitlers Genehmigung.

Hitler war unfähig zu einer vertrauensvollen Zusammenarbeit mit seinem militärischen Beratern und Bundesgenossen. Die Ratschläge und Warnungen der Generalstabsoffiziere fielen bei Hitler auf unfruchtbaren Boden. Er wusste alles besser.

Hitler war es nicht gegeben, den Kulminationspunkt einer Schlacht rechtzeitig zu erkennen. Er weigerte sich regelmäßig, sein Scheitern früh genug zu akzeptieren. Hitler brach deshalb viele Unternehmen zu spät ab, was ihm erhebliche Nachteile einbrachte. Das gilt insbesondere für die Luftschlacht um England 1940/41, den Vorstoß auf Moskau 1941, die Sommeroffensive 1942, die Schlacht in der Normandie, sowie die Ardennen-Offensive.

Hitler zeigte sich unfähig, auch nur einen Fußbreit des in seinem Besitz befindlichen Bodens kampflos aufzugeben. Sein Haltebefehl sollte Gebietsverluste um jeden Preis verhindern. Lieber nahm Hitler ungünstig zu verteidigende Frontvorsprünge, die Einschließung, Abtrennung und Vernichtung seiner Großverbände in Kauf , wie z. B. Anfang 1942 die Kessel von Demjansk und Cholm im Nordabschnitt. Als Paradebeispiel dafür muss Stalingrad genannt werden. Doch Hitler lernte nichts daraus. Weitere Einkesselungen folgten: Woronesch, Tscherkassy, Korsum, Krim, Kowel, Kamenez-Podolsk, Tarnopol, Falaise, Kurland, Ostpreußen.

Hitler hielt trotz dieser negativen Erfahrungen stur an seinem Haltebefehl fest ohne Rücksicht auf Verluste. Das Freikämpfen der eingeschlossenen Heeresteile war mit unsäglichen Schwierigkeiten und Einbußen an Menschen und Material verbunden, die vermeidbar gewesen wären, wenn sich Hitler rechtzeitig zu einem Rückzug hätte entschließen können. Doch Raumbesitz bedeutete für Hitler alles. Diesen begründete er auch gern zusätzlich mit außenpolitischen und wehrwirtschaftlichen Rücksichten. Von deutschen Rückzügen im Osten befürchtete Hitler ungünstige Auswirkungen auf die neutralen Staaten Schweden und Türkei, sowie die Bundesgenossen. Oft ließ Hitler militärische Notwendigkeiten zurücktreten, wenn es um den Erhalt von Rohstoffquellen ging

(z. B. estnischer Ölschiefer, Mangan bei Nikopol. Ölquellen in Rumänien, Öl- und Bauxitvorkommen in Ungarn, Nickel in Lappland, Kupferbergwerk Bor bei Belgrad, Kohle im Donzegebiet). Hitler maß diesen Dingen eine übertriebene Bedeutung zu. Nach dem Wegfall dieser Ressourcen ging es auch ohne sie.

An die Stelle seines einfallslosen Haltebefehls hätte Hitler im Osten ein System der beweglichen Abwehr setzen müssen, um die Überlegenheit des deutschen Heeres im Bewegungskrieg auszunützen zur massiven Schwächung der Roten Armee. Zu diesem Zweck wäre es Hitler möglich gewesen, sich 1942/43 ca. 10 von den 30 Divisionen der Westfront zu leihen, für die zur fraglichen Zeit noch keine akute Invasionsgefahr bestand.

Die nicht enden wollende Serie von Misserfolgen in den letzten Kriegsjahren machte Hitler noch verbissener, starrsinniger und unbelehrbarer. Er glaubte, die erdrückende personelle und materielle Überlegenheit des Feindes durch die Fanatisierung des Kampfeswillen auf deutscher Seite ausgleichen zu können (vergl. NSFO), was aber auf Dauer nicht gelingen konnte.

Der 1943 in die Defensive gedrängte Hitler hätte an Stelle von Kampfpanzern (23-55 to) nur noch leichtere Jagdpanzer in großer Stückzahl bauen dürfen (z. B. den "Hetzer", 16 to, 7,5-cm-Kanone), um die russischen Panzermassen besser bekämpfen zu können. Doch der "Rüstungsfachmann" Hitler war zu dieser Einsicht nicht fähig.

Zu einem echten Feldherrn gehört es, einen verlorenen Krieg zu beenden, um sinnloses Blutvergießen zu vermeiden. In diesem Sinne entschied sich Ludendorff 1918. Doch zu dieser Erkenntnis und Größe konnte sich Hitler nicht durchringen. Er dachte nur an sich und seine "geschichtliche Mission", mit der er nicht scheitern durfte. Das Schicksal des deutschen Volkes war ihm gleichgültig.

Abschließendes Urteil:

Die Abwägung der Umstände, die für und gegen die Anerkennung Hitlers als Feldherr sprechen, fällt zu seinen Ungunsten aus.

Die von Hitler insbesondere nach der ersten Phase des Russlandkrieges begangenen strategischen und operativen Fehler sind derart gravierend, dass sie seine zweifelsohne gegebenen militärischen Verdienste überwiegen, weshalb ihm der Lorbeer des Feldherrn versagt bleiben muss.

Hitler kann demnach nicht als miles gloriosus in die Kriegsgeschichte eingehen.

Anhang

Zeittafel

30.01.1933	Hitlers Ernennung zum Reichskanzler
30.06.1934	Röhm-Putsch
02.08.1934	Vereidigung der Reichswehr auf Hitler, dem Nachfolger des verstorbenen Reichspräsidenten v. Hindenburg
16.03.1935	Wehrpflichtgesetz
07.03.1936	Rheinlandbesetzung
24.01.1938	Blombergs Rücktritt
03.02.1938	Brauchitsch löst Fritsch ab als Heereschef
04.02.1938	Bildung des Oberkommandos der Wehrmacht
12.03.1938	Anschluss Österreichs
29.09.1938	Anschluss des Sudentenlandes
16.03.1939	Besetzung der Rest-Tschechei
01.09.1939	Polenfeldzug
09.04.1940	Besetzung von Dänemark und Norwegen
10.05.1940	Frankreichfeldzug
August 1940	Beginn des Luftkrieges gegen England
06.04.1941	Balkanfeldzug
06.06.1941	Kommissarsbefehl
22.06.1941	Rußlandfeldzug
07.12.1941	Nacht- und Nebel-Erlass
11.12.1941	Kriegserklärung Deutschlands an die USA
18.12.1941	Haltebefehl Hitlers vor Moskau
28.06.1942	Sommeroffensive in Südrußland
18.10.1942	Kommandobefehl
01.02.1943	Kapitulation der 6. Armee in Stalingrad
12.05.1943	Kapitulation der Achsentruppen in Tunesien
05.07.1943	Operation "Zitadelle" (Kursk)
09.09.1943	Landung der Westalliierten in Süditalien
06.06.1944	Invasion in der Normandie
22.06.1944	Zusammenbruch der Heeresgruppe Mitte in Rußland
20.07.1944	Putschversuch der Opposition
25.07.2944	Durchbruch der Westalliierten in der Normandie
16.12.1944	Ardennen-Offensive
12.01.1945	Weichsel-Offensive der Roten Armee
30.04.1945	Selbstmord Hitlers
07.05.1945	Kapitulation der Wehrmacht in Reims

Tafel der Offiziersränge

Heer/Luftwaffe	Marine
Reichsmarschall	
Generalfeldmarschall (FM)	Großadmiral
Generaloberst (GO)	Generaladmiral
General (G) Admiral	
Generalleutnant (GL)	Vizeadmiral
Generalmajor (GM)	Konteradmiral
Oberst (O) Kapitän zur See	
Oberstleutnant (OTL)	Fregattenkapitän
Major (M) Korvettenkapitän	
Hauptmann (H) Kapitänsleutnant	
Oberleutnant (OLT)	Oberleutnant zur See
Leutnant (LT) Leutnant zur See	

Organisation der Reichswehr 1921 - 1935

Reichspräsident und Oberbefehlshaber der Wehrmacht
Reichswehrminister

Chef der Heeresleitung   Chef der Marineleitung

I. Reichsheer

Gruppenkommando 1 Berlin
(Wehrkreise I- IV)

1.	Inf. Div.	Königsberg
2.	Inf. Div.	Stettin
3.	Inf. Div.	Berlin
4.	Inf. Div.	Dresden
1.	Kav. Div.	Frankfurt/O
2.	Kav. Div.	Breslau

Gruppenkommando 2 Kassel
(Wehrkreise V - VII)

5.	Inf. Div.	Stuttgart
6.	Inf. Div.	Münster
7.	Inf. Div.	München
3.	Kav. Div.	Weimar

II. Reichsmarine

Flottenkommando, Marinestation Ostsee,
Marinestation Nordsee

III. Gliederung der Heeresleitung

Truppenamt, Personalamt, Verwaltungsamt, Waffenamt,
Wehramt.

IV. Chefs der Heeresleitung

Reinhardt	1918 - 1920
v. Seeckt	1920 - 1926
Heye	1926 - 1930
v. Hammerstein	1930 - 1.2.1934
v. Fritsch	ab 2.2.1934

Wehrkreiseinteilung

1921	Wehrkreis I	Königsberg
1921	Wehrkreis II	Stettin
1921	Wehrkreis III	Berlin
1921	Wehrkreis IV	Dresden
1921	Wehrkreis V	Stuttgart
1921	Wehrkreis VI	Münster
1921	Wehrkreis VII	München
1935	Wehrkreis VIII	Breslau
1935	Wehrkreis IX	Kassel
1935	Wehrkreis X	Hamburg
1935	Wehrkreis XI	Hannover
1935	Wehrkreis XII	Wiesbaden
1935	Wehrkreis XIII	Nürnberg
1938	Wehrkreis XVII	Wien
1938	Wehrkreis XVIII	Salzburg
1939	Wehrkreis XX	Danzig
1939	Wehrkreis XXI	Posen

Organisation der Wehrmacht
21.5.1935 bis 3.2.1938

Der Führer und Oberste Befehlshaber der Wehrmacht

Adolf Hitler

Reichskriegsminister und Oberbefehlshaber der Wehrmacht

von Blomberg

Oberbefehlshaber des Heeres v. Fritsch	Oberbefehlshaber der Marine Raeder	Oberbefehlshaber der Luftwaffe Göring
Oberkommando des Heeres	Oberkommando der Marine	Oberkommando der Luftwaffe

Organisation der Wehrmacht
4.2.1938 bis 9.5.1945

Der Führer und Oberste Befehlshaber der Wehrmacht

Adolf Hitler

30.4.1945 Dönitz

Oberkommando der Wehrmacht

Keitel/Jodl

Oberbefehlshaber des Heeres-OKH v. Brauchitsch	Oberbefehlshaber der Marine-OKM Raeder	Oberbefehlshaber der Luftwaffe OKL3 Göring
19.12.1941 Hitler 30.4.1945 Schörner	30.1.1943 Dönitz	26.4.1945 v. Greim

Gliederung des Oberkommandos des Heeres

Generalstab
Heerespersonalamt
Heeresverwaltungsamt
Heereswaffenamt
Heeresfeldzeugmeisterei
Allgemeines Heeresamt

Die Generalstabschefs unter Hitler

1) Beck   vom 1.7.1935 bis 21.8.1938
2) Halder   bis 24.9.1942
3) Zeitzler bis 20.7.1944
4) Guderian bis 28.3.1945
5) Krebs   bis 8.5.1945

Gliederung des Generalstabs des Heeres

Chef des Generalstabs

Oberquartiermeister I - V als Aufsicht über die folgenden Abteilungen:

1	Operation
2	Organisation
3	Fremde Heere West
4	Ausbildung
5	Transport
6	Versorgung/Nachschub
7	Kriegsgeschichte/Kriegswissenschaft
8	Technik
9	Kartenwesen/Vermessung
10	Landesbefestigung
11	Offiziersausbildung
12	Fremde Heere Ost

Heeresarchiv
Heeresbücherei
Heeresfilmstelle
Attaché-Gruppe
Zentralabteilung

Gliederung des Heeres

Heeresfront West / Ost	3 - 4 Heeresgruppen
Heeresgruppe	2 - 4 Armeen
Armee	3 Armeekorps
Armeekorps	2 - 3 Divisionen
Division	3 - 4 Regimenter
Brigade	2 Regimenter
Regiment	3 Bataillone (Abteilungen)
Bataillon/Abteilung	4 - 5 Kompanien (Batterien)

Divisonsgliederungen 1943/44

1) Infanteriedivision:
   3 Infanterieregimenter, Artillerieregiment, Aufklärungsabteilung,
   Pionierbataillon, Nachrichten-, Panzerjäger- und Sanitätsabteilung
2) Panzerdivision:
   Panzerregiment (2 Abteilungen), 2 Panzergrenadierregimenter, Panzerartillerieregiment und gepanzerte Divisionstruppen (176 bzw. 148 Panzer, ca. 200 Schützenpanzerwagen)
3) Panzergrenadierdivision (motorisiert):
   Panzerabteilung (88 bzw. 74 Panzer), 2 Panzergrenadierregimenter, Artillerieregiment, Divisionstruppen

Die schnellen Verbände der Wehrmacht 1944

1) Panzerdivisionen:
   a) Heer:
      1., 2., 3., 4., 5., 6., 7., 8., 9., 11., 12., 13., 14., 16., 17., 19., 20., 21., 23., 24., 25., 26., 116., 233. Res., Panzerlehrdivision, "Feldherrenhalle"
   b) Luftwaffe:
      "Hermann Göring"
   c) Waffen-SS:
      1., 2., 3., 5., 9., 10., 12.
2) Panzergrenadierdivisionen:
   d) Heer:
      3., 10., 15., 18., 20., 25., 29., 90., "Brandenburg", "Feldherrenhalle", Führer-Begleitdivision, Führer-Grenadierdivision, "Großdeutschland"
   a) Luftwaffe:
      "Hermann Göring"
   b) Waffen-SS:
      4., 11., 16., 17., 18., 23.

Abkürzungsverzeichnis

CSR	Tschechoslowakische Republik
DJZ	Deutsche Juristenzeitung
d. R.	der Reserve
FHQ	Führerhauptquartier
Flak	Fliegerabwehrkanone
g. Kdos	geheime Kommandosache
HDv.	Heeresdienstvorschrift
i. G.	im Generalstab
Me	Messerschmidt-Flugzeug
NS..	Nationalsozialistische
NSFO	Nationalsozialistischer Führungsoffizier
OKH	Oberkommando des Heeres
OKL	Oberkommando der Luftwaffe
OKM	Oberkommando der Marine
OKW	Oberkommando der Wehrmacht
Opr.	Ostpreußen
Pak	Panzerabwehrkanone
RGBl.	Reichsgesetzblatt
SA	Sturmabteilung
SD	Sicherheitsdienst der SS
SS	Schutzstaffel
TF	Truppenführung
U-Boot	Unterseeboot
V-Waffen	Vergeltungswaffen
WFSt.	Wehrmachtsführungsstab
WRV	Weimarer Reichsverfassung

Literaturverzeichnis

Assmann, Kurt	Deutsche Schicksalsjahre, Brockhaus, Wiesbaden 1951
Buchheim, Hans	SS und Polizei im NS-Staat, Duisdorf 1964
Buchheit, Gert	Hitler - der Feldherr, List-Verlag, München 1965, Soldatentum und Rebellion, die Tragödie der deutschen Wehrmacht, Grote-Verlag, Rastatt 1961
Craig, Gordon H.	Die preußisch-deutsche Armee 1940-1945, Droste-Verlag, Düsseldorf 1960
Doerr, Hans	Der Feldzug nach Stalingrad Verlag Mittler & Sohn, Darmstadt 1955
Erfurth, Waldemar	Die Geschichte des deutschen Generalstabs 1918-1945, Musterschmid-Verlag Göttingen 1960
Fest, Joachim C.	Hitler - eine Biographie, 1973
Görlitz, Walter	Paulus und Stalingrad, Athenäum-Verlag Stuttgart/Bonn 1964, Model- Strategie der Defensive, Limes Verlag, Wiesbaden 1975 Keitel - Verbrecher oder Offizier, Musterschmid-Verlag, Göttingen 1961
Haffner, Sebastian	Anmerkungen zu Hitler, Fischer-Verlag 1983
Halder, Franz	Kriegstagebuch, Band III, 1941/42, Kohlhammer-Verlag, Stuttgart 1964 Hitler als Feldherr, Dom-Verlag, München 1949
Hart, Lidell	Deutsche Generäle des 2. Weltkrieges, Econ-Verlag, Düsseldorf/Wien 1964
Hausser, Paul	Waffen-SS im Einsatz, Plesse-Verlag Göttingen 1953

Heeresleitung	Truppenführung, Heeresdienstvorschrift 300/1 Verlag Mittler & Sohn, Stuttgart 1934
Heiber, Helmut	Hitlers Lagebesprechungen, DVA, Stuttgart 1962
Hermann, Carl-Hans	Deutsche Militärgeschichte, Verlag Bernard & Graefe, Frankfurt 1966
Heusinger, Adolf	Befehl im Widerstreit, Schicksalsstunden der deutschen Armee 1923-1945, Tübingen/Stuttgart 1950
Hitler, Adolf	Mein Kampf, Verlag Franz Eher, München 1933
Jacobsen, Hans-Adolf	Der Kommissarsbefehl, in: Anatomie des SS-Staates, DTV, München 1979 Kriegstagebuch des Oberkommandos der Wehrmacht, Verlag Bernard & Graefe, Frankfurt, 1965
Keilig, Wolf	Das deutsche Heer 1939-1945, Podzun-Verlag, Bad Nauheim
Kesselring, Albert	Soldat bis zum letzten Tage, Athenäum-Verlag, Bonn 1973
Lanz, Hubert	Wie es zum Rußlandfeldzug kam und warum wir ihn verloren haben, Selbstverlag des Kameradenkreises der Gebirgstruppen, München 1971
Magenheimer, Heinz	Abwehrschlacht an der Weichsel 1945, Verlag Rombach, Freiburg 1976
Manstein, Erich v.	Verlorene Siege, Verlag Bernard & Graefe, München 1976 Aus einem Soldatenleben 1887-1939, Athenäum-Verlag, Bonn 1958
Ploetz	Geschichte der Weltkriege, Ploetz-Verlag 1981

Rossinski, Herbert	Die deutschen Armee - Vom Triumph zur Niederlage, Heyne-Verlag, München 1977
Salewski, Michael	Wehrmacht und Nationalsozialismus, in: Handbuch der deutschen Militärgeschichte, Band 7, Verlag Bernard & Graefe, München 1978
Schlabrendorff, Fabian	Offiziere gegen Hitler, Fischer-Bücherei, Frankfurt/Hamburg 1959
Senger und Etterlin, F.	Taschenbuch der Panzer 1943-1954 Verlag J. F. Lehmann, München 1954
Siewert, Curt	Schuldig? Die Generäle unter Hitler, Podzun-Verlag Bad Nauheim 1968
Speidel, Hans	Die Invasion 1944, Wunderlich-Verlag, Tübingen/Stuttgart 1949
Teske, Hermann	Die silbernen Spiegel - Generalstabsdienst unter der Lupe Vowinkel-Verlag, Heidelberg 1952
Tessin, Georg	Verbände der Wehrmacht und Waffen-SS 1949-1945 Verlag Mittler & Sohn, Frankfurt 1966-1975
Thorwald, Jürgen	Es begann an der Weichsel, Stuttgart 1950
Tippelskirch, Kurt v.	Geschichte des 2. Weltkrieges, Athenäum-Verlag, Bonn 1956
Warlimont, Walter	Im Hauptquartier der deutschen Wehrmacht, Athenäum-Verlag, Frankfurt/Bonn 1964
Westphal, Siegfried	Heer in Fesseln, Athenäum-Verlag, Bonn 1950 Der deutsche Generalstab auf der Anklagebank in Nürnberg 1945-1948, Verlag von Hase & Köhler, 1978

Wilmot, Chester	Der Kampf um Europa, Verlag Alfred Metzner, Frankfurt/Berlin 1961
Zentner, Kurt	Illustrierte Geschichte des 2. Weltkrieges Südwest-Verlag, München 1973